MINERVAスタートアップ経済学④

# 一般経済史

河﨑信樹・奥 和義 編著

ミネルヴァ書房

# は し が き


　本書は，「MINERVA スタートアップ経済学」シリーズの一冊をなす経済史の概説書である。経済学をこれから学んでいく大学の初年次生を主たる対象として執筆された。

　現在，世界の政治と経済は不確実性を高めている。例えば，2016年にイギリスは欧州連合（European Union: EU）からの離脱を国民投票によって決定したが，数年前には，そうした事態が生じることを予想するものはほとんどいなかった。またグローバル化が進展していく中，中国に代表されるような形で，アジア諸国が経済成長を遂げていく一方，2008年にはアメリカやヨーロッパにおいて経済危機が発生し，その影響による政治・経済的な混乱は現在も続いている。

　では，こうした不確実・不安定な世界の今後の行方を自分自身で考えていく際に，その立脚点となるものは何であろうか。それは「理論」と「歴史」である。これまで蓄積されてきた経済理論の分野における研究成果は，過去，現在そして未来を考える上で，１つの分析視角を与えてくれる。理論に基づく視点から様々な問題を考えることによって，現在生じている状況を理解する手がかりを得ることができる。理論の学習については，本書と同シリーズの『経済学入門』や『国際経済論』などを手がかりとして欲しい。

　これに対して本書では，主に歴史について扱う。歴史を通じて，みなさんは現在起こっている多くの出来事が，以前にも似たような形で生じていたことを学ぶことができる。そして，過去の事例を現在のものと比較することを通じて，何が新しい部分なのかを考えることができるだろう。そのためにはまず，経済の歴史について概観を得ることが必要である。その上で，個別の事象の歴史的な背景について適切な理解を得ることが可能となる。概要を知り，その後，掘

i

り下げて理解していくというプロセスが大切である。

　これまで人類が紡いできた経済の歴史は，英雄的な発明家たちによる様々なイノベーションや工業化の進展による経済成長と豊かさの実現という肯定的な側面を持つ一方，相次ぐ経済危機や貧富の差の拡大，経済力に基づく軍事力によって他国を植民地化していった帝国主義などの負の側面も持つ。そうした両面を学ぶことを通じて，現在や未来を見通し，理解するための新たな立脚点を獲得する最初の一歩となれば，という観点から本書は構想された。

　本書は，経済史を学んでいく際に必要とされる分析視角——経済理論に基づくものも含まれる——について説明する第Ⅰ部と，西ヨーロッパとアメリカを中心として，経済の歴史について概説している第Ⅱ部・第Ⅲ部から構成されている。主として18世紀〜20世紀にかけての期間を対象としているが，第4章のように，それ以前の時代についても必要な限りにおいて説明を加えている。また第Ⅲ部では，近年注目されているEUの歴史やアジア地域の経済成長の歴史的背景についても論じている（日本経済史については，本書と同じシリーズ内の『日本経済史』を参照されたい）。

　執筆にあたっては，各章の執筆者と構成や内容について，緊密な打ち合わせを行った。特に内容的に深い関連を持つ諸章については，相互の連関が明確となるように調整を行った。また本書の執筆にあたって，編集を担当いただいたミネルヴァ書房編集部の堀川健太郎氏にも執筆者を代表して感謝を申し上げる。

　本書が，読者のみなさんの経済史への興味・関心を引き出し，さらに学習を深めていく契機となれば幸いである。


　　2017年6月

　　　　　　　　　　　　　　　　　　河﨑信樹・奥　和義

一般経済史

目　次

はしがき

序　章　経済史を学ぶ………………………………………………… I

---

### 第Ⅰ部　経済史学の方法

---

第1章　伝統的経済史学……………………………………………… 9
　1　経済史学の再構築……………………………………………… 9
　2　経済発展段階論………………………………………………… 12
　3　経済発展段階論への批判……………………………………… 20
　4　経済成長論……………………………………………………… 23
　5　新しい経済史学………………………………………………… 27
　*Column*
　①大塚史学 …… 26

第2章　計量経済史と制度の経済学………………………………… 31
　1　計量経済史……………………………………………………… 31
　2　制度の経済学と経済史………………………………………… 40
　*Column*
　②計量分析の基礎──単回帰モデル …… 38
　③ゲーム理論の基礎──ナッシュ均衡 …… 43

第3章　グローバル・ヒストリー…………………………………… 47
　1　ヨーロッパ中心主義史観……………………………………… 47
　2　グローバル・ヒストリーの誕生……………………………… 53
　3　グローバル・ヒストリーの興隆……………………………… 57
　4　大いなる分岐…………………………………………………… 63
　*Column*
　④人口動態の東西比較 …… 62

目　次

## 第Ⅱ部　資本主義の発展と世界システム

### 第4章　世界システムの形成……………………………73

1　世界の一体化…………………………………………73

2　大航海時代以前………………………………………75

3　ポルトガルの「海の帝国」…………………………77

4　スペインの新世界帝国………………………………80

5　西ヨーロッパの国際商業センターの変遷…………84

6　オランダ——海外覇権と資本主義経済の結合………87

7　イギリスの重商主義帝国……………………………91

*Column*

⑤ウォーラーステインの「近代世界システム」論……74

⑥織田信長の金平糖——ポルトガルの「海の帝国」と日本……81

### 第5章　産業革命の時代…………………………………99

1　「ヨーロッパ産業革命」という見方………………99

2　なぜヨーロッパは世界史上最初の産業革命に成功したのか…102

3　19世紀の工業経済…………………………………112

*Column*

⑦産業革命とエネルギー革命……111

### 第6章　大企業の登場……………………………………123

1　世界経済の構造変化………………………………123

2　大量生産システムの成立と発展…………………128

3　新たな経営組織の展開……………………………133

*Column*

⑧機械との競争？……131

v

⑨産業集積 …… 136

## 第7章 「帝国主義の時代」と第一次世界大戦 …… 141

1 「帝国主義」とは何か …… 141

2 「帝国主義の時代」の特徴 …… 143

3 第一次大戦後の構造変化 …… 148

4 戦後再建期——混乱から安定へ …… 153

5 1920年代後半の不安定性 …… 157

*Column*

⑩自由貿易帝国主義 …… 142

⑪金本位制 …… 147

### 第Ⅲ部 世界大恐慌から戦後秩序へ

## 第8章 大恐慌とその影響 …… 167

1 大恐慌の進行過程 …… 167

2 全世界的波及 …… 172

3 大恐慌への政策的対応と影響 …… 176

4 戦時経済体制 …… 185

*Column*

⑫マネーストックとハイパワードマネー …… 170

⑬最後の貸手 …… 175

## 第9章 戦後国際経済秩序の形成と展開 …… 193

1 IMF・GATT 体制の成立 …… 193

2 IMF・GATT 体制の現実と経済成長 …… 199

3 IMF 体制の終焉とグローバル化の進展 …… 203

*Column*
⑭ソ連と東ヨーロッパ経済 …… 200
⑮ケインズ主義と新自由主義 …… 205

# 第10章　ヨーロッパ統合の経済史的展開 …… 211

### 1　ヨーロッパ統合の開始 …… 211
### 2　通貨協力と EC 拡大の時代 …… 219
### 3　単一市場からユーロの誕生へ …… 222

*Column*
⑯欧州経済領域（EEA） …… 224
⑰ユーロ危機 …… 227

# 第11章　アジアの経済発展 …… 231

### 1　戦後アジアの経済戦略 …… 231
### 2　日本の高度成長 …… 236
### 3　東アジアの奇跡 …… 240
### 4　中国経済の躍動 …… 247

*Column*
⑱農業経営の規模と生産性 …… 242

# 終　章　経済史と現代 …… 255

索　引 …… 261

序　章

# 経済史を学ぶ


**経済史とは？**

　経済史とは，経済の歴史を学ぶ学問分野である。ただ「経済」といっても，非常に多面的である。例えば，モノやサービスに注目した場合，その生産，販売，流通及びそれをになう企業の役割や，そうした生産や販売活動を可能とする流通網やインフラ，それらの現場で働く労働者の労働の在り方や経営者との関係，などが次々と論点として浮かんでくる。

　「経済」の他のまったく異なる部分（例えば企業）に注目した場合には，経営組織の在り方，研究開発の実態，大企業と中小企業の違いなどといった別の論点を考える必要が出てくる。

　このように一口に「経済」といっても，多くの側面から成り立っており，様々な角度から考えていくことが大切である。したがって，「経済」の歴史に注目していく場合において，そのような「経済」がもっている多様な側面のうち，ある側面に注目することによって論点を設定し，その歴史的な展開について明らかにしていくことが必要となる。

　一方で，様々な研究によって明らかにされてきた多くの側面を包括的な視点から位置づけ，大きな経済の歴史像を描くという作業も重要である。また，そうした問題を考えていく際の分析視角をどのように設定していくのか，という課題も存在している。こうした点を踏まえた上で，特定の時期をどのような特徴をもった時代として位置づけ，理解していくのか，ということについて考えていかなければならない。本書は，教科書という性格上，様々な専門的な研究を基礎にして，主として第Ⅱ・Ⅲ部において，各時代の大きな特徴を明確に示

I

すように努めている。また必要な分析視角については，第Ⅰ部において論じている。

## 本書の対象

本書は主として，ヨーロッパ及びアメリカの経済史を対象としている。第1章において示されているように，伝統的な経済史学においては，ヨーロッパの経済史が非常に重視されていた。なぜならば，ヨーロッパの工業化・経済成長が1つのモデルとされ，そのモデルとの距離において，各国の経済成長の発展段階を位置づけたり，各国経済の個性を明らかにするという考え方が一般的であったからである。つまり経済成長とは，ある程度，段階をおって進んでいき，最終的にヨーロッパ型の経済モデルへと到達していくプロセスとして理解されていたことが多かった。その結果，ヨーロッパ型の経済モデルとは異なるプロセスで経済成長に成功したとみなされる日本のようなケースでは，「歪んだ」経済システムをもっていると考えられることになる。

しかし現在，そのようなヨーロッパ中心主義とも言えるようなヨーロッパを中心においた見方は，再考を迫られている。特に18世紀に生じた産業革命の時期以前において，中国を中心とするアジア地域が，ヨーロッパ地域をはるかに超えるような経済力を持っていたことに注目したグローバル・ヒストリーの潮流（第3章を参照）が，そうした見直しの動きを代表するものである。

一方，実態として18世紀以降，ヨーロッパとアメリカが世界で最初に産業革命を実現し，国際経済秩序全体の中で支配的な立場に位置していたことも明らかであろう。第4章や第7章で論じられるように欧米諸国は，産業革命期以降に確立した工業力に基づき，世界中の多くの地域を植民地としてその支配下に置いていた。第二次世界大戦後，多くの国が独立を果たしたが，植民地化されたことの影響は，現在においても様々な形で残っている。また国際経済システムを支える制度や慣習，原則といったものも，欧米諸国中心に構築されてきた。それは現在，中国などの新興国の台頭によって，ゆらぎを見せているが，依然として大きな影響力を有している。

序　章　経済史を学ぶ

　本書では，欧米諸国が世界各国の中でもっとも早く産業革命を達成し，その後も新しい産業を継続的に生み出すことを通じて確立した経済力を基礎として，世界経済を統合し，その中心を占めていた時期である18〜20世紀の期間を主たる対象として，欧米諸国中心に経済の歴史をたどっていくことにする。

**本書の構成**

本書は，以下の3部11章から構成されている。

第Ⅰ部　経済史学の方法
　　第1章　伝統的経済史学
　　第2章　計量経済史と制度の経済学
　　第3章　グローバル・ヒストリー
第Ⅱ部　資本主義の発展と世界システム
　　第4章　世界システムの形成
　　第5章　産業革命の時代
　　第6章　大企業の登場
　　第7章　「帝国主義の時代」と第一次世界大戦
第Ⅲ部　世界大恐慌から戦後秩序へ
　　第8章　大恐慌とその影響
　　第9章　戦後国際経済秩序の形成と展開
　　第10章　ヨーロッパ統合の経済史的展開
　　第11章　アジアの経済発展

　第Ⅰ部では，経済史について考察する際に用いられる代表的な分析視角について論じている。第1章では，ヨーロッパの経済成長をモデルとした普遍的な経済の発展段階を想定し，その観点から一国の経済成長を位置づける経済発展段階論とそれに対する批判をめぐる伝統的な経済史学における問題設定の在り方について論じている。第2章と第3章では，近年，新たに提起され，定着し

3

つつある新たな経済史の分析視角について説明している。第2章では，計量経済史と制度の経済学に基づく「新しい経済史」の展開について，第3章では，経済史を含む歴史学全体におけるヨーロッパ中心主義を批判する形で登場した，グローバル・ヒストリーについて，それぞれ論じている。

　第Ⅱ部では，産業革命を通じてヨーロッパとアメリカにおいて工業化が進展する一方，世界経済が欧米諸国中心に一体化していくプロセスについて扱っている。第4章では，15世紀から18世紀半ばにポルトガル，スペイン，オランダ，イギリスによって推し進められた世界経済の一体化へのプロセスについて論じている。第5章では，18世紀末以降，ヨーロッパやアメリカの各地域において進展した工業化への動き＝産業革命の特徴とそれがもたらしたものについて示している。第6章では，19世紀後半から第一次世界大戦にかけて生じた第二次産業革命と企業の大規模化への動きについて，アメリカを中心に説明している。第7章では，19世紀後半における帝国主義の展開と第一次世界大戦後の構造変化（アメリカの台頭，ヨーロッパの衰退，ソ連の登場）を踏まえた上で，1920年代の国際経済の構造について論じている。

　第Ⅲ部では，1929年に生じた世界大恐慌以降の国際経済の展開について扱っている。第8章では，1929年にアメリカで発生した金融危機が世界大恐慌へと拡大していくプロセス及び各国の対応策について論じている。第9章では，第二次世界大戦後の国際経済秩序の特徴及びその終焉に至るまでのプロセスについて，固定為替相場制度と自由貿易体制の展開を軸として論じている。第10章では，ヨーロッパ統合の歴史的な展開について，1950年のシューマン・プランを契機とする石炭と鉄鋼部門の統合から，統一通貨としてのユーロの成立までの期間を扱っている。第11章では，近年，世界経済の中心となっているアジア地域における経済成長の歴史的な展開について，日本，新興工業経済地域（Newly Industrialized Economies: NIES，韓国，台湾，香港，シンガポールを指す），中国を中心に説明している。

　終章では，以上の歴史的なプロセスの分析を踏まえた上で，現在の国際経済を考える際に重要と思われる論点についていくつか提示している。

序　章　経済史を学ぶ

### 本書の読み方

　本書の各章は，以下のような構成になっている。まず各章の冒頭には「本章のねらい」が置かれている。ここでは，その章で論じられている主要な論点が示されている。ここを読むことによって，各章の概要を知ることができる。次に，本文が始まる。本文では，「本章のねらい」で示された論点がより詳細に論じられている。また適宜，参考にした文献が，著者名＋(発行年)＋ページ数，という形で示されている。もしも関心を持った箇所にそうした記載があった場合，参考文献リストから当該文献を見つけ出し，さらに読み進めて欲しい。

　各章の末尾には練習問題が付けられている。これらの問題は，各章の理解をより深めるために用意されたものである。本文を読み直しながら，その解答を考えてみよう。そうした復習を行うことが，知識の定着に有効である。

　本書が，読者のみなさんにとって，経済史について一定の知識を得，現在の国際経済をより深く理解していくための1つの手がかりとなれば幸いである。

(河﨑信樹・奥　和義)

第Ⅰ部

経済史学の方法

# 第 1 章
## 伝統的経済史学

---

**本章のねらい**

　1980年代以降の経済史学は，大きく変化した。変化の具体的内容は，第2章で説明されている計量経済史と制度の経済学，第3章で説明されているグローバル・ヒストリーなどという言葉で表現されている。そうした方法は各章で詳しく説明されているが，そのような新しい経済史学の方法が，なぜ生まれてきたのかをしっかりと学習するためには，それらが批判対象とした伝統的経済史学の方法を知る必要がある。本章では，批判の対象となった伝統的経済史学がどのような社会経済的背景から生まれてきたかを知り，それの何が批判され，何が現在でも生きているのかを説明する。

---

## 1　経済史学の再構築

　本書の前身にあたり，経済史学を勉強し始めた学生にとって，大変良い教科書であった，長岡新吉・石坂昭雄編著『一般経済史』（ミネルヴァ書房，1983年）は，その序章「経済史学の対象・課題・方法」で，経済史学の対象・課題・方法を詳しく説明している。その説明は現在でもきわめて有益であり，本章はその内容に深く関係しているから，本章は，以下においてそれを一部借用し，解説を加えている。

　経済史学の対象は，一言で言えば，人間の経済生活の歴史である。人間の経済生活の歴史は長く，人間誕生以来の歴史をもっていると言ってよいだろう。人間が経済生活を送る場合，ダニエル・デフォーの有名な小説，『ロビンソ

第 I 部　経済史学の方法

ン・クルーソー』のように，1人で自給自足を行って生活してきたのではなく，他の動物と同じように，一定の集団で生活を営んできた。集団生活を行う場合には，集団の構成員は，それぞれが何らかの役割をになうことになる。このことを経済学の専門用語でいうと，人間は，経済生活を営む時，社会的分業を行っている，と表現される。

　より専門的な言い方をすれば，人間は，社会的分業によって細分化された生産者の社会的編成（社会的生産）の下で，経済生活を営んできた。しかも，人間は，他の動物と異なり，いろいろな道具類をたえず改良して生産力を高める努力をしている。発展する技術に対応して，人間の労働力と生産を行うための道具，機械類，工場などの組み合わせは，つねに変化し，生産力は高まっていく。生産力が上昇するにつれて，人間の社会的関係も変化していく。人間は，そのような中で，経済生活を営んできたのである。


　　人間の経済生活の歩みを，それを大きく制約している生産手段の所有関係
　に着目して，より巨視的に眺めれば，こうもいうことができる。すなわち，
　人間は，生産手段の所有関係に規定された社会的生産の根本的組立てを意味
　する，封建的・資本主義的等々の広義の生産様式——一定の生産力を内包し，
　生産手段の所有関係に基づいて成立する生産関係——の中で財貨を生産し，
　それに応じて財貨を分配・交換・消費しつつその経済生活を営んできた，と。
　（長岡・石坂編著 1983：4）


経済史学の対象が，このように考えることができるとすれば，課題は次のようになる。

　「人間の経済生活の現在にいたる歩みを，その経済生活を成り立たせ・条件づけ・制約している諸要因に着目しつつ因果系列において捉え，その足取りの基本的道筋を明らかにすること」が，経済史学の課題である（長岡・石坂編著 1983：4）。

　実際には，共通の言語・習慣を持った人々が，それぞれ独自の地理的・風土

的環境の中で生活を営んできているから，経済史学は，人間の経済生活の「時代に制約された特質」と「地域的あるいは国民経済的な特質」を明らかにすることが課題となる。このような課題に答えるために，考えられる方法は次のようになるであろう。

われわれは，いま残っている史料を再構成することによってしか，過去を知ることはできない。歴史学は，「実際にあった歴史は，書かれた歴史によってのみ知ることができる」という立場をとるが，経済史学でもまったく同じことが言えるだろう。関連する史料を丁寧に収集して厳密な考証を行ない，新しい歴史的事実の発見に努めながら正確な史料のみによって立論するという実証的方法が，経済史学でも不可欠となる。

といっても，史料が自ら歴史を語るわけではない。経済史の研究者は，自己の判断によって膨大な史料のなかから経済史にとって意味のある史料を収集している。その場合，研究者が史料に意味を持っていると判断するのは，史料に対応する歴史的事実の経済的意味を知っているからであり，それを知っているのは，経済史家が自己の分析についてのフレームワークを有しているからである。つまり，経済学（特にその理論）について一定の知識を分析のフレームワークとして，史料の収集の際に利用しているのである（長岡・石坂編著 1983：7）。経済分析手法が発展することが，以下の第2章，第3章のように，新しい史料の発見と新しい歴史像が構築される理由でもある。

1980年代には世界経済が大きく変化した。多くの「後進国」とみなされていた国々（特にアジア諸国）が急速な経済成長を遂げ，グローバリゼーションもまた進展した。グローバリゼーションという現実に対応した形で，歴史理論は，一国経済中心史観から世界経済の中で一国経済を考えるというように変化した。さらに，経済理論において，企業家を重視し経済人像を見直したこと，計量的手法の発達，ゲーム理論，組織や制度の理論の発展などがみられた。これらによって，経済史学は，現在，再構築されている。

本章では，このような再構築の基礎にあって，批判対象になった伝統的経済史学の内容を解説しておこう。社会科学の研究は，一足飛びになされるのでは

第Ⅰ部　経済史学の方法

なく，経済社会の変化と密接に関連しているがゆえに，経済社会の発達に関係づけられていることを，伝統的経済史学の解説からも理解してもらい，それが現在でも意味のある点を発見してもらいたい。

## 2　経済発展段階論

### 経済史学の研究の始まり

　経済史学の研究は，19世紀まで，経済学一般の中に埋没するか，あるいは歴史学として政治史や文化史の一部として語られており，1つの学問分野として独立したのは，ここ百数十年あまりと考えてよい。経済史学が生まれ発展していく過程では，経済学のフレームワークとその背景にある歴史観が強い影響を及ぼしてきた。19世紀以降における経済学のフレームワークは，その時代の国民経済の課題を反映して，多様に変化しているが，大きく言って2つの潮流があると考えられた。経済発展段階論的思考と進化論的あるいは経済成長論的思考である。この2つの思考方法が複雑かつ微妙に絡み合いながら，相対立して，経済史学の理論的なフレームワークを形づくってきた。初めに，経済発展段階論的思考を説明しよう。

### 古典派経済学の経済史観（啓蒙主義）

　経済発展段階論では，経済史の発展過程をいくつかの一般的な発展過程に区分し，そのそれぞれに固有の構造と意義を認め，その間の移行の論理を明らかにしようと考えている。これに対して，古典派経済学や啓蒙主義は，人間は共通の理性を持っており無限に進歩するものであるという思想を背景に，人類は未開社会から文明社会へ発展していくと発想していた。これへの批判として，経済発展段階論は登場した。

　古典派経済学は，よく知られているように，18世紀〜19世紀にかけて，科学技術の発展，その工業技術への応用，経済社会構造全体の変革（産業革命）を経験していた，イギリスの経済状態を背景においている。A. スミス（Adam

Smith：1723-1790），D. リカード（David Ricardo：1772-1823），J. S. ミル（John Stuart Mill：1807-1879）といった古典派経済学を生成・発展させた有名な経済学者は，すべてイギリス出身であった。

「後進国」ドイツは，「先進国」イギリスと同じ思想を受け入れることは難しい。古典派経済学を批判した当時の二大潮流が，ドイツ歴史学派とマルクス主義であり，それぞれが，経済史学における有力な学派を形成することになる。両学派は，それぞれ固有の特徴があるが，経済発展段階論思考（歴史主義）に支えられた問題関心に共通点があり，経済史研究を大きく前進させた。

さて，古典派経済学の父とされるスミスは，D. ヒューム（David Hume：1711-1776）に代表される啓蒙主義的な進歩の思想を歴史観として受け継いでおり，人間の生産活動が拡大すれば資本が増加し，原始社会が自然に文明社会へ移行すると考えていた。歴史は，法則的な展開として捉えようとする自然主義的歴史観（歴史は自然法則によって展開する）によって分析され，それは理論の正しさを映す鏡にすぎず，過去のそれぞれの時代における経済の意義は重視する必要がなかった。

スミスの関心は，自然神学，倫理学，正義に関連する法学，便宜の原理に基づく経済や財政などにあり，人文学・社会科学全般であったと言ってよい。経済学の祖とされながらも，道徳哲学に深い関心を示していたのである。このような思想や哲学は，次世代のリカードや T. R. マルサス（Thomas Robert Malthus：1766-1834）には継承されず，彼らはかえってスミスの歴史観や道徳哲学を切り落とすことによって，経済理論を精密，精緻なものにするようにした。これは，スミスが産業革命の黎明期に学問研究を行っていたのとは対称的に，リカードやマルサスは，イギリスが工業化をもっとも推し進めた，経済が社会全体のなかで前面に押し出されてきた時期に，研究を進めていたこととも無関係ではない。彼らにとって眼の前にあるもっとも大きな問題は，いまのイギリスの工業化が多くの富を生み出し，それをさらに拡大していくための方策を探ることにあった。

リカードやマルサスに対して，ミルは，経済理論と歴史分析の断絶を埋め，

第 I 部　経済史学の方法

総合的な社会科学の再構築に努めた。彼は A. コント（Auguste Comte：1798-1857）の社会学から多くを学びつつ，歴史あるいは現実の社会研究の方法として，逆演繹法（経験則の理論化）を設定した。これは，イギリスのように発達した経済社会から経済理論を導き出したのとは逆のやり方であった。イギリスの経済学が発展する過程で，経済史学はますます経済理論から切り離されていき，進歩の思想自体は，むしろ社会学の理論に影響を与えた。

### ドイツ歴史学派

　古典派経済学を生成，発展させたイギリスに対し，経済的に後進国であったドイツでは，それぞれの社会を歴史的に規定されたものとして把握しようとする歴史的な考察の方法（歴史主義）が発展してきた。

　イギリス古典派経済学では一般的な経済理論が展開されたが，ドイツの歴史主義では各国の固有の性格を持っている国民経済を経済分析の単位にしていた。国民経済における国内産業や各々の地域の不均等発展を分析し，それに対応する望ましい経済政策を示すために経済発展段階論が導入された。

　ドイツ歴史学派の父は，F. リスト（Friedrich List：1789-1846）である。彼は，当時の古典派経済学を基礎にした自由貿易論に対抗して，ドイツの幼稚産業を保護する経済政策の正しさを立証しようとした。リストは，『政治経済学の国民的体系』（1841年）を著し，その中で次のような議論を展開した。

　人類の経済発展は五段階，つまり①原始的未開状態，②牧畜状態，③農業状態，④農工業状態，⑤農工商業状態に分けられ，それぞれの段階に対応した経済政策が必要である。特に重要なことは，農工業段階，農工商業段階にあるドイツ経済の分析である。また，工業こそが文明社会の起動力となるが，これは決して自然過程として発展するものではなく，特殊な条件に恵まれた国民経済が工業を発展させ，工業，商業，海運業を独占することによって他国民の発展を妨害してきた。結論として，リストは，農工業段階にあるドイツのような国民経済は，関税制度によって商工業を育成して，国民的分業と国民的生産諸力の統合を図る必要があると主張した。このような彼の主張は，当時のドイツ経

済の発展段階において，自由貿易主義批判という経済政策上の意義を持っていたといえる。

リストの国民経済理論は，広い意味でその後のドイツ歴史学派に受け継がれた。ドイツ歴史学派は，旧歴史学派と新歴史学派に区分され，それはG. シュモラー（Gustav von Suhmoller：1838-1917）を中心とする社会政策学会の成立時期が分岐点とされる。旧歴史学派は方法論と国民経済論を中心に議論したのに対し，新歴史学派は方法論を論じるにしても，経済史の研究と実践的要求に基づく社会政策の提唱にその重点が移った。

旧歴史学派の代表としては，W. G. F. ロッシャー（Wilhelm Georg Friedrich Roscher：1817-1894）やK. G. A. クニース（Karl Gustav Adolf Knies：1821-1898）が知られている。ロッシャーは，F. サヴィニー（Friedrich Carl von Savigny：1779-1861）やK. アイヒホルン（Karl Friedrich Eichhorn：1781-1854）といった当時の高名な法律学者が，法律学に歴史的方法を適用したのと同じことを経済学に適用しようと試みた。まず哲学者の方法と歴史学者の方法を区分し，前者は時間，場所など一切の偶然性を捨象して抽象的に概念・判断の体系を求めるのに対して，後者は現実を描写し人間の進化・関係を具体的に記述することであると考えた。またクニースは，政治経済学の理論は，経済社会の歴史的発展が生み出したものであり，人類史，民族史のある時期の有機体と結びつき，時間，空間，国民性と結びついて発展していると考えた。ロッシャーもクニースも，理論と歴史の関係性にその考察の中心があったために，経済発展段階論にはあまり関心を示しているとは言えない。

旧歴史学派のうち，B. ヒルデブラント（Bruno Hildebrand：1812-1878）が，『現物経済・貨幣経済・信用経済』（1864年）という有名な三段階説を唱えた。ヒルデブラントは，リストが唱えた経済発展段階が発展の順番を示すものでなく，各国の歴史をふりかえれば，自然条件に影響され様々な発展（例えば農業→商業など）が存在していたことを強調した。したがって，彼は普遍的な経済発展段階は，自然条件に影響を受けない流通過程をもとに考える必要があると考え，三段階を設定した。しかしながら，三段階は，あまりに大きな区分であ

り，各国の歴史をみれば様々な形で繰り返しあらわれており，経済発展段階論としては十分なものとはみなされなかった。さらに，流通過程を重視することは，経済発展の推進力である工業についての洞察を軽視することにもなった。

### ドイツの「新歴史学派」

ドイツ歴史学派は，19世紀末から第一次世界大戦まで，「新歴史学派」として全盛時代を迎える。この学派は，国民経済を諸個人が統一された１つの有機体として捉え，国民経済の生産や経済発展の法則を研究することを経済学の課題とした。ただし，「新歴史学派」は，内部的には意見の相違があり，大きくいって３つに分類される。１つは A. ワグナー（Adolf Heinrich Gotthilf Wagner：1835-1917）を代表とする，右翼的国家主義グループ，１つは左翼の L. ブレンターノ（Lujo Brentano：1844-1931）を代表とする労働組合主義を主張した自由主義的改良派，１つはそれらの間で，学派の統一と学問的研究に努めた，国家による中産階級の維持創設を強調したシュモラーたちの中間派である。

彼らが設立した「社会政策学会」は広範な影響力を持ち，彼らが生きた時代の社会経済問題を解決するために，学問的考察を深め，多くの経済史に関する業績を残した。社会政策学会は世界的に有名であり，創設に関わった学者たちを慕って，ドイツ語圏だけでなく，欧米諸国，アジア諸国からも，多くの研究者が集まり，出身国の経済社会に関する研究が蓄積されることになった。

学派の中心人物であったシュモラーは，歴史を２つの側面から認識していた。１つは，歴史は，哲学と同じように，あらゆる科学のうちでもっとも普遍的な性格を持つものであるという認識である。もう１つの側面は，歴史は，国民経済学にとって，統計学と同じような補助科学であるという認識である。シュモラーは，このように二重の側面から歴史を捉えたのち，さらに進んで，歴史を一般史と特殊史に分類し，経済史，法制史，慣習史といった特殊史の成果が国民経済学に与える影響を考察した。これは「旧歴史学派」が一般史の成果だけによって国民経済学を理解しようとする試みを超えようと考えたことによっている。

「新歴史学派」は，学者によって多少の差はあるが，このように歴史的実証

方法を強調し，経済史的特殊研究を行う，国民経済を法や慣習との関係において把握する（倫理学的な研究にもつながる）という特長をもっていた。結果的に，経済史研究を精力的に行い，また社会政策を提唱することにもなった。

　ドイツ歴史学派は，一世を風靡したが，実証研究にたずさわっている歴史家から，古典古代の営利活動，企業の評価，中世都市の性格など，多くの点で絶えず異議が出された。つまるところ，「経済発展段階」の性格や意味が，必ずしも明確でなかったことが，大きな問題点として存在していた。「経済発展段階」が，経験的あるいは歴史的事実を分類・整理して類型化したものか，それとも分析的・理論的なものであるのか，ということが明確でなかったのである。前者の立場を強調すれば，「経済発展段階」が歴史的事実を適切に包含していなければならないし，後者の立場に立てば，立脚する経済理論を明確にする必要が生じるからである。

　この過程で，マルクスの影響を大きく受けながら，ビュッヒャーの段階設定の理論的欠陥を克服しようとしたのが，W.ゾンバルト（Werner Sombart：1863-1941）であった。彼は，経済体制と経済原則の両者による段階区分を重ね合わせることを主張した。つまり，経済以外にもすべての側面を含めた社会形成に基準をおき，「個別経済」（家内経済・領主経済），「移行経済」（村落・都市経済，社会主義もこの中に入る），「社会経済」（資本主義）という経済体制の段階区分を唱えた。経済体制のうち，彼は，社会経済（資本主義）に強い関心を示し，初期資本主義，高度資本主義，後期資本主義という3つの時期に，生成，完成，変質を分けた（『近代資本主義』1902, 1916）。ただし，ゾンバルトは，資本主義の生成を資本主義の精神（ブルジョワ的精神と企業家的精神の織り合わされたもの）による営利の理念形成に生成の根源を求めたため，主張が自然成長論的性格を帯びることになり，その結果，先行する理論の欠陥を完全に克服できず，史実の膨大な例示にもかかわらず，主張が十分に説得的と言えず，実証主義的な歴史家から激しい攻撃を受けた（長岡・石坂編著 1983：15-17）。

　ドイツの歴史学派の段階論は，理論的根拠に混乱があったが，近代資本主義の起源，都市経済，国民国家と重商主義などといった数多くの問題提起を通じ

第Ⅰ部　経済史学の方法

て，経済史学研究を発展させた。


## マルクスの史的唯物論

　古典派経済学の完成者として知られるミル，ドイツ歴史学派の創始者として知られるリストとほぼ同時期に，資本主義を批判する共産主義の理論家として登場したのが K. マルクス（Karl Heinrich Marx：1818-1883）である。彼は，『ドイツ・イデオロギー』（1846年），『哲学の貧困』（1848年）などで，階級闘争を中心にした世界史の理論を展開していたが，1859年に出版された『経済学批判』の助言の中で史的唯物論とそれに基づいた経済発展段階論を定式化した。

　人類は，物質的生活を再生産するために，自分の意志とは別に社会関係を取り結ぶ。この関係は「生産関係」と呼ばれる。これは法律的に表現すれば所有関係であり，生産手段を所有しているか非所有かによって形成される階級関係でもある。マルクスは，「生産関係」が生産力の発展段階に対応していると主張した。

　マルクスによれば，「生産関係」とそれに対応する生産力を統一的にあらわす概念が「生産様式」で，社会の中の生産様式の総体が，「社会の経済構造」，すなわち社会の土台（下部構造）をなしている。マルクスによれば，この土台の上に，法律や政治の上部構造が立ち，またこの土台から特定の意識形態が生まれる。マルクスは，経済を基礎として社会が形成され，構成されたものを社会構成体と呼んだ。

　この視点から人類史をみれば，社会構成体は次々に高次のものに移行していく自然史的過程として捉えることができ，それは文化的・地理的多様性を越えて，１つの普遍史的概念に高められる。人類の歴史は，概括すれば，次の４つの社会構成体が連続して展開していく過程であり，それぞれ特有の生産様式によって基礎づけられる。


　①アジア的生産様式（貢納制）

②古代的生産様式（奴隷制社会）

③封建的生産様式（封建社会）

④資本主義的生産様式（資本主義社会）

④資本主義社会によって人類の前史（社会内における階級間の敵対関係）が終わり，きたるべき社会として共産主義社会が想定される。また，この4つの社会構成体が連続して変化していく過程は次のようにして起こる。社会の物質的生産力が一定の発展を遂げると，それがこれまでの生産関係と矛盾を生じるようになり，新しい生産諸力＝生産様式の担い手となる階級が勃興し，社会革命によって社会構成体自体が変革されるのである。マルクスは，後に，『資本論』第1巻第24章第7節で，この過程を「否定の否定」という弁証法によって描いている。

それによれば，封建社会の解体によって，生産手段（土地，道具類）の私的所有を基礎として小経営が成立する。しかし小経営は生産手段の分散を前提とするから，生産過程内で協業や分業を排除する。したがって，小経営は，生産力の発展のために，必然的に資本主義的な私的所有（生産手段の集中）へ転嫁する。これが最初の否定である。しかし，資本主義的な私的所有の下で，生産手段の集中と労働の社会化がますます進展することが，資本主義的生産に，それ自身の否定（否定の否定）を生み出す。しかし，この否定は，私的所有を再建するのではなく，協業と，土地や労働そのものによって生産される生産手段の共有に基礎をおく，社会化された自由な生産者の連合による個体的所有をつくり出すのであり，これが共産主義社会の基礎になる，というのである。

マルクスは，『資本論』により，資本主義経済固有の運動法則だけでなく，それと対比することで，他の生産様式を理解する方法を示した。また，『資本論』における歴史的な叙述（マニュファクチュア，資本の本源的蓄積，商業資本に関する歴史的事実，高利貸資本，資本主義的地代の発生史など）や，マルクス自身や彼の協力者であるエンゲルスがおこなった歴史研究（絶対王制論，ボナパルティズムなど）も歴史家に大きな示唆を与えた。

第 I 部　経済史学の方法

　マルクス自身は，イギリスで古典的な姿で完成された資本主義が後進国を巻
き込み，古い生産様式を解体するから，後進国も遅かれ早かれ，イギリスと同
じような道を歩むと考えていた。しかし実際は，西ヨーロッパにおいて革命の
早期実現の期待が薄れ，他方，世界市場に組み入れられた後進国の運動が，先
進資本主義国の変革に与える衝撃が重要視されるようになると，前資本主義的
社会の基礎をなしている村落共同体あるいは共同体的所有に注目せざるを得な
くなった。

## 3　経済発展段階論への批判

### マックス・ヴェーバーによる批判

　M. ヴェーバー（Max Weber：1864-1920）は，ドイツ歴史学派の経済発展段
階論を内部から批判し，他方で，マルクス経済学の唯物史観を経済決定論によ
る歴史解釈としてしりぞけた。彼は，文化の意義を重視し，社会科学の認識の
独自の基礎づけを試み，経済史学についても，多くの業績を残した。

　ヴェーバーは，ドイツ歴史学派が持っている方法論的欠陥を，当時の学派を
代表したロッシャーとクニースを例にあげて次のように批判した。ロッシャー
は，古典派経済学と同様に普遍的法則性を認め，法則性と因果性を混同してい
る一方で，無限に多様な現実を尊重している。ロッシャーは，普遍的法則性の
容認と多様な現実の尊重という矛盾を民族という有機体で埋めようとするが，
これには無理がある。クニースは，自然現象における法則性に対して人間の諸
現象には非合理性しか認めていないが，人間の行動が計算不可能であることは
非合理的であることを意味しない。人間は自由になれば，目的に応じて経験を
踏まえ，適切な手段を選択でき，人間の行為は十分に理解できることになる。

　ヴェーバーは，歴史認識について自然科学と異なる認識の基礎づけを試みた
が，「歴史学の任務は歴史の発展に影響を及ぼすもの，もしくは及ぼしえたよ
うな重要なものについて，史料を集め記述することにのみある」という考え方
を拒否し，歴史を構成している要素のうち本質的構成要素を抽出することが重

要であると考えた。本質的構成要素とは，その要因を取り除けば，歴史が実際に進んだ方向とは異なった方向に行っただろうという要素のことである。

さらに，ヴェーバーは，経験的現実，歴史的個性をそのまま記述するだけでなく，歴史に，「理念型」を導入することを主張している。歴史を分類整理することは，自然のそれとは異ならざるを得ず，特定の観点から見て本質的とみなされる構成要素に基づいて整理しなければならず，その際，偶然的あるいは非本質的なものは排除されるから，この類型化は，現実そのものからの類型とは異なる実在しないものになる。「理念型」を構成すれば，それとの距離によって個別の事実を位置づけることが可能となり，さらに「理念型」相互間の因果関連を確定し得ることになる（長岡・石坂編著 1983：21-22）。

ヴェーバーは，経済史を狭く捉えるのではなく，経済に影響を与えるあらゆることを含めて論じようとしていた。したがって，経済史学の課題も，「歴史法則をえがくこと」や「発展段階の設定」などにはおいていない。ヴェーバーは，経済的合理主義がどこまで貫かれたかに強い関心を示し，合理化の徹底こそが近代文明を特徴づけるものであると考えた。

ヴェーバーは，資本主義の形成には，何よりも経済合理的な生活態度の形成が決定的なものであるとして重視した。このような生活態度は，近代以前の歴史において，宗教倫理，様々に結びつけられた「伝統主義」，無軌道な営利活動などによって妨げられてきた。これらを乗り越えるような「倫理（エートス）」（資本主義の精神）が，どのようにして形成されたのか。彼は，「理念型」を構築することを通じて，向上を志す工業的中産層を担い手とする禁欲的プロテスタンティズムの職業理念（世俗内禁欲）と18世紀の資本主義の精神の間の因果関係を調べた（『プロテスタンティズムの倫理と資本主義の精神』1904～1905年）。さらに，仏教，ヒンズー教，儒教と道教，ユダヤ教，イスラム教などの比較史的研究によって，この主張の補強に努めた。


ジョゼフ・シュンペーター
ヴェーバーと深い学問的交流を結びながら，彼とは異なる方法で独自の社会

第 I 部　経済史学の方法

科学体系と普遍的な歴史像を築こうと試みたのが，オーストリア学派出身で，ドイツやアメリカで活躍した J. シュンペーター（Joseph Alois Schumpeter：1883-1950）である。

　彼は，ドイツ歴史学派のシュモラーの主張，「歴史的な資料を集積しそれに基づいて研究することが重要であり歴史から帰納されていない理論を斥ける」に共感を示しつつ，ドイツ歴史学派が「経済学が演繹法に基づく学問」であると考えるオーストリア学派（カール・メンガーたち）とくりひろげた「社会科学方法論争」を新たな段階に到達させようと考えた。

　シュンペーターは多くの著作を残しているが，経済史学の著作としてもっとも高名な書物が『経済発展の理論』（1912年）である。それによれば，経済発展の原動力は，生産方法，商品，販路，組織などを創造的に革新すること（「新結合」[neue Kombination] と呼ばれる）の遂行に求められる。「新結合」は，現代の言葉でいえば，イノベーションにあたり，日本語では「技術革新」と訳されることが多いが，シュンペーターの意味では，イノベーションは技術の分野に留まらない。

　シュンペーターは，イノベーションとして以下の5つの類型を提示した。

①新しい財貨の生産
②新しい生産方法の導入
③新しい販売先の開拓
④原料あるいは半製品の新しい供給源の獲得
⑤新しい組織の実現（独占の形成やその打破）

　また，シュンペーターは，イノベーションの実行者を「企業家（entrepreneur)」と呼んでいる。ここで言う企業家は，定型業務をこなすだけの経営管理者ではなく，まったく新しい組み合わせで生産要素を結合し，新たなビジネスを創造する者である。

　シュンペーターによれば，「企業家」は資本主義社会の企業家にかぎられる

ものでなく，原始的社会の族長，荘園領主，賦役農場領主，法律家，農業者などであってもかまわない。資本主義の生成に際して，シュンペーターのように「企業家」を重視すれば，マルクスの言うような「資本の本源的蓄積」も，ヴェーバーが重視した「経済における合理的態度」も必要でない。シュンペーターによれば，資本主義の生成に決定的重要性があったのは，中世における商業の革新，特に問屋制家内工業であり，商業型企業家が，目につかない形で工業型企業家に変身していったとするのである。

　シュンペーターは，経済発展自身の断続性を主張しながら，封建社会と資本主義との間に連続性も認めている。封建社会から資本主義社会への移行に際して，産業資本家階級は企業家活動による資本主義社会の形成によって地位を上昇させるのに反して，軍事的機能によって階層化された封建貴族は地位の低下と機能変質をきたすことになる。しかし，封建社会の支配階級であった貴族は，ただちに没落せず，政治的支配者として生き残り，その文化や精神を資本主義社会に持ち込むことになる。

　シュンペーターの理論的・歴史的・統計的研究は，『景気循環論』（1939年）として集大成された。企業家が銀行から借入を受けてイノベーションを実行すると，経済は攪乱され，不均衡は拡大する。こうした企業家活動の三種の波（キッチン，ジュグラー，コンドラチェフ）を組み合わせて，シュンペーターは，1787〜1938年の景気循環を描き出した（長岡・石坂編著 1983：25）。

## 4　経済成長論

### 近代経済成長

　ドイツ歴史学派やマルクス主義に対して，新古典派経済学は，非経済的要因は切り捨てて，高度に発達した経済をモデルに，精緻な理論を構成することに力点をおいた。新古典派経済学者は経済史に関して，全体として，関心が低く，精緻な理論を経済史に応用する点でも多くの困難があった。しかし，1929年の世界大恐慌は，新古典派経済学の従来のフレームワークを超える課題に目を開

第Ⅰ部　経済史学の方法

かせた。さらに，第二次世界大戦後，冷戦体制下での世界各国の経済復興問題
は，「経済成長」を，先進工業国だけの問題でなく，「低開発国」の「近代化」
と「工業化」の問題に結びつけた。そこでは，前近代的・伝統的セクターを包
括するような経済成長モデル（例えば，W. A. ルイス「労働力の無制限供給下の経済
発展」1954年）が構想される一方，現代の低開発経済の発展戦略との関連で，
先進工業国の工業化と経済成長の経験が経済学者の分析の対象となり，その概
念や手法は「成長の型」を探る課題として経済史研究者に取り入れられた。

　経済成長の分析では，1人あたりの国民所得を指標にとり，低開発経済にみ
られる「貧困の悪循環」から自己累積的な「近代経済成長」に向けての始動
（臨界点の突破）という視点から，経済史が構想された。

　この構想の実現のために，最初の課題として，19世紀，さらに18世紀の準備
期までさかのぼったデータの整備に力が注がれたが，その中心が，ロシア生ま
れのアメリカの経済学者 S. クズネッツ（Simon Smith Kuznets：1901-1985）であ
る。彼は，1930年代からアメリカ合衆国の国民所得を推計する作業に取り組ん
だだけでなく，第二次大戦後，イギリスのディーンとコール，フランスのマル
チェフスキー，ドイツのホフマンらの協力を得て，先進資本主義諸国全体のデ
ータを収集・整理をし，その趨勢（時系列変化や産業構造の変動）を分析した
『近代経済成長の分析』（1966年）をまとめた。こうして，国別あるいは国際比
較の研究が多く刊行され，経済成長に対する諸要因（資本，労働，技術，貿易，
企業家活動など）の貢献が分析された。さらに，コーリン・クラークやホフマ
ンによる，産業構造の高度化傾向（第一次産業から第二次，第三次産業へ，消費財
生産部門から資本財生産部門へ）に関する経験的法則の検出作業の試みも，上述
の研究方法と同じ仕方である（長岡・石坂編著 1983：27）。

　このような多くの国民所得の傾向や趨勢の分析を踏まえて，新しい経済史像
を提示したのが，W. W. ロストウ（Walt Whitman Rostow：1916-2003）の『経済
成長の諸段階』（1960，1970年）である。

　彼は近代経済成長への始動を，「安定成長への離陸（テイク・オフ）」と名づ
け，これを基準に，あらゆる経済に共通する成長の諸段階を画した。①伝統社

会，②離陸のための先行条件期，③離陸，④成熟への前進，⑤高度大衆消費時代，という五段階である。それによると，離陸期には，投資が——例えば国民所得の5％未満から10％以上へというふうに——目立った増加を見せ，しかも絶えずこれだけの投資が行われることから，1人当たりの産出高は顕著な上昇を遂げる。その際，1つないし複数の十分に力のある主導部門（必ずしも工業である必要はない）が高率をもって成長し，前方連関，後方連関を通じて他の産業の成長をも促すのである。この主導部門の選択は，時代や国ごとにまちまちであった。

　ロストウは，離陸を促す前提条件として，海外市場の発展，科学技術の著しい進歩，社会的間接資本の充実，農業生産力の増大，離陸を支える貸付資本，技術革新を受け入れることのできる企業家的精神などを挙げている。離陸を完了した後40年（開始時点から60年）経つと，成熟期（国民所得の10〜20％が着実に投資される時期）を迎え，持続する経済成長が近代技術を経済活動の全般に普及させることになる。最後に耐久消費財とサービスに基礎をおいた高度大衆消費時代がおとずれる。

　ロストウの書物は，厳しい冷戦下に，社会主義によらず低開発国が発展する可能性を歴史的に論じたものとして注目されたが，一般的に，歴史研究者からの批判にさらされた。それは，離陸に焦点を合わせるあまり，それ以前の社会を伝統社会一色に塗りつぶしたこと，あるいは離陸の可能性についてあまりに単系的・楽観主義的見解を抱き，制度的・社会的あるいは国際経済上の障害にはほとんど目を向けていないことに起因している。それでも，彼の構図が，経済史研究者の関心を，産業革命，そしてその基礎条件である農業生産力の向上に引きつけた（長岡・石坂編著 1983：28）。

　ロストウ理論とほぼ同じ頃に，A. ガーシェンクロン（Alexander Gerschenkron：1904-1978）は，『経済後進性の史的展望』（1962年）を発表し，ロストウの単線的歴史観を批判し，後進国の工業化問題を分析した。それによれば，後進国の場合，先進国といくつかの異なった工業化の特徴が次のように見られる。

　まず後進国の工業化の速度は先進国よりも急速となり，飛躍的発展が可能で

25

第Ⅰ部　経済史学の方法

---

#### ― *Column* ①　大塚史学 ―

　大塚史学とは，大塚久雄（1907～1996）を代表とする日本の経済史学の方法である。大塚久雄は，西洋諸国に近代資本主義，近代市民主義の研究で知られ，ヴェーバーの社会学とマルクスの唯物史観の方法を用いて，特に「近代」を担う人間類型についての考察を深めた。大塚は，西欧を近代の典型と見なし，その土台である資本主義発展の担い手を16・17世紀に台頭する市民層の最底辺に求め，近代社会の成立をできるだけ「内在的」かつ「下から」とらえ，近代化と民主化をほぼ等置した。そのために，第二次世界大戦後に日本の近代化と民主化に取り組んでいた知識人の心を捉えた。しかし，この視点は，イギリスが広く海外貿易を行い，広大な植民地を有していることの意義を過小評価することにもつながり，近年指摘されているイギリス経済の「帝国」としての構造を相対的に軽視することにもつながった。

---

ある（不連続である）。なぜなら，後進国は先進国との技術的ギャップが大きく，先進国の進んだ技術を借用して得られる潜在的利益が大きくなるからである。つぎに後進国の工業化は，消費財生産よりも生産財生産の方が相対的に早く進む。というのも，最先端の生産財生産の技術を借り入れて生産が行われるからである。他方，後進国においては，工業製品市場として，また労働生産性の上昇する部門としての農業部門の経済成長への貢献度が低下する。

　さらに後進国では，企業が早くから巨大経営体となる傾向が大きい。後進国の製造コストが先進国より概して高いので，先進国企業の規模と同じぐらいの経営規模で始めないと市場で競争しえないからである。また後進国では，国家，外国政府特定の金融機関などの特殊な制度的手段に誘導されて工業化が推進され，工業化の理念も，ナショナリズムや社会主義などが支えとなり，国民の消費生活が犠牲になりがちである。このように，先進国と後進国が並存する状態では，後者が前者の技術を取り入れることで，経験する必要のあったいくつかの段階をスキップすることができる。

## 5　新しい経済史学

　経済成長を中軸に据えた歴史研究は，国民所得という，定量分析の可能なデータと共通の指標によって，経済史の比較研究にいろいろな面で新しい知見を提供した。国民所得計算などの統計的資料を活用するにとどまらず，これを加工し，コンピュータを駆使して整理し，そして近代経済学の理論を応用して歴史現象をも解明しようとする試みは，1957年に開催されたアメリカ経済史学会第17回大会で，マイヤーとコンラッドというハーバード大学の2人の若手研究者による報告「経済理論・統計的推計・経済史」などでみられるようになった。1960年頃からは，確率と推計による証明が可能であることを主張する成果も出され始める。いわゆる計量経済史の発達である。これについては，第2章を参照して欲しい。

　また，フランスの『経済・社会史年報』（この雑誌は，1946年に，『年報——経済・社会・文明』に改称される）による歴史学研究（アナール学派）の潮流は，第一次世界大戦後，これまでの文章史料に偏重し，政治外交史を中心とする実証史学に対抗する人間生活の全体像把握（全体史）の構成を志すマルク・ブロックやリュシアン・フェーブルらのもとで，人文地理学などの隣接分野との密接な協力のもとに形づくられてきた。さらに，第二次世界大戦後は，F.ブローデル（Fernand Braudel：1902-1985）を中心に，数多い研究業績を世に送り出してきた。この学派では，経済史は自立した一分野ではなく，社会史・文化史などとともに全体史の一環を構成していると考えている。

　この学派の歴史研究は，事件史，50〜100年単位の状況史（人口，物価，技術の変動），さらに非人間的，地理的条件に規定された「長期」という3つのレベルでの変動によって形づくられた「構造」の存在と機能を分析することが特徴である。この学派の代表であるブローデルは，『物質文明・経済・資本主義15-18世紀』（1967-1979年）において，社会経済史的全体像を提示し，「準不動的歴史」＝物質文明（市場の下側で基本的活動が行われる不透明な領域），「状況史」

第 I 部　経済史学の方法

＝市場経済（生産と交換のメカニズム），「資本主義」（市場経済の上方の領域）とい
う，三層を設定し，商業資本主義的世界経済の展開，中心部と辺境の間の不均
等発展として歴史を描きだした。そこで描かれる資本主義概念と発達史観は，
マルクスやヴェーバーとは，対立するものとなっている。このような学派の流
れを汲む方法は，第 3 章で説明される。

　経済学やその他の社会科学の諸理論や手法から，いろいろな形で影響されな
がらも，経済史学は，全体としてみれば，歴史学の 1 つとして実証主義的研究
の色彩が濃く，社会構造の分析を行う社会経済史学としての性格が強かった。
しかし，1960年代以降，現代が研究対象として中心になるとともに，経済学，
社会学，政治学の新しい理論が経済史学に持ち込まれることも進んでいる。

　経済史学における様々の視角がどこまで妥当するかは，経済史がその明らか
にすべき課題として何を設定するか——それは，時代的状況と経済史家それぞ
れの問題意識に左右されるが——にかかわってくる。


**参考文献**

石井寛治・原朗・武田晴人編『日本経済史研究入門』（『日本経済史』6）東京大学
　　出版会，2010年。

井上幸治・入交好脩編『経済史学入門』第 2 版，広文社，1976年。

宇野弘蔵『経済学方法論』（『宇野弘蔵著作集』第 9 巻）岩波書店，1974年。

大下尚一・西川正雄・服部春彦・望田幸男編『西洋の歴史［近現代編］』増補版，
　　ミネルヴァ書房，1998年。

大塚久雄『社会科学の方法』（『大塚久雄著作集』第 9 巻）岩波書店，1969年。

社会経済史学会編『社会経済史学の課題と展望』（社会経済史学会創立70周年記念）
　　有斐閣，2002年。

角山栄・速水融編『経済史学の発達』（『講座西洋経済史』V）同文舘，1979年。

出口勇蔵編『経済学史』有斐閣，1969年。

長岡新吉・石坂昭雄編著『一般経済史』ミネルヴァ書房，1983年。


　＊本章は JSPS 科研費 15K03573 の助成を受けた成果の一部を含んでいる。

## 練習問題

問題 1

ドイツ歴史学派の特長を説明しなさい。

問題 2

史的唯物論を説明しなさい。

問題 3

シュンペーターの「企業家」と「新結合」を説明しなさい。

（奥　和義）

# 第２章
# 計量経済史と制度の経済学

---

**本章のねらい**

1993年のノーベル経済学賞は，R. W. フォーゲル（Robert William Fogel：1926-2013）と D. C. ノース（Douglas C. North：1920-2015）の 2 人が受賞したが，それはそれぞれ「計量経済史」と「制度の経済学」による経済史という「新しい経済史（new economic history: NEH)」についての貢献に対するものであった。本章では，経済史研究において比較的新しい手法である，この計量経済史と制度の経済学について概説する。本章のねらいは，こうした経済史における「新しい」手法とは，具体的にどのようなものなのか，また従来の経済史研究とどのような点で異なっているのか，について理解することである。

---

## 1　計量経済史

### 計量経済学

アメリカにおいて1950年代末以降に急速に発展した，いわゆる「新しい経済史（NEH)」では，「計量経済史（econometric history)」や「クリオメトリックス（cliometrics)」，または「数量経済史（quantitative economic history)」と呼ばれる手法によって，歴史研究に計量経済学や統計学のエッセンスが援用されるようになった（以下，計量経済史)。ここで用いられる計量経済学（econometrics）とは，その名づけ親であるノルウェイの経済学者 R. A. K. フリッシュ（Ranger Anton kittil Frisch：1895-1973）によれば，現実の経済生活に対する数量的接近のために統計学，経済理論，数学を統一する学問である。したがって

31

第 I 部　経済史学の方法

計量経済学は，経済理論および統計学をその理論的・方法的基礎とし，経済問題の数量的分析に際して理論的接近と経験的接近（統計的数値の収集と分析）の統一を意図する経済学の 1 分野であるといえる。また，アメリカ合衆国で1930年に創立された計量経済学会の会則などによれば，計量経済学の研究では，自然科学において支配的になっている考え方に類似する，建設的で厳密な分析手法によって貫かれる研究であること，が志向される。

　一般的に計量経済学では，以下の①〜⑤のような段階を経た実証分析が行われる（*Column* ②を参照）。


　①理論モデルの定式化（仮説の提示）
　②実験計画の作成（①のモデルにおける理論変数と実際の観測データを対応させる）
　③観測データを用いたモデルのパラメータ推定と，その統計的検定（有意性，符号条件，適合度などのチェック）
　④③の統計的検定に合格したモデルを用いた経済効果の定量的な把握
　⑤モデルを用いた，政策評価・予測への応用など


　計量経済学における実証分析では，原データの観察と整理による記述統計的分析に止まらず，まず仮説としての理論モデルが設定される（①）。このとき，変数の設定を含めて理論モデルは無数に存在しうるが，観測データを用いてそのモデルが統計的に説明力を有するか否かが検定されることになる（②・③）。また，仮説は現実の単純化・抽象化に他ならないが，それゆえにこそ実際の経済現象の中の本質を定量的に的確に示し（④），一般化への可能性を持つ。こうした理論モデルによって，観測されなかったが起こり得た事象や，今後起こり得る事象とそれをもたらす諸要因についても導出でき，推定したモデルによって過去に起こった経済事象がどの程度再現し得るかのシミュレーションを行うこともできる（⑤）。計量分析における理論モデルの有用性は，このように観測現象を超えた広範囲の現象も説明できる，または予測可能であるという点

32

第**2**章 計量経済史と制度の経済学

にこそある（蓑谷 1997：6-12）。

## 計量経済史の誕生と発展

1950年代以降の計量経済史の発展以前に，すでに1920年代の J. H. クラパム（John Harold Clapham：1873-1946）や1940年代の T. S. アシュトン（Thomas Southcliffe Ashton：1889-1968）などが，特に産業革命期について先駆的に大規模な数量データを用いた経済史研究を行っていた。しかし，この計量経済史の誕生によって，初めて明示的に計量経済学の手法が経済史研究に導入されたといえる。すなわち，この新しい計量経済史という研究分野においては，経済史が経済学体系の1分野であるという大前提のもとに，経済の歴史における史実についての経済理論による評価や経済理論自体の妥当性についての検証に際して，計量経済学の仮説検定の手順を踏んで，歴史的数量データを用いた実証分析が行われるようになった。

こうした計量経済史研究の手法が発展していく契機となった業績が，1957年の A. H. コンラッド（Alfred Haskell Conrad：1924-1970）と J. R. マイヤー（John Robert Meyer：1927-2009）による，南北戦争以前のアメリカ南部における奴隷制についての研究である。コンラッドとマイヤーは，「株式投資収益率（rate of return on stock）」の理論を奴隷投資の収益率に応用し，土地・設備の価格が，綿花の平均生産量・価格，奴隷の使役年数などの変数と収益率で決定されるモデルを定式化した。そしてその理論モデルから算出される当時の奴隷の収益率が，一般の債券投資収益率との比較において十分に収益性のあるものであったことを明らかにした。さらにフォーゲルが S. L. エンガーマン（Stanly Lewis Engerman：1936-）とともに，コンラッドとマイヤーの奴隷制研究から明らかになったその収益率の高さについて，競合する奴隷使役による農場と自由農民による農場の間の競争力の差異に着目して分析した（フォーゲル 1977：256-257）。フォーゲルとエンガーマンは，全ての生産要素投入量と産出量の関係を示す「全要素生産性（total factor productivity）」を農業に適用した理論モデルを用いて，1860年における北部と南部の農場比較，南部における農場規模によ

33

第Ⅰ部　経済史学の方法

る比較を行い，奴隷制農場の生産性の高さが収益率の高さに繋がっていたこと，そしてその生産性の高さが適切な奴隷労働力の配分と組織設計にあったこと，を明らかにした。

　また，ある分析期間においてある種の経済理論が妥当していることについての実証研究も，歴史的データを用いた計量的・統計学的な分析によって行われるようになった。例えば，「貨幣の所得流通速度（income velocity of money）」の安定性と価格メカニズムを前提として，ルールに基づいた金融政策をすべきとする「マネタリズム（monetarism）」を主張する M. フリードマン（Milton Friedman：1912-2006）は，経済史家である A. シュウォルツ（Anna Schwartz：1915-2012）とともに，アメリカにおける約100年間の長期経済時系列データ（economic time series data）を用いてマネー残高の要因分解をし，その変動要因を定量的に分析することで，アメリカにおいて「貨幣の所得流通速度」の長期安定性が存在していたことを実証した（Friedman and Schwarts 1963）。

　そして，先述のフォーゲルの計量経済史への貢献としてより重要なのが，アメリカの経済成長における鉄道の役割についての研究である（Fogel 1964）。フォーゲルは，ロストウの「テイク・オフ（take off）」論などに代表されるような，アメリカの経済成長は鉄道主導によってなされたとするそれまでの通説を検証するために，鉄道が存在しなかったケースのアメリカの経済成長をモデル化して推計し（＝「反実仮想モデル：counterfactual model」〔後述〕），それを実際の経済成長と比較することで，鉄道がアメリカ経済に与えた衝撃を定量的に検証した。そして，南北戦争前の鉄道建設ブームが関連するのは製造業の全付加価値の僅か2.8%にすぎず，鉄道建設による近代的な石炭・鉄鋼・機械工業の発展への寄与度は低いこと，また南北戦争後の1890年代の鉄道建設によって社会的に節約されたコストは国民所得の2.5%程度にすぎず，鉄道建設が代替的な輸送手段（船送と荷車）のみによる経済に対して追加的に与えた影響は限定的であること，から19世紀アメリカの経済成長は鉄道主導によるものではなかったと結論づけた。

　フォーゲルは，既存の経済史研究の歴史叙述の多くには，その意味解釈のた

34

めの経済理論と根拠となる数量的大きさやその計測が全く欠けているとして批判したが（フォーゲル 1977），これは最初に説明した計量経済学の基本的な方法論・考え方と合致するものであると言える。フォーゲルの登場以後，アメリカを中心とした世界各国からフォーゲルに倣った多くの計量経済史研究者が現れて，計量経済学自体の理論的・技術的発展と併せて，計量経済史の手法は経営史学や人口学などを含む経済史の様々な分野に広く応用されるようになっていった。

### 計量経済史の意義と限界

フォーゲルの研究に代表されるようなこうした計量経済史の手法の確立によって，経済史学に理論経済学の定性的な分析と計量経済学の定量的な分析が取り込まれることになり，既に確立し標準化された分析方法の応用によって検証結果の厳密性が深化した。しかし，計量経済史的手法による歴史研究には，叙述的な記述に多くを依拠する伝統的な経済史にはなかった，いくつかの問題もまた必然的に付随している。

まず1つ目としては，分析に適用する経済理論の問題がある。既述のように計量経済史においては，経済理論を用いた仮説としてのモデルを構築し実証分析を行う。そのため計量経済史研究の発展によって，経済の歴史上の多くの史実を統計データという形で総合的に把握することで，それを評価する際に日々進化している様々な理論経済学の成果を活用することが可能になった。しかしその一方で，計量経済史研究が扱う理論モデルがカバーできる分析範囲にはそもそも一定の限界があると考えられる。こうした経済モデルでは，分析対象となる経済世界における特定の変数間の関係が定式化されるわけだが，式に含まれない潜在的な諸変数はモデルの外に置かれることになる。したがって，伝統的な経済史家からの，法律，政治，社会，文化的諸関係などの全ての非経済的要因が含まれない計量経済史の方法論は，経済史の一部の特殊な分野にのみ適用可能であるに過ぎないという指摘はある意味では正しいと言える（角山 1980：82-83他）。また，ある種の経済理論のみを前提としたモデルに基づいた

第Ⅰ部 経済史学の方法

経済史研究では，経済学の新たな理論から反証されることで，分析がよって立つ経済理論自体の妥当性が問われる可能性もある。例えば，1960〜70年代には，多数の行動方程式からなる「ケインジアン（Keynesian）」型のマクロ計量モデルがマクロ経済推計や政策予測の実証分析で広範に用いられていたが，1976年にR.E.ルーカス（Robert Emerson Lucas Jr.：1937-）が，政策当局が発動する政策の変化自体が経済主体の将来に関する予想（期待形成）を変化させることから経済の構造パラメータも変化する可能性があるが，ケインジアン型計量モデルはそれを考慮していないため，政策効果を正しく評価することができないとした（ルーカス批判：Lucas's critique）。その後アメリカの経済学会においては，このルーカス批判とともに，その背景となる人々が合理的ならば全ての情報を効率的に利用して正しい期待形成を行うとする合理的期待形成仮説（rational expectation hypothesis）が広く受け入れられるようになったため，1980年代までにはケインジアン型計量モデルの有効性とともにケインズ経済学による政策分析自体への信頼性も同時に喪失していくことになった。計量経済史研究においても，計量モデルの基礎となる理論の選択によっては，分析自体の有効性が問われるということが起こり得る。

　次に2つ目として，歴史的データの問題がある。既述のように，計量経済史の特質の1つとしてデータの統計学的な処理があるが，第二次世界大戦以前の世界においては，関税と関わる貿易統計などの一部の例外を除き基本的に多くの経済時系列データが整備されていない。時代をさかのぼればさかのぼるほど，得られる数量的データは断片的なものになるし，また過去にさかのぼるにしたがって，人間生活の経済的側面が今日ほどには他の諸側面から分化していないため数量的な把握は困難になるのである（ヒックス 1995：11-12）。したがって，一定期間過去に遡った時代の経済世界を計量経済史の方法で検証しようとする際には，歴史上存在しないデータ系列を新たに推計するという作業が必要になる。例えば日本経済を対象としたこの種の歴史的データの推計・分析については一橋大学経済研究所による膨大な蓄積があるが（大川・篠原・梅村編 1965-88他），こうした存在しないデータの加工・推計に当たっては，推計方法の吟味

だけでなく推計の基礎となる一次資料に対する史料批判が求められるため，場合によっては歴史家と理論経済学者の有機的な提携も必須になる。また，新たに推計されたデータ系列や残存する歴史的データ系列が現代まで接続している場合においても，現代と検証対象期間の経済社会構造や，当該データ系列自体の意味が変化している可能性がある。計量経済史による分析に当たっては，こうしたことも十分に考慮に入れることが必要になる。

　そして3つ目として，フォーゲルが経済史に初めて明示的に持ち込み，伝統的な経済史に対して最も衝撃を与えた「反実仮想モデル（counterfactual model）」という手法についての問題がある。反実仮想モデルは，例えばある政策の効果を定量的に分析する際に，政策が実施されたモデルに対して政策が実施されなかったモデル（＝反実仮想モデル）を対置し，その両者の事後的な指標変化を推計して比較分析する手法である。この反実仮想モデルは，自然科学分野において一般的な対照実験（control experiment）に準じた，条件をコントロールすることによって検証対象の効果を計測するための実証方法である。例えばランダム化対照実験（無作為化比較試験，RCT: random control test）は，医学における症例対照研究や薬学における治験などに際して，分析対象を処置群と対照群に分けてコントロールすることで（対照条件），治療や投薬の有無による効果のみを抽出するために不可欠な実験方法となっている。また従来は実験が不可能と言われてきた経済学の分野においても，近年では行動経済学の実証研究等でこうした対照実験の手法が取り入れられるようになっている。フォーゲル的な反実仮想モデルは，経済の歴史に対するアプローチ方法としてこうした自然科学的方法論を取り入れた，先駆的な試みである。

　しかし伝統的な経済史学者の多くは，いわば歴史に if を持ち込むかのような，こうした反実仮想モデルを用いた検証手順自体に強く批判的であった。例えば角山栄（1921-2014）はこうした実証手法を「虚構設定モデル」と呼び，「事実に反対」する仮定を設定するやり方自体がもはや「歴史」ではないとしているし（角山 1980：81-83），P. マサイアス（Peter Mathias：1928-2016）は，「架空の経済」を数量的に再構築し手の込んだ「事実に反する」仮定を考えだ

第Ⅰ部　経済史学の方法

───　***Column ②***　計量分析の基礎──単回帰モデル　───

　計量分析において，2個以上の変数の関係（＝回帰方程式）を推計する分析方法を回帰分析（regression analysis）といい，計量経済学でも最も基礎的なモデルである。そのうち説明変数（または独立変数，外生変数）が1個のシンプルな単回帰モデルでは（2個以上のとき重回帰モデル），説明変数 $X$ と被説明変数（または従属変数，内生変数）$Y$ の2変数の間に，

$$Y_t = \alpha + \beta X_t + u_t \qquad t = 1, \cdots, n \qquad (1)$$

という関係が存在するという時系列の理論モデルを推定する。(1)式は確率的に変動する誤差項 $u$ によって $Y$ の偶然的な変動がある確率モデルである（$t$ は時間，$n$ はデータ数）。このとき，観測データ（計量経済史では歴史的データ）である $n$ 個の標本（$X$, $Y$）と，理論値（$x$, $y$）の残差 $e$ の2乗の和 $S$ が最小になるように，最小2乗法（least squares method; ordinary least squares; OLS）で求められたのが，モデル式のパラメータ（係数）である $\alpha$ と $\beta$ の推定値である。この(1)式の単回帰モデルにおける誤差項 $u$ と説明変数 $X$ が，理想的な確率モデルの条件を満たしているかについて，以下の古典的正規線形回帰モデルの諸仮定が検定される。

　①誤差項 $u$ の平均が0である（期待値が0である）。
　②誤差項 $u$ は自己相関（系列相関）していない。
　③誤差項 $u$ は均一分散 $\sigma^2$ を持つ（どの時点においても一定である）。
　④説明変数 $X$ は誤差項 $u$ と無相関である（分析者の指定変数である〔所与である〕）。
　⑤誤差項 $u$ は，平均0，分散 $\sigma^2$ の正規分布である。

　これらの仮定が成立しているとき，最良線形不偏推定量（Best Liner Unbiased Estimator: BLUE）となり，推定されるパラメータの精度が高いことになる。そして，(1)式のパラメータについての仮説検定として，$\alpha$ と $\beta$ に意味がないとする帰無仮説を棄却できるか否かの $t$ 検定をおこなう。検定統計量 $t$ 値から各パラメータの有意性（統計学的に0ではないこと）が確認されたら，推定式の説明力がどの程度か（何％か）をみるために決定係数 $R^2$ を計測する。
　以上の推計と仮説検定を経て，このモデルを通じた経済効果の定量的な分析や，モデルを用いた政策評価や経済予測などの応用がおこなわれるのである。

（※計量分析の詳細については例えば蓑谷〔1997〕など計量経済学の専門書を参照すること。）

し，何が起こり得たかという「リアリティ」に対し仮定に反して実際に起こったことが検証されるようなやり方は，厳密性という意味であまりに大きな代償を払っているとしている（マサイアス 2008：47-50）。また，フォーゲル的な反実仮想モデルも，あくまでも対照実験モデルに相似する手法にすぎない。経済史学の分野では，過去に起こった歴史的事象を対象とするために当然厳密な実験は不可能であり，反実仮想モデルを形成している歴史データ自体が，すでに実際に起こった史実によって制約を受けたデータである可能性も完全には排除できない。

　以上みてきたように計量経済史の手法には，新しい可能性とともにいくつかの問題点と限界があるのであって，もちろん計量経済史の誕生によって経済理論と統計的・数学的手法のみで全ての経済史研究をなし得るようになったわけではない。経済史が歴史的事象を扱う学問である以上，現代社会と同様には数値化・データ化できない事象が存在するのは当然であるが，計量経済史はそうした要素を捨象しがちであるのも事実である。しかし旧来の伝統的な経済史においても，単に歴史上の事実を収集して並べることのみを目的とする「歴史主義」的研究だけでは，経済学の一分野としてはあまり意味をなさない。したがって，叙述的な経済史であっても，経済の歴史を概観したり史実の評価をしたりする際に統計資料を論拠とする場合があるし，またある種の経済学的理論を前提とすることもあるわけで，その意味では計量経済史は伝統的な経済史の1つの延長線上にあり，本質は特に変わるところはないとも言える。

第 I 部　経済史学の方法

# 2　制度の経済学と経済史

## 制度の経済学

　計量経済史を含む「新しい経済史 (NEH)」のもう 1 つの潮流として，ノースに代表される新しい「制度の経済学」による経済史研究がある。ノースらの経済史研究が「新しい」のは，先述の計量経済史と同様に伝統的な経済史学が依拠してこなかった経済理論の成果を援用しているからであるが，その研究においては制度の経済学の 1 分野として「制度 (institution)」とその変化に着目して経済成長を分析しようとする分析方法が用いられた。

　この制度の経済学による経済史は，経済現象について社会制度の変化に着目して動態的に把握しようとする19世紀末からの T. B. ヴェブレン（Thorstein Bunde Veblen：1857-1929）や J. R. コモンズ（John Roger Commons：1862-1945）らによるいわゆる「(旧) 制度学派 (institutional school)」の系譜にあるものではなく，不確実な環境における個人の最適化行動から制度形成を解明しようとする O. E. ウィリアムソン（Oliver Eaton Williamson：1932-）や H. A. サイモン（Herbert Alexander Simon：1916-2001）らの「新制度学派，新制度派経済学 (new institutionalism, new institutional economics)」の理論を受けた，新しい経済史研究である。

## 制度と経済成長

　ノースは，1973年の R. P. トーマス（Robert Paul Thomas：1938-）との共著で，近代西ヨーロッパ社会が世界に先駆けて経済成長の興隆に成功した要因について検証した（ノース＝トーマス 1980）。ノースとトーマスは，従来の経済史研究や経済成長理論において西ヨーロッパの経済成長の要因とされてきた，技術革新，規模の経済性，教育（人的資本への投資），資本蓄積などは経済成長の原因ではなく成長そのものであり，特定の時代・地域（＝近代西ヨーロッパ）のみで持続的にそれらの現象が起こった説明にはならないと批判した（ノース＝トー

40

マス 1980：2-3)。この問題については，すでに20世紀初頭にヴェーバーが，プロテスタンティズムの世俗内禁欲が「資本主義（capitalism）」の勤労と蓄積の倫理を生んだとして，非経済的要因によってその経済成長について説明していたが，それに対してノースとトーマスは，産業革命以前（16～18世紀）の西ヨーロッパ独自の「制度」にその要因を求めた。ノースとトーマスの仮説では，R. H. コース（Ronald Harry Coase：1910-2013）や先述したウィリアムソンらの「取引費用（コスト）の経済学（transaction cost economics）」の理論を応用し，取引費用を削減して個人的便益（費用）と社会的な便益（費用）の不一致を解消に向かわせる諸制度としての「効率的経済組織」こそが，持続的な経済成長の要因であるとした。そしてこの取引費用には，ウィリアムスンらの理論から財の①交換の機会に関する調査費用，②交換の条件に関する交渉費用，③契約を実施するための実施費用，が含まれるため，ノースとトーマスは，16～18世紀の西ヨーロッパ（特にオランダ，イングランド）においてこうした取引費用を削減させた制度的条件として，集権的な国家による財産の保護と契約の保護という 2 つの「所有権の保護」が重要だったと結論付けた（ノース＝トーマス1980：131他）。また後にノースは，こうした制度とは「社会におけるゲームのルール」もしくは「人々によって考案された制約」で，それが人々の相互作用を形づくるものであるために，制度こそが人々（各経済主体）のインセンティブに影響を与えるとした（ノース 1994：3他）。

　ノースらによって提唱されたこうした制度に関する研究は，それ以降の経済理論や開発経済学などの多くの分野に影響を与えた。その結果，経済史分野においてもそれに追随する多くの実証研究がなされたため，現在では経済発展における制度の重要性については後述するグライフらの研究も含めて，広範な支持が得られている。また制度の経済学による経済史研究は，新しい経済史（NEH）として従来の経済史にはない経済理論を取り入れたにもかかわらず，先述の計量経済史とは異なり，計量経済史の方法論が過度な数量化によって狭めてしまった経済史の概念を再拡張し議論する共通の土台（＝制度）を提示したという意味で，伝統的な経済史家からも概ね好意的に受け入れられたと言え

41

第Ⅰ部　経済史学の方法

る（マサイアス 2008：54-56）。

　ただし，ノースの制度と経済学による経済成長の議論にも，未解決のまま残された問題がある。例えば，その理論的基礎となっている取引費用理論において，ある取引管理制度が採用された場合に取引の当事者がなぜそれに従うのかという分析がないことから，それを反映したノースの制度研究においても，人々がなぜその制約を遵守するのかという理由についての分析が欠けている。そのため，国家による所有権の保護という形で，その制約が外部から執行（enforce）される想定でしかノースの分析枠組みは成立し得ないことになる（岡崎 2016：72-74）。

### 比較制度分析

　1980年代後半以降には，こうしたノースらの制度の経済学による経済史研究を受け，ノースに代わる新しい「制度」の概念を持ち込むことでその限界を乗り越えた，制度に関する新しい研究が登場するようになった。それが A. グライフ（Avner Greif：1955-）が提唱した「比較歴史制度分析（comparative historical institutional analysis）」や，それとの関連によって発展した青木昌彦（1938-2015）らの「比較制度分析（comparative institutional analysis: CIA）」である。

　グライフは，経済システムを所得権保護に止まらない「諸制度の集まり」として捉え，その多様性とダイナミズムについてゲーム理論などを用いて比較分析することを試みた。この制度の概念がノースらと異なるのは，制度とは技術以外の要因で決定される行動に対する「自己拘束的（self-enforcing）」な制約であると定義している点で，これは当該社会の構成員がその制約を遵守するインセンティブを有することを意味しており，ノースの理論が想定するような外部からの執行を必ずしも必要としない。このことはゲーム理論においては，その制約が社会の構成員がプレイするゲームのナッシュ均衡（Nash equilibrium）になっていることで表される（*Column* ③を参照）。例えばグライフは，11世紀地中海のマグリブ貿易商人の遠隔地貿易における行動様式について，代理人サービスによる取引が確約・保証されるかという「コミットメント（commitment）

第**2**章　計量経済史と制度の経済学

― *Column* ③　ゲーム理論の基礎――ナッシュ均衡 ―

　ゲーム理論とは，合理的な個々人が相互依存関係にあるとき，各々がどのように意思決定をおこなうかについて考察する理論体系で，J. V. ノイマン（John von Neumann：1903-1957）と O. モルゲンシュタイン（Oskar Morgenstein：1902-1977）によって大成された。

　また，J. F. ナッシュ（John Forbes Nash Jr.：1928-2015）によってこのゲーム理論に導入されたナッシュ均衡（Nash equilibrium）とは，プレイヤー間で拘束力のある合意が存在しない非協力 n 人ゲーム（non-cooperative n-person game）において，n−1 人のプレイヤーの戦略が与えられた場合，残る 1 プレイヤー A が，A の取り得る戦略集合から自己の利得を最大にするように戦略を選定するとき，A の行動は適応的な最適状態にあり，これが n 人全てのプレイヤーに関して成立するとき，この戦略の組み合わせのことをいう。すなわち，ナッシュ均衡が成立しているとき，ゲームに参加している n 人のプレイヤー全てにとっての利得が最大化（満足を得ている状態）しており，n 人のプレイヤーがお互いに戦略を変更しても利得を増やすことのできない均衡した状態にあることになる。

問題」としてモデル化し分析した。その結果，プレイヤー間で行動のタイミングが異なる「1 方向の囚人のジレンマゲーム」によって，情報ネットワークを共有するマグリブ貿易商が互いに「結託（coalition）」して選択する「多者間の懲罰戦略（multilateral punishment strategy: MPS）」，すなわち不誠実な代理人に対して集団的に契約を解消するなどの懲罰を課すという行動様式としての「制度」が，部分ゲーム完全ナッシュ均衡になっていることが実証された。このことは，マグリブ貿易商の結託内での評判メカニズムが，11世紀地中海世界においては国家による法的な保護などのような外部によって執行される制約の代わりに，代理人に契約を履行させる非公式な制度の役割を果たしていたことを示している（グライフ 2009：51-76）。

　また青木は，奥野正寛（1947-）らとともに第二次世界大戦後の東アジアの経済発展を分析するにあたって，東アジア各国で一般的に起きる市場における経済活動の「コーディネーションの失敗（coordination failure）」に対する反応

43

第 I 部　経済史学の方法

として現れる，各経済システムにおける政府や市場以外の様々な「制度」に着
目している。このコーディネーションの失敗とは，市場が存在していてもそれ
が完全競争的でない場合には市場による調整機能が欠落することであるが，そ
の欠落の要因が「情報の不完全性（information asymmetry）」や経済主体の「限
定合理性（bounded rationality）」，「有限知識（limited knowledge）」などである
ために，各経済が完全競争のもと収斂していくワルラス均衡（Walrasian equi-
liblium）のような最も効率的な経済システムが一義的に存在するわけではない。
このことから青木らは，各経済システムにおける主体間の情報分布・情報とイ
ンセンティブとの整合性・情報フローのいくつかの型が自己拘束的になるかな
どの問題を，比較分析することが経済システムの働きを理解する上で重要だと
する。このとき，東アジア各国のように各々異なった比較情報や歴史情報を基
盤とした文脈特殊的なモデルの分析にとっては，ゲーム理論や契約理論（情報
の経済学）を用いた「比較制度分析（CIA）」の方法論が有用で，特に経済シス
テムの形成が「歴史経路依存的（path depenent）」で，各国における歴史的な
偶発的出来事や政策的な介入の在り方とその変遷によって規定されるとすれば，
システムの進化経路を分析する歴史分析が比較研究にとって不可欠だとした
（青木＝金＝奥野編　1997：52-54）。

　グライフや青木らのこうした制度分析による研究は，ゲーム理論を用いた分
析手法に汎用性があり，様々な歴史的条件下における経済史研究のアプローチ
方法として広く普及しつつある。ゲーム理論による制度分析ではナッシュ均衡
点が複数あることから，どのような制度（ナッシュ均衡）が選択されるか数理
モデルのみでは一意に決定されないというゲーム理論自体が持つ問題があるが，
青木らはむしろそうした異なった歴史的条件において進化してきた複数の経済
システムを比較することを重視している。またグライフらは，制度概念と制度
分析のフレームワークの拡大も図っており，ゲーム理論自体の研究の進展に併
せて今後も発展していく研究分野であろう。

## 参考文献

青木昌彦・金瀅基・奥野正寛編『東アジアの経済発展と政府の役割——比較制度分析アプローチ』日本経済新聞社, 1997年。

大川一司・篠原三代平・梅村又次編『長期経済統計——推計と分析』1～14巻, 東洋経済新報社, 1965～1988年。

岡崎哲二『コア・テキスト経済史（増補版）』新世社, 2016年。

A. グライフ（岡崎哲二・神取道宏監訳）『比較歴史制度分析』NTT 出版, 2009年。

角山栄『経済史学（改訂版）』東洋経済新報社, 1980年。

D. C. ノース（竹下公視訳）『制度, 制度変化, 経済成果』晃洋書房, 1994年。

D. C. ノース, R. P. トーマス（速水融・穐本洋哉訳）『西欧世界の勃興』ミネルヴァ書房, 1980年（新装版, 2014年）。

J. R. ヒックス（新保博・渡辺文夫訳）『経済史の理論』講談社学術文庫, 1995年。

R. W. フォーゲル（田口芳弘・渋谷昭彦訳）『アメリカ経済発展の再考察——ニュー・エコノミック・ヒストリー十講』南雲堂, 1977年。

R. W. フォーゲル, S. L. エンガーマン（田口芳弘・榊原胖夫・渋谷昭彦訳）『苦難のとき——アメリカ・ニグロ奴隷制の経済学』創文社, 1981年。

P. マサイアス（関西大学経済史研究会編訳）『経済史講義録——人間・国家・統合』晃洋書房, 2008年。

蓑谷千凰彦『計量経済学（第3版）』東洋経済新報社, 1997年。

Forgel, Robert W., *Railroads and American Economic Growth: Essays in Econometric History*, Johns Hopkins University Press, 1964.

Friedman, M. and Schwarts, A., *A Monetary History of the United States, 1867-1960*, Princeton University Press, 1963.

## 練習問題

問題1
計量経済史研究が持つ伝統的な経済史研究にない特長は何か説明しなさい。

問題2
計量経済史研究の限界についてまとめなさい。

問題3
ノースの制度分析における「制度」の定義についてまとめなさい。

（内藤友紀）

第3章

グローバル・ヒストリー

―― 本章のねらい ――
　本章は1990年代から経済史学で注目されるようになったグローバル・ヒスト
リーについて学ぶ。旧来の世界史はヨーロッパを中心とする歴史叙述が一般的
であった。近来，アジア史の研究成果が広く欧米圏でも理解されるにつれ，少
なくとも近世までに東西の生活水準は大きな違いがなかったのではないか，と
考えられつつある。グローバル・ヒストリーの誕生と展開，それがヨーロッパ
中心的な歴史像をどう修正したのか，そして残された課題について理解する。

## 1　ヨーロッパ中心主義史観

### 世界史＝世界史か？

　グローバル・ヒストリーとは何か？　その問いに端的に答えるならば，ヨー
ロッパ中心主義史観の超克と言えるであろう。グローバル・ヒストリーは人類
全体のバランスのとれた歴史像を再構築しようとする学術的な啓蒙運動として
始まった。そのため，グローバル・ヒストリーを理解するためには，最初にそ
れが批判するヨーロッパ中心主義史観について知る必要がある。

　私たちが高校までに学ぶ世界史は「ヨーロッパを中心に描かれた偏った歴史
なのだ」と言われたら驚く人が多いのではないだろうか。ここに高校で広く用
いられている世界史Bの教科書（山川出版社『詳説世界史』）の目次を広げてみ
ると，おおむね均等に世界各地について言及されているようだ。実際に，世界
を欧米圏とアジア・アフリカ圏の2つに分けて計算してみると，叙述の分量は

47

ほぼ同じである。こうしてみると世界史は人種や宗教に偏ることなく平等に描かれていると思うであろう。しかし，人口の分布を考えてみよう。国際連合によれば世界人口は73億人，そのうち欧米圏に居住する人々は10億人をやや上回るにすぎない。かたやアジア・アフリカ圏の人口は56億人に達している（2016年末現在）。人類平等に世界史を描くのであれば，アジア・アフリカ圏の歴史が80％，欧米圏の歴史は10％程度とするのが適切なはずである。

　それなのになぜ世界史はヨーロッパについて比較的多くの叙述を割くのだろうか？　それは現代産業社会を支えている政治経済の仕組みの多くがヨーロッパを起源としているからである。現代のルーツを探るという目的の前には，中国の皇帝やインドの王様の事績についてそれほど細かく知る必要はない，ということだ。経済史学においても同様である。本書のタイトルである「一般経済史」の「一般」とは伝統的な経済史学では，ヨーロッパの歴史的経験から構築された経済発展の理論を理解することであった（第1章参照）。そのような文脈においては，発展とはヨーロッパであり，アジア・アフリカは停滞として位置づけられ，後者については理論的に学ぶべき点が少ないと考えられていた。このように世界史のメイン・ストリームをヨーロッパ社会の発展と拡大に置く歴史認識を広くヨーロッパ中心主義史観と呼んでいる。

### ヨーロッパの優位性とは何か？

　ヨーロッパ中心主義史観はおよそ150年前に誕生した歴史認識である。18世紀末からヨーロッパで産業革命が始まると，その経済力，軍事力を背景にヨーロッパ諸国による世界支配が急速に進展した。19世紀は紛れもなくヨーロッパの時代であった。19世紀にヨーロッパで興隆した経済学を含む社会科学は，ヨーロッパの世界覇権の要因を説明しようとした。その巨人がマルクスであり，ヴェーバーであった。

　グローバル・ヒストリーは，19世紀から20世紀にかけて欧米が世界の覇権を握っていた事実を否定するものではない。エコロジーの観点からヨーロッパの世界覇権の歴史的要因を検討した A. W. クロスビー（Alfred Worcester Crosby,

第3章　グローバル・ヒストリー

Jr.：1931-2018）は「この事実は，今後も永遠に覆されないだろう。なぜなら，地球の1地域に居住する人間集団が他のすべての人間集団に対して，これほど圧倒的に優位な立場を享受するという状況が，再来するとは思えないからである」と述べている（クロスビー　2003：7）。

　グローバル・ヒストリーの提唱者たちが問題としているのは，「19世紀の西欧優位の世界をそのまま過去に投影して歴史を再構成」する知の枠組みそのものである（杉山　2014：4）。ヨーロッパ中心主義史観の成り立ちと仕組みについて研究したアメリカの経済史家 J. M. ブラウト（James Morris Blaut：1927-2000）は，『8人のヨーロッパ中心の歴史家たち』という書物の中で，ヨーロッパが他の地域よりも優れているとする議論は，宗教，人種，環境，文化にわたる30の要因に分類される，と述べている（Blaut　2000）。表3-1はブラウトが選んだ8人のヨーロッパ中心主義史観の巨人たちの研究者たちが考えるヨーロッパが他地域も優れている理由を整理したものである。8人の研究者全員の見解が一致したのは，14，15，21の3つの要因であった。そのうち14，15は広く見れば同じ要因として理解することも可能であるので，事実上2つの要因がヨーロッパの世界覇権をもたらした要因として広く共有されていることが確認できる。すなわち，①科学的思考に基づいた発明と②私的所有権である。

　E. L. ジョーンズ（Eric Lionel Jones：1936-）はヨーロッパの優位性を比較史の観点から論じた古典的名著『ヨーロッパの奇跡』において，「ヨーロッパは，技術に関する知識を中断なく蓄積してきた過程で，いわば突然変異的に生まれた文明」であるとし，技術進歩の持続性にヨーロッパのユニークさを求めている。ジョーンズもヨーロッパははじめ技術後進地域であり，イスラム圏や中国に知識を仰いだことは認めている（ジョーンズ　2000：第3章）。クロスビーによれば，9世紀半ばのイスラム教徒のヨーロッパ人像は，呑み込みが悪く，話しぶりも鈍重，粗野で残酷といったもので，かなり見下されていたようである。ところが15世紀のルネサンス期になるとビザンツ帝国の皇帝が，ギリシアの若者をイタリアに派遣して学ばせようとしているように，600年ほどの間にヨーロッパの技術と知識が相当向上したことが認められる。こういった知的発展の

49

第Ⅰ部　経済史学の方法

表3-1　ブラウトのヨーロッパ中心主義者のチェック・リスト

| ヨーロッパの優位要因 | M・ヴェーバー | L・ホワイト | R・ブレナー | E・ジョーンズ | M・マン | J・ホール | J・ダイアモンド | D・ランデス |
|---|---|---|---|---|---|---|---|---|
| ①白人は人種的に優れている。 | ○ | | | | | | | |
| ②気候が農業に適していた。 | | | | ○ | ○ | ○ | ○ | |
| ③気候が住み心地良く生産性に好ましかった。 | | | | ○ | | | | ○ |
| ④土壌が豊かであった。 | | | | ○ | | | | ○ |
| ⑤地勢が交通と知識の伝播に好ましかった。 | | | | ○ | | | | ○ |
| ⑥地勢により専制国家が回避され，近代化に適した規模の国家が形成された。 | | | | ○ | | ○ | | ○ |
| ⑦複雑な海岸線が多様性を生んだ。 | | | | ○ | | ○ | | ○ |
| ⑧森林植生により個人主義と小規模家族が発展し，資本制の発展に好ましい環境が生まれた。 | ○ | | | | | | | ○ |
| ⑨自然災害が相対的に少なかった。 | | | | ○ | | ○ | | |
| ⑩疫病の災厄が相対的に少なかった。 | | | | ○ | | | ○ | ○ |
| ⑪栄養状態が相対的に良かった。 | | ○ | | | | | | ○ |
| ⑫創造性が豊かであった。 | ○ | ○ | ○ | ○ | | | | ○ |
| ⑬合理的な出産計画が行われていた。 | | | | ○ | | ○ | | |
| ⑭改良を好ましいとする環境があった。 | ○ | | | ○ | ○ | ○ | | ○ |
| ⑮ヨーロッパだけが科学的思考を獲得した。 | ○ | | | ○ | | | | ○ |
| ⑯ヨーロッパ特有の民主的，倫理的な価値観が発展した。 | ○ | | | ○ | | | | ○ |
| ⑰階層分化や階級闘争がヨーロッパでは特に発展した。 | ○ | | ○ | | | | | |
| ⑱キリスト教の教義がヨーロッパ特有の発展をもたらした。 | ○ | ○ | | | | | | |
| ⑲教会組織がヨーロッパ特有の発展をもたらした。 | ○ | ○ | | | | | | |
| ⑳ヨーロッパの家族形態が発展に適していた（⑧参照）。 | | | | ○ | | | | ○ |
| ㉑ヨーロッパは古代から私的所有権の制度と概念を発展させていた。 | ○ | ○ | | ○ | | | | ○ |
| ㉒ヨーロッパは古代から市場の制度を発展させていた。 | | | | ○ | | ○ | | |
| ㉓都市が発展したこと。都市が他の地域よりも自由かつ進歩的であったこと。 | ○ | | | ○ | | ○ | | ○ |
| ㉔ヨーロッパで早期的に近代国家が成立した（㉕，㉖を参照）。 | ○ | | | ○ | | | | |
| ㉕政治形態としての帝国の不在が良い環境を形成した。 | ○ | | | | | ○ | | ○ |
| ㉖専制国家の不在により，国家による社会や技術の発展の妨げがなかった（㉕を参照）。 | ○ | | | | | ○ | | ○ |
| ㉗ヨーロッパだけがマルサスの罠を回避することができた（⑧，⑬を参照）。 | | | ○ | | | ○ | | ○ |
| ㉘灌漑に依存する水利社会の発展が見られなかった（㉖を参照）。 | ○ | | | | | ○ | | |
| ㉙封建制度の発展が民主主義と私的所有権の興隆に寄与した（㉑を参照）。 | ○ | | | | | ○ | | ○ |
| ㉚ヨーロッパ人は冒険心に富んでいたので世界の探索と海外拡張に乗り出した。 | | | | ○ | ○ | | | ○ |

（出典）　Blaut（2000：200-202）。

延長に，17世紀におけるコペルニクス，ケプラー，ガリレオ，ニュートンといった近代科学の創始者たちが生まれ，産業革命へと結実したのだと考える研究者が多い。

　私的所有権は第2章で紹介したように経済発展のためには良い制度が必要であるとする新制度学派の議論でも重要視されている。8人のうちの1人D.ランデス（David Saul Landes：1924-2013）は，ヨーロッパでは古くから私的所有権が重視されていた点を「ソアソンの花瓶」という話を紹介することで強調する。フランクの王クローヴィスは，家臣に美しい花瓶を差し出すことを命じた。家臣はそれがまぎれもなく自分の所有物であることを主張するために，王の目の前で花瓶を割った。「私のものは私のもの」というわけだ。この話はかつてフランスの学校では必ず教えられたと言う（ランデス 2000：42）。私的所有権の大切さをかくも子どもたちに教えたことは，アジア・アフリカではないだろう，と言うのだ。


### なぜアジアは停滞しているとみられたのか？

　ヨーロッパ優位の要因を裏返すならば，アジア・アフリカではその要因が弱いか存在しなかった，という理解になる。8人の研究者はいずれもアジア・アフリカでは私的所有権も薄弱で，迷信に人々は囚われて科学的・合理的な判断ができないか，新奇な発明に関心を示さなかった，と主張しているのだ。なぜそうだと言えるのだろうか？

　ブラウトのリストにもあるように，ヨーロッパとアジアを分ける最大の特徴は，国家の形態であると考える欧米圏の研究者は多い。ヨーロッパでは中世以降，貴族や領主が自らの領地を治めつつ合議的に国家を連営する体制がみられた。一方で，アジアでは，大河流域の穀倉地帯を中心に広大な領域を支配するため，権力が皇帝や王に集中する政治体制が発展した。これを専制国家と呼ぶ。ドイツ出身の東洋史学者 K. A. ウィットフォーゲル（Karl August Wittfogel：1896-1988）は，中国の王朝国家を念頭に置きつつ専制国家論を体系化した。かつて世界史の教科書に登場した「四大文明論」は，専制国家論を下敷きにし

第Ⅰ部　経済史学の方法

た理論である。中国の場合，地方の領主貴族が没落して行き，権力が皇帝に集中する体制が北宋の時代以降確立する。一方，中世ヨーロッパの場合，西ローマ帝国の滅亡以降，比較的小さな領主国家が並立すると同時に，王権から相対的に自立した自治都市，職工組合（ギルド）などが各地に展開した。このように前近代のアジア（特に中国）と西ヨーロッパは，全く対照的な社会経済構造を持つに至ったと理解された。これに理論的な説明を最初に与えようとしたのが他ならぬヴェーバーであった。

　ヴェーバーの論点を継承した欧米圏の研究者たちは，専制国家こそがアジアで科学的思考と私的所有権が発展しなかった要因であると考えた。西ヨーロッパで生まれた発明は，産業革命で実用化されたように，基本的には民間部門の経済動機に支えられ，産業革命に結実したと理解された。ジョーンズは，便利な発明は専制国家の場合，体制の安定を揺るがす変化を生み出す可能性があるため，しばしば国家によって容認されないか，時に弾圧されたと述べている。また，専制国家の前に私的所有権は薄弱であり，皇帝と官僚の恣意的な思惑の前に蓄財は厳しく処断されたともみた。例えば，日本でも中国でも商売は賤しいという儒教的価値観があったのは事実である。財力にものをいわせて贅沢な暮らしをしている商人が弾圧された事例もなかったわけではない。

　一方，ヨーロッパでは宗教の世俗化が進み，資産家階級による市民社会的原理が形成されたことにアジアとの違いが見出された。その前提には専制国家が生まれない分権的な国家形態の土壌が環境的・文化的にあったとみた。逆にアジアでは専制国家の前に商人・企業家はその活力を奪われていたことになる。日本の鎖国，中国の海禁もそのような事例の典型となる。

　また，研究者の政治意識と時代も重要であろう。8人の研究者のうちヴェーバーを除く全員は，いずれも冷戦時代に西側諸国で活躍した研究者である。当時のソ連や中国は，スターリン，毛沢東のような独裁者の下，私的所有権を認めない政策を進めていた。彼らが当時みていた共産圏のイメージはヴェーバーが説いた専制国家の不合理をいっそう印象づけたことは想像に難くない。

　なお，ヨーロッパが他地域もよりも優れていたとする議論のうち，人種主義

的な見解はヴェーバーを除けば存在しない。人種的観点からヨーロッパの優位性を論じることは，20世紀後半期には学術的にはタブー視されていたことがわかる。ヨーロッパ中心主義者とは決して人種差別者を指すことではない点には注意を払うべきであろう。

## 2　グローバル・ヒストリーの誕生

### 誕生の背景

　グローバル・ヒストリーの誕生とは，欧米圏におけるアジア認識の転換である。第11章で解説するように1980年代からアジア各地で経済発展がみられると，ヨーロッパ中心主義的な知の枠組みが大きく揺らいだ。その揺らぎの中から，アジア的な要素は必ずしも停滞を意味しない，という歴史研究が欧米でも登場し始め，その積み重ねの延長にヨーロッパ中心主義史観そのものを否定する学術的なムーブメントが登場したのである。「停滞のアジア」を説明するパラダイムに代わり，「成長のアジア」を説明することが要求されたとも言えよう。

　グローバル・ヒストリーの旗手の１人であるカルフォルニア大学の R. B. ウォン（Roy Bin Wong：1949-）は，欧米圏におけるアジアについての知の在り方について，何度も幻滅させられることが多かったと述懐している。欧米圏で現代世界の起源を探求するときは，西洋諸国の地球規模の政治経済的拡張，ヨーロッパを起源とする資本制と国民国家の形成から始めることが自然かつ必然である。そのような思考法を持つ人たちに，中国・インドのような非西洋社会の持つダイナミズムを説明して理解してもらうことは，非常に大きな障壁にぶつかるのだ。ウォンはハーバード大学の学位論文の口頭試問で，かのランデス教授にこう質問された。「中国を知ることでヨーロッパの歴史のように得られるものがあるのかい？」（Wong 1997：ix）。

　ランデスは中国については否定的であったが，日本の歴史的経験には得られるものがあると考えていた。太平洋戦争中，ランデスはアメリカ陸軍に入隊し，通信隊で暗号解読・翻訳に従事した経験があった。その時，彼に日本語の手ほ

第Ⅰ部　経済史学の方法

どきをしたのが，東洋史学者で後年駐日米国大使となった E. O. ライシャワー
（Edwin Oldfather Reischauer：1910-1990）であった。ランデスは日本語で日本史
研究の成果を吸収していたことはほぼ間違いがない。ランデスのケースは極め
て少ない。欧米圏の研究者にとって漢字の壁はものすごく高い。日本人や中国
人が研究成果を英語で公表してくれない限り，彼らには現地の最新の研究成果
に触れることは難しいのだ。かのランデスであっても中国の知識は，一部の英
語文献を頼りにしていた。

　かつて日本研究においても日本を遅れた社会とする論調が支配的であった。
例えば，カナダの日本史の歴史学者 E. H. ノーマン（Egerton Herbert Norman：
1909-1957），イギリス出身の日本研究者である F. アトリー（Freda Utley：1898-
1978）は，日本の後進性や社会矛盾を鋭く指摘したのである。ところが，1950
年代から日本が本格的な高度成長を遂げると，一転して欧米の日本論は，日本
の先進性を礼賛するようになった。かつては日本の後進性を代表する武士道，
カイシャ，ムラ，天皇制など非西洋的なものとして批判されたものが，むしろ
日本の経済成長を促した重要な要素として全く違った評価がされるようになっ
た。そして，日本特有とみられた社会経済制度について詳しく研究が進められ，
欧米人の研究者の日本についての知識が深まるにつれて，むしろ異質性よりも
西洋との共通性についても理解されるようになった。結果として，日本につい
てはヨーロッパ中心主義史観の縛りからかなり解放された。

　グローバル・ヒストリーの興隆は，日本論の後を追う形で，欧米人のアジ
ア・アフリカ地域，とりわけ中国についてのイメージが変化して，英語で吸収
できる知識も増大したことに大きく起因している。1950年の朝鮮戦争を契機に，
アメリカを中心とする西側諸国は，中国を封じ込める政策を展開した。ヒト，
モノ，カネ，そして情報の交流を厳しく制限したのである。そのため中国につ
いての新しい知識は，『人民日報』などの中国共産党が発行するプロパガンダ
的色彩の強い媒体を除けば，情報を獲得することは事実上不可能であった。そ
のような環境下で，1970年代までの西側の中国研究は主に人民中国が成立する
前の1948年までに収集された資料に基づいて進められた。戦後アメリカの中国

研究を代表する研究者の1人である A. フォイエルワーカー（Albert Feuer-werker：1927-2013）は当時を回顧してこう述べている。「（私の論文は）清末と中華民国期に関する当時の文献の出版状況から制約を受けている。当時は中国の資料館で外国人の研究者が，そして大部分の中国人の研究者も調査が許される前であった。資料館へのアクセスは1979年以降の『改革開放』によってゆっくりと認められるようになった」（Feuerwerker 1995：13）。

　その後，中国は急速な経済成長を遂げ，2017年現在，アメリカに次ぐ世界第二の経済大国になっている。人口が14億人と膨大であるので，1人当たりの所得水準は先進国の最低ラインとされる年1万ドルにまでは到達してはいない。しかし，上海，広州，天津などの沿海地域の所得は購買力平価でみると日本の平均と遜色のないレベルに到達しつつある。現代中国の躍動の現実は，歴史研究の視角にも大きな影響を与えた。そもそもヨーロッパは辺境で中国こそが世界の中心ではなかったのか？

### 世界をまるごと理解する

　時代背景だけでなく歴史研究の方法にも1970年代から変化がみられた点も，グローバル・ヒストリーの誕生を理解する上で重要である。歴史研究は史料を発掘して考証することが一番重要であるため，歴史家のほとんどは言語の専門家ではあるが，経済や政治といった社会科学の手法には精通していない場合が多い。むしろ経済理論に対して懐疑的である場合の方が多い。また史料に即した研究であるため，その対象領域は国を超えることは少ないし，まして自分の研究を他の国と比較することも少なかった。イギリスでも一番尊敬を集める歴史家は，チューダー朝を研究した R. H. トーニー（Richard Henry Tawney：1880-1962）のような自国史の大家であった。また植民地のような海外辺境や，そこに居住する非白人たちの歴史にも関心は低かった。ましてや奴隷貿易やインドの反乱，日本軍による香港・シンガポール陥落など，自国にとって不名誉な歴史研究は忌避される傾向もあった。

　産業革命研究についても一国史的な歴史観が主流であった。そうした中で，

第 I 部　経済史学の方法

イギリス領西インド諸島出身の E. ウィリアムズ（Eric Eustace Williams：1911-
1981）は，自らも黒人であるという立場から，奴隷貿易の研究を行い，イギリ
ス産業革命は奴隷貿易によって成立した，という主張を行った。ウィリアムズ
の主張は，イギリスの歴史学界からは否定的な評価がなされた。しかし，彼の
研究の視野の広さ，すなわちイギリスだけでなくアフリカ，アメリカを結ぶ広
大な大西洋交易の発展こそが産業革命の基盤である，という一国史を超えた分
析手法は，多大な影響を及ぼすことになる。

　ウィリアムズの系譜に連なる研究で特に重要なのは，I. ウォーラーステイン
（Immanuel Wallerstein：1930-2019）の世界システム論である。ウォーラーステ
インは，いわゆる経済システムとしての資本主義は，イギリス資本主義，フラ
ンス資本主義など一国単位で立ち現れるのではなく，世界資本主義としてグロ
ーバルな形で誕生するものであって，イギリス産業革命も世界資本主義の一部
にすぎないと看破した。世界システム論の登場により，歴史学ははじめて「地
球をまるごと天秤にかける」視座と方法を獲得したのである。

　世界システム論より前に，フランスの歴史学の泰斗ブローデルは，ヨーロッ
パの近世を一国史の寄せ集めではなくイスラム圏を含む地中海を舞台とした 1
つの世界史として描いていた。その後，ブローデルはウォーラーステインに刺
激を受けつつ，前著から30年の満を持してヨーロッパを超えた地球規模の世界
史を描こうとし，全 6 巻の大著『物質文明・経済・資本主義』を著した。食べ
物，衣類，住居といった日常生活の基盤を世界的に比較した後，貨幣経済，市
場構造の比較へと展開し，最後には一国・一地域を超えた世界経済のリズムを
示そうとした。世界経済の時間を日常生活から積み上げて示そうとした同著の
精神は，まさにグローバル・ヒストリーの支柱の 1 つとなっている。

　ただし，ブローデルをしても中国は荷が重かったようである。南北アメリカ
を縦横し，中東，インド，東南アジアにまで到達して，中国の手前に差し掛か
ろうとした時，彼は筆を止めてしまった。アジアはヨーロッパ 3 つ分の世界経
済があるため，「結構な数」で大変だと述べた後，ブローデルは中国を取り上
げないことの言い訳を述べている。「この様相の全貌を本格的に描き出そうと

すれば，それだけで本格的な書物1冊分の大仕事になりかねないので，そうしてみたと仮定して，さてわれわれは労苦の末に疑問を解き尽くすところまでゆくだろうか。きっとそうはゆくまい」。このように叙述的なスタイルでいくら言葉を尽くしても，地球史は描けまいと述べて，最後にブローデルは次のように結論づけた。「ヨーロッパと非ヨーロッパとについて，すなわち世界の全体について結論を下すためには，妥当な計算と数字とが必要になってくるはずである」とし，世界GDPの推計を提唱したのである（ブローデル 1999：198-199）。果たして東西どちらの生活水準が上であったのだろうか？

## 3 グローバル・ヒストリーの興隆

### 射程の範囲と時間

　近来グローバル・ヒストリーを冠する書物が増えているが，従来の世界経済史の内容にアジア・アフリカ地域の叙述を増やしたものは，グローバル・ヒストリーとは言えない。環境史，疫病史，物産史などもグローバル・ヒストリーに含める人も多いが，好事家の知的好奇心を満たすものにすぎないものも散見される。

　繰り返しになるが19世紀以降のアジアを扱えば，グローバル・ヒストリーになるわけではない。それは近代史である。19世紀以降は西欧の時代であったことは決着がついている。ジェンダー論や反植民地主義論のように従来の近代史の中で着目されていなかった領域を扱うことは，近代批判としての意味はあるであろう。例えば，ヨーロッパ人の眼差しで描かれた東洋イメージを鋭くついたE. サイード（Edward Wadie Said：1935 2003）のオリエンタリズム論や，植民地支配を通じた近代性の獲得を描いたB. アンダーソン（Benedict Anderson：1936-2015）の想像の共同体論のように。ただしそれはあくまでも近代を豊かに理解することなのだ。

　グローバル・ヒストリーの主眼は，19世紀の西欧的価値観によって歪められた18世紀以前の歴史を取り戻すことにある。もっと言えば，18世紀以前のヨー

第 I 部　経済史学の方法

ロッパは辺境であって，世界の重心はアジア，もっともっと言えば中国にあったことを証明することである。もともと貧しいヨーロッパが中国にキャッチ・アップする物語，これがグローバル・ヒストリーのメインである。


### 世界システム論の転換

　地球をまるごと対象とする全体史としての世界史は，ウォーラーステインとブローデルによって先鞭がつけられたことはすでに述べた。ウォーラーステインの場合，彼が描く世界システムは大航海時代以降に西ヨーロッパを中心として形成された欧米経済圏の全体的な構造であった。その外側にいかなるシステムが存在したのかまでは明言されていなかった。

　非欧米圏を含むヨーロッパ覇権以前の世界システムを先駆的に描いたのが，アブー＝ルゴド（Janet Lippman Abu-Lughod：1928-2013）である。アブー＝ルゴドはアメリカ生まれの中東の都市史の専門家であり，イスラム史と西洋史の両方を理解できる逸材であった。彼女は，ウォーラーステインが描いた近代世界システム以前に，ユーラシア大陸には 8 つの地域経済圏があり，それぞれが交易を通じて重なり合うことで 1 つの全体としての世界システムを形成していたと論じた（図 3 - 1 参照）。アブー＝ルゴドの主張の特徴は，世界に中心を置かないことである。ヨーロッパ覇権以前，世界には平等・互恵的な複数のシステムが併存していた。そういう印象を彼女の著作から受ける。アブー＝ルゴドは，ヨーロッパが世界の支配者ではなかった，と述べたが，ヨーロッパが世界の辺境であったとまでは言っていない。彼女の著書は，ヨーロッパ経済圏の叙述から始まり東へと話を広げていくので，欧米人の目線からは自由ではなかったと言えよう。

　ヨーロッパがギリシア・ローマ以来優位であり続けたという潜在意識の下で，それを若干相対化する研究はその後も数多く出現している。しかし，A. G. フランク（Andre Gunder Frank：1929-2005）は，そのような研究は欧米人の研究者の自己批判の徹底さを欠くと痛烈に攻撃し，世界システムの中心は古来より一貫して中国にあったのだと高らかに提唱した。フランクはそもそも従属理論

58

第3章　グローバル・ヒストリー

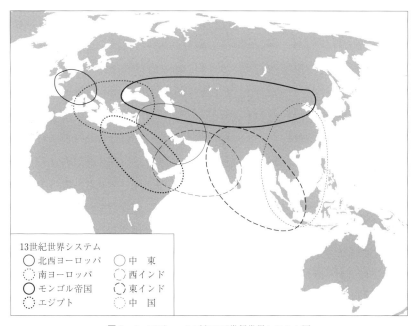

図3-1　アブー＝ルゴドの13世紀世界システム図
（出典）　Wikipekia（https://en.wikipedia.org/wiki/Janet_Abu-Lughod）。

の創始者の1人であった。従属理論とは，先進国と後進国の不平等を世界経済の構造から説明した理論である。従属理論にあっては世界システムの中心はまぎれもなくヨーロッパであり，非ヨーロッパはそれに従属するものであった。ところが，彼は過去の自分の業績はすべて間違っていたと自己批判したのである。フランクの『リオリエント』は，まさにグローバル・ヒストリーの「極北」と称されている。

　中国が世界の中心であるとフランクが主張した論拠は，銀の流通構造である。銀は今でこそ金属原料の1つに過ぎないが，19世紀まで世界中の交易で貨幣として利用されていた。銀はいわば前近代経済の世界通貨であった。図3-2は，フランクによる世界の銀の流通を描いた地図である。矢印の方向が銀の行く先を示している。1つ1つの矢印を辿って行くと世界中の銀は最終的に中国に吸収されたことがわかる。ある研究者は中国を「銀のブラックホール」と呼んだ。

59

第Ⅰ部　経済史学の方法

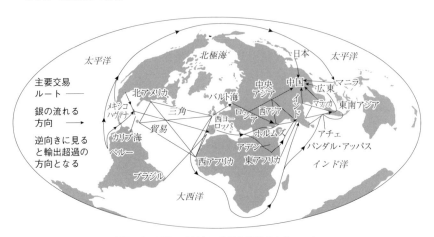

図3-2　1400~1800年の主要な環地球交易ルート
(出典)　フランク (2000：147)。

　なぜ中国に銀が吸収されてしまうのだろうか？　図3-2の矢印を逆にすると，モノの動きになる。つまり中国の特産物が世界に輸出され，その見返りとして銀が支払われた。その特産物とは茶，シルク，陶磁器である。茶とシルクは長らく中国だけで生産できる稀有な高級品であった。また中国の磁器の艶やかさと色合いは模倣することができなかった。これらは世界中の権力者と富裕層の憧れであった。それとは対照的に中国がヨーロッパやイスラム圏に求めるものはほとんどなかった。そのため世界中の銀が中国に集中したのである。
　中国の富を求めて世界は回転した。コロンブスに代表されるヨーロッパの人々の海外探検は，何も彼らの優れた冒険心や進取性に基づくものではなく，単に金に目がくらんだに過ぎない。大西洋の奴隷貿易すら中国から特産物から買い付けるための代価を生み出すためであった。ウォーラーステインの説く近代世界システムは，中国を中心とする全体のシステムの一部であった。こうフランクは主張した。

### 東西生活水準論争

　ヨーロッパは貧しかったのだ。フランクの主張には多くの研究者から反論が

続出する。ヨーロッパ
の世界的拡張とは，か
つてローマ帝国をなや
ましたゲルマン人やヴ
ァイキングといった
「野蛮人」の侵出と同
じである，ということ
になる。ヨーロッパは
中国よりも野蛮であっ
たという意見に，多く
の欧米人は首肯しかね
た。フランク以降，問
題の焦点はヨーロッパ
と中国，どちらが豊か
であったのかに移って行く。

表 3 - 2　マディソンの世界 GDP と人口の推計

世界 GDP の分布　　　　　　　　　（単位：％）

|  | 1700年 | 1820年 | 1952年 | 1978年 | 2003年 |
|---|---|---|---|---|---|
| 中　国 | 22.3 | 32.9 | 5.2 | 4.9 | 15.1 |
| インド | 24.4 | 16.0 | 4.0 | 3.3 | 5.5 |
| 日　本 | 4.1 | 3.0 | 3.4 | 7.6 | 6.6 |
| ヨーロッパ | 24.9 | 26.6 | 29.3 | 27.8 | 21.1 |
| アメリカ | 0.1 | 1.8 | 27.5 | 21.6 | 20.6 |
| ロシア | 4.4 | 5.4 | 9.2 | 9.0 | 3.8 |

世界人口　　　　　　　　　（単位：百万人）

|  | 1700年 | 1820年 | 1952年 | 1978年 | 2003年 |
|---|---|---|---|---|---|
| 中　国 | 138.0 | 381.0 | 569.0 | 956.0 | 1,288.4 |
| インド | 165.0 | 209.0 | 372.0 | 648.0 | 1,050.0 |
| 日　本 | 27.0 | 31.0 | 86.5 | 114.9 | 127.2 |
| ヨーロッパ | 100.3 | 169.5 | 398.6 | 480.1 | 516.0 |
| アメリカ | 1.0 | 10.0 | 157.6 | 222.6 | 290.3 |
| ロシア | 26.6 | 54.8 | 185.9 | 261.5 | 287.6 |

（出典）　Maddison（2007：44）。

　論争が始まると，かつてヨーロッパ中心主義を標榜していた研究者の中から
主張を変える転向組も現れた。例えば，ヨーロッパ中心主義の親玉の1人とし
て目されていたジョーンズは，一転して，中国では当時のヨーロッパ人が想像
すらできない豊かな社会を実現していた，と主張した。いくつかの経済的指標
は，明らかに中国の方が上であった。例えば，北宋（960-1127）の時代，モン
ゴルが侵攻する前に中国で実現されていた経済成長に多くの欧米人は驚いた。
ジョーンズ自身が挙げた数字では，北宋の GDP は18世紀初頭のロシアを含む
ヨーロッパ世界全体に匹敵した。1人当たりの所得でみても「中世地中海商業
が実現した現実をこえる夢のような繁栄」が王朝の最終局面まで続いていた。
ジョーンズは言う「ヴェーバーの見方は見当違い」であったと（ジョーンズ
2007：第4章［92-94頁］）。

　この繁栄の局面はいつまで続いたのであろうか？　K. ポメランツ（Kenneth
L. Pomeranz：1958-）は，中国の最も先進的な経済地域である江南（長江下流域）

第Ⅰ部　経済史学の方法

―― *Column* ④　人口動態の東西比較 ――

　アジアは人口が多いから貧しいのだ，とする考えは歴史学でも経済学でもかつては有力な見解の1つであった。それに比べヨーロッパは，控えめに子づくりをしたので，人口圧力から相対的に解放されたと考えられていた。しかし，近来の中国の人口史の研究によると，近世期の人口動態にも東西で大きな差がみられない点が指摘されている。出生率でみると，中国の清朝の貴族女性は約34歳で出産をやめている。ヨーロッパの平均は40歳であった。農村での比較でも中国の出生率は低いという研究がある。一方，死亡率も中国のほうが高いという先入観があったけれども，清朝の最盛期の乾隆前期（1736-1765）では，ヨーロッパよりも栄養状態が良かった。総じてヨーロッパの最も繁栄したイングランドやフランドルを例外として平均余命は19世紀になるまで中国を超えることはなかった。アジアはたくさん産んでたくさん死んだ，というイメージも近代ヨーロッパの眼差しなのである。

をとりあげ，それと人口でみるとほぼ同数である西ヨーロッパを比較した。彼によると1750年頃まで両地域の発展は，平均余命，消費，家族生活の在り方でみて大きな差はなかった。少なくとも産業革命がヨーロッパで起こるまでは，東西に大きな差がなかった点が強調された。これはさらなる論争を引き起こす。

　OECDで活躍したオランダ出身の経済学者 A. マディソン（Angus Maddison：1926-2010）は，極めて大胆な手法により紀元後2000年の世界GDPの推計を行った。その推計方法については多くの異論が提起されているので，取り扱いには慎重を要するけれども，マディソン推計は，東西生活水準論争では中国に軍配を挙げた。マディソンの主要な推計結果は表3-2に示した。マディソン推計の含意で重要なのは，産業革命前に中国が優位であったことよりも，ヨーロッパがアメリカ大陸と一体化した経済圏を構築して以降，急速に中国にキャッチ・アップした点である。ただし，マディソン推計の問題点は，前近代社会のGDP＝人口としている点であろう。結局，工業化前の社会の優越は人口で決まったということになる。

　一方，経済史家 R. アレン（Robert Allen：1947-）は，実質賃金の東西比較を行った。アレンの実質賃金とは労働者が受け取った賃金で獲得できる穀物の量

第3章 グローバル・ヒストリー

を基準とした相対的指標である。その指標でみると14世紀から18世紀にかけて，西ヨーロッパ，とりわけイギリスの相対賃金が上昇し続けたのに対して，イタリア，スペイン，そして中国，インドは顕著な低落が見られた。産業革命直前にイギリスだけが高賃金社会になっていたことが証明された。アレンによれば一般庶民の生活は北京に住む人よりもロンドンのほうが良かったということになる（アレン 2012：14）。

アレンの見解によれば，人口が多いことは逆に工業化にとって不利になるという点である。高価な労働力は，それに代わる機械とエネルギーを発明する大きな誘因となった。ポメランツ，マディソン，そしてアレンの議論は，グローバル・ヒストリーをいよいよ産業革命という経済史学の本丸に招き入れることになった。

## 4 大いなる分岐

### 再燃する産業革命論

長谷川貴彦の好著『産業革命』によれば，グローバル・ヒストリーによって再び産業革命論が白熱していると言う（長谷川 2012）。いよいよブローデルが言う「世界の全体について結論を下す」時が来たのであろうか？

アメリカの経済史家 G. クラーク（Gregory Clark：1957-）は，図3-3のような人類1000年の1人当たりの所得を掲げ，産業革命が始まるまでは人類は豊かな社会を実現したことがなかった，と主張している。ファラオの栄光も，ローマの輝きも，北宋の繁栄も今私たちが享受している豊かさに程遠いというわけだ。

産業革命を転機として右肩上がりで成長する地域と1000年前と変わらぬ経済サイクルに留まる地域に世界は二分された。これをポメランツは「大いなる分岐（Great Divergence）」と呼んだ。後者の停滞サイクルにある社会でも，全体としての所得は人口が増えることで増加する。ところがこの人口増大が厄介な問題で，せっかく増えた余剰が増えた人間で食いつぶされてしまい，結果1人

63

第Ⅰ部　経済史学の方法

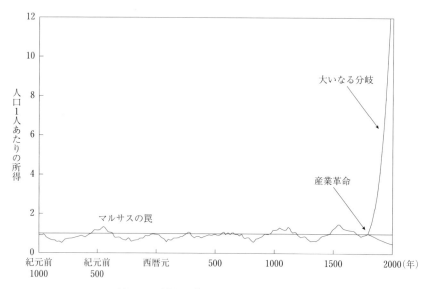

図3-3　人類1000年の1人当たりの所得の推移
（出典）　クラーク（2009：15-16）。
（注）　1800年を1とする相対指標。

当たりの所得は増えない。この人口と所得の追いかけっこを初めて定式化したのが古典派経済学者の1人マルサスである。彼にちなんでこれを「マルサスの罠」と経済学では呼ぶ。

　クラークによれば、前近代にヨーロッパと中国どっちが豊かだったかを論じることは、いわば重箱の隅を楊枝でほじくるようなもので、人類にとって重要な論点ではない。問題は、産業革命がなぜ中国ではなくヨーロッパで発生したのか、ということになる。なぜなら、産業革命なくして真の豊かさは決して実現されないのだから。

　さて、グローバル・ヒストリーが盛り上げる中で、産業革命研究もかなりの進歩を遂げていった。グローバル・ヒストリーとの関係で重要なのは産業革命をエネルギー革命として位置づける視点である。イギリスの経済史家 E. A. リグリィ（Edward Anthony Wrigley：1931-）は、産業革命によって人類は鉱物資源（最初は石炭、後に石油、天然ガス）を大々的に利用することができた、私た

64

ちの豊かさはエネルギーの消費カロリーと正比例に上昇したと述べる。それ以前は，自然にあるがままのエネルギー（風力・水力）か，人力，畜力に頼るだけであった。これを有機経済と呼ぶ。有機経済ではどんなに頑張っても農業従事者は自分の家族のほかに1.5家族分の食料をまかなうのが精一杯であった。つまり飢えないために人口の半分以上が農業に従事する必要があるということだ。もし10人のうち6人以上が農業から抜けるとたちまち飢餓が発生してしまう。しかし，エネルギー革命が発生すると，農業では脱穀にエンジンを使うし，トラクターとトラックが登場して，何十万という農耕馬が不要になる。現代では1人の成人男性で50人以上を養うぐらい生産性が上昇している。これで残りの49人は都市で現代的な職業に就くことができるのだ。

　リグリィによれば，有機経済と鉱物基盤経済とは全く別のものである。有機経済は鉱物基盤経済から生まれたものではない。鉱物基盤経済の成立は，別の要因と条件によって説明されることになる。リグリィの主張をいっそう進めるならば，産業革命＝鉱物基盤経済の成立となり，産業革命はそれまでの西ヨーロッパの社会経済とは断絶がある，という意味になる。

　A.スミス（Adam Smith：1723-1790）以来，産業革命の前にはプロト工業化と呼ばれる現象があることは自明のこととされていた。プロト工業化とはスミスの『国富論』で描かれたように，農業の発展と農村における手工業の発展により，社会の階層分化が進み，市場を通じた交換が活発化する。その波は次第に村を越え，より大きな国民規模の分業に発展するとされた。手工業はより大きな規模の工房へと移り，工場が誕生する。

　しかし，リグリィはプロト工業化論には誤解があるようだと指摘する。プロト工業化的な現象からはエネルギー革命は発生しない。プロト工業化はあくまでも有機経済が高度に発達した結果でしかない。そこには絶対超えられない壁があるのだと。


### 産業革命は偶然か必然か？

　リグリィの提起は，グローバル・ヒストリーの担い手たちの研究に多大な影

第Ⅰ部　経済史学の方法

響を与えている。ウォンは，プロト工業化と呼ばれた現象が実は西ヨーロッパ以外でも時代を超えてみられた，と指摘する。北宋の繁栄もリグリィの言う有機経済の高度発展版である。また江戸時代日本の経済成長も同じである。つまり，前近代にヨーロッパ特有とみられた現象は，中国にも日本にもみられた。

　実を言えば，北宋以降，中国で貨幣経済が発展し，農村手工業が栄え，大規模な遠隔地交易が展開していたことは，東洋史の研究者からすれば自明のことであった。古くは日本の東洋史学でも内藤湖南（1866-1934）が，中国では北宋の時代にヨーロッパのルネサンスに比肩しうる近世社会が成立していた，と主張していた。朱子学の登場は，商業経済の発展という現実に対応した，伝統的儒教イデオロギーの変容であり，これはまさにヨーロッパにおける宗教改革に比肩しうる社会現象であった。つまるところ，洋の東西を問わず，産業革命前に有機経済の発展の延長に同じ現象が見られたことになる。

　グローバル・ヒストリーは，ここで大きな難問にぶつかることになる。彼らは近世社会がヨーロッパ，中国，日本，それぞれ大きな差がないと主張した。つまり産業革命の要因はそれぞれの社会の内部に存在しないことになる。となると，その要因は外側に求めなければならない。そこでポメランツはイギリス産業革命とは全く偶然の産物であると主張する。産業革命の基盤となる鉱物資源は石炭であった。この石炭の分布を見ると，イギリスでは経済の中心に近いところで採掘が可能であるため，その利用が極めて容易であった。ところが中国では経済の中心である長江流域には主な炭田がなく，低コストでは利用できなかった。両者の資源賦与の違いが産業革命に導く技術の革新と改良への態度の差として現れたことになる。

　このほかにポメランツは，アメリカ大陸との距離を重視する。クラークが指摘したように，有機経済の最大の敵はマルサスの罠と呼ばれる人口問題であった。仮により多くの余剰人口を外に吐き出すことができるならば，土地と人口の間に横たわる成長に対する制約は緩和される。ましてや外に出た人たちがより安価に食料を提供してくれるならば，いっそう有機経済にとっては都合が良い。このようにヨーロッパはアメリカ大陸というフロンティアを獲得すること

でマルサスの罠を回避しつつ，有機経済の面でも優位に立った。それに対して中国の場合，明清時代に入ると四川省や満洲（現中国東北地域）といったフロンティアの開発が進むが，人口増加率のほうが高く人口の圧力はいっそう厳しくなった。明清時代にたびたびみられた大規模な国内反乱は，マルサス・チェック（増えすぎた人口が暴力的に解消に向かう現象）であった，とみる研究者もいる。

### 東西大分岐のゆくえ

　以上のようなポメランツの産業革命解釈は，西洋経済史からもアジア経済史からも多くの批判がある。偶然として見ることの非歴史性の他に，鉱物基盤経済へつながる技術革新のメカニズムに対する独特の軽視がある，とみる研究者も多い。つまりヨーロッパの近代は，それほど簡単なものではない，ということだ。第1節ではブラウトの挙げたヨーロッパ優位の要因をみたが，8人全員が科学の発展を挙げたことを想起されたい。クロスビーは，ルネサンスに先立つ14世紀から西ヨーロッパで「数量化革命」と呼べる心性の変化が生まれた点を強調する。事物を数量的に把握するモデル，具体的には時間，空間，世界観を象徴的・宗教的な価値よりも正確さでもって捉えようとした。これこそが「科学とテクノロジーを生み出し，進歩させる思考様式」の先駆けとなった。

　一方，中国の場合はどうであったのだろうか？　確かに前近代社会の主要な発明品の多くは，中国に由来するものが多い。紙，火薬，羅針盤。ところがなぜ中国は科学を発展させることがなかったのか？　このような論点を最初に提起したのがイギリスの技術史家 J. ニーダム（Joseph Needham：1900-1995）である。彼にちなんでこの論点を「ニーダムの謎」と呼ぶ。ニーダム自身はこの謎について中国の政府が悪いからだと考えた。皇帝と官僚は自分たちに都合の悪い技術は抑圧したと言うのだ。論点は再びヴェーバーに戻るのである。

　歴史研究は自然科学とは異なりその時代背景やイデオロギー，価値観によって見解は幾度なく変転する。マルクス主義に基づいた伝統的な経済史学は，かつて社会主義諸国の誕生とともに興隆し，それら国家の衰退とともに影響力を失っていった。その後は，社会全体をトータルに把握する大理論が失われ，経

第Ⅰ部　経済史学の方法

済史学も魅力を失いつつあった。その中で登場したグローバル・ヒストリーは，かつての古い論点に新しい息吹を与えたのである。P. K. クロスリー（Pamela Kyle Crossley：1955-）は，ウォンとポメランツの著作が刊行された直後の経済史学界へ与えた影響の大きさを次のように伝えている。「ヨーロッパ型のグローバル史の習慣に浸かっていた学者たちは，このような解釈の目新しさに興奮し，歴史家は概して2人が中国の発展についての利用可能なデータを再解釈する妙技に関心」したのである（クロスリー 2012：146）。

　ウォンとポメランツそれぞれの単著が刊行されてはや20年近くの歳月を迎えようとしている。彼らの試みは欧米圏におけるアジア認識への挑戦であった。ウォンはこう述べている。中国史に代表される非欧米圏の研究について，欧米人に理解してもらうのは非常に困難である。アジア史の研究者は，自分の研究する時代と場所は西洋の事例とは違うという点を指摘するだけでは歯牙にもかけてもらえないそうだ。むしろ「世界史の描写に貢献できるようなもの」を提示して，初めて西洋経済史の人は牙をむくのだそうだ（Wong 1997）。その意味で彼らの学術的戦略は，大いに成功したと言えるのではないだろうか。


**参考文献**

J. L. アブー=ルゴド（佐藤次高・斯波義信・高山博・三浦徹訳）『ヨーロッパ覇権以前——もう一つの世界システム』岩波書店，2014年。

R. アレン（グローバル経済史研究会訳）『なぜ豊かな国と貧しい国が生まれたのか』NTT 出版，2012年。

I. ウォーラーステイン（川北稔訳）『近代世界システム——農業資本主義と「ヨーロッパ世界経済」の成立』名古屋大学出版会，2013年。

G. クラーク（久保恵美子訳）『10万年の世界経済史』日経 BP 社，2009年。

A. W. クロスビー（小沢千重子訳）『数量化革命——ヨーロッパ覇権をもたらした世界観の誕生』紀伊國屋書店，2003年。

P. K. クロスリー（佐藤彰一訳）『グローバル・ヒストリーとは何か』岩波書店，2012年。

E. L. ジョーンズ（安元稔・脇村孝平訳）『ヨーロッパの奇跡——環境・経済・地政の比較史』名古屋大学出版会，2000年。

E. L. ジョーンズ（天野雅敏他訳）『経済成長の世界史』名古屋大学出版会，2007年。

杉山伸也『グローバル経済史入門』岩波書店，2014年。

長谷川貴彦『産業革命』山川出版社，2012年。

A. G. フランク（山下範久訳）『リオリエント――アジア時代のグローバル・エコノミー』藤原書店，2000年。

F. ブローデル（村上光彦訳）『物質文明・経済・資本主義　世界時間　1・2』みすず書房，1999年。

K. ポメランツ（川北稔監訳）『大分岐――中国，ヨーロッパ，そして近代世界経済の形成』名古屋大学出版会，2015年。

D. S. ランデス（竹中平蔵訳）『「強国」論――富と覇権の世界史』三笠書房，2000年。

E. A. リグリィ（近藤正臣訳）『エネルギーと産業革命――連続性・偶然・変化』同文舘，1991年。

J. M. Blaut, *Eight Eurocentric Historians,* The Guilford Press, 2000.

A. Feuerwerker, *The Chinese Economy, 1870-1949,* The University of Michigan, 1995.

J. Lee and C. Campbell, *Fate and Fortune in Rural China, Social Organization and population behavior in Liaoning, 1774-1873,* Cambridge University Press, 1997.

A. Maddison, *Chinese Economic Performance in the Long Run,* 2nd edition, OECD, 2007.

R. B. Wong, *China Transformed,* Cornell University Press, 1997.

### 練習問題

問題1

ヨーロッパ中心主義史観とは何か説明しなさい。また現在でもその歴史観が影響を及ぼしていると考えられる事例を1つあげなさい。

問題2

「大いなる分岐」についてエネルギー革命とマルサスの罠の観点から説明しなさい。

問題3

ブラウトが挙げるヨーロッパ優位の30の要因について，間違っていると思うものを挙げ，その理由を述べなさい。

（木越義則）

第Ⅱ部

資本主義の発展と世界システム

第 4 章

世界システムの形成

───　本章のねらい　───

　本章では，1415年から1763年までの，ポルトガル，スペイン，オランダ，イギリスという西ヨーロッパ4カ国の海外進出に焦点を当てる。この4カ国の海外進出により，世界の経済的一体化が開始され，西ヨーロッパを中核とした「世界システム」が形成されていった。本章では，「世界システム」という言葉を，「資本主義経済を基礎とし，西ヨーロッパを中核とした，ヨーロッパ，アジア，南北アメリカ，アフリカの国際分業体制」という意味で使用する。本章の目的は，①大航海時代の全体的背景を理解すること，②ポルトガル，スペイン，オランダ，イギリスそれぞれの海外進出の(1)動機，(2)実現の要因，(3)帰結，(4)衰退について理解すること，③海外進出におけるポルトガル・スペインとオランダ・イギリスの違いについて理解すること，である。

## 1　世界の一体化

　本章の対象時期は，1415年から（ポルトガルのセウタ［現在はスペインの飛び地領］侵略の年）から1763年（英仏7年戦争［1756～1763年］終結の年）である。対象地域は，西ヨーロッパを中心とする。その第一の理由は，世界の一体化を主体的に押し進めたのが，西ヨーロッパ諸国だったからである。

　本章のタイトルにある「世界システム」は，もともとは1974年にアメリカの社会学者・歴史学者のウォーラーステインによって「資本主義世界システム」として提唱された概念である（*Column* ⑤参照）。本章では，「世界システム」という言葉を，「資本主義経済を基礎とし，西ヨーロッパを中核とした，ヨー

73

第Ⅱ部　資本主義の発展と世界システム

―― *Column* ⑤　ウォーラーステインの「近代世界システム」論 ――

　ウォーラーステインのオリジナルの世界システム論は「近代世界システム」
論である。そこでの「世界」や「世界システム」とは，地球全体という意味で
はなく，理論的に「自給可能な経済単位」という意味であり，そのため時代に
よっては複数の「世界システム」が存在する。「世界システム」はさらに，単
一の権力主体によって支配される「世界帝国」と，単一の権力主体を持たない
「世界経済」の２つに分けられる。古代ローマ帝国などが「世界帝国」の例と
考えられる。近代世界システム論の対象時期は1450年代から現代までとされる。
他方で地理的な対象は，西ヨーロッパを中心とした「世界システム」であり，
それは単一の権力主体を持たない「世界経済」であったため「ヨーロッパ世界
経済」と呼ばれる。「ヨーロッパ世界経済」の範囲は，時期によって異なり，
各地域が「ヨーロッパ世界経済」に組み込まれたどうかは，西ヨーロッパとの
貿易商品が「必需品」か「奢侈品」かで判断される（「必需品」を貿易してい
れば「世界経済」の内部とされる）。「ヨーロッパ世界経済」は，中核・半周
辺・周辺の３層構造を持ち，中核は西ヨーロッパで，半周辺・周辺は時期によ
って変動する。中核には強力な国家が形成され，周辺は国家を持たない。中核
と周辺の貿易では「不等価交換」が行われており，中核が周辺を「搾取」して
いる。中核内でも競争があり，経済的に卓越した国が「覇権国」となる。覇権
国は，17世紀のオランダ，19世紀のイギリス，20世紀のアメリカである。ウ
ォーラーステインの近代世界システム論は，長期にわたる各国・地域の盛衰を体
系的に理解できるすぐれた分析枠組みといえる。しかしもちろん，貿易の内容
や「必需品」・「奢侈品」，「不等価交換」などは研究者によって判断が分かれる
ところである。本章では，「近代世界システム」論の厳密な適用は行わず，「世
界システム」という考えをゆるやかな意味で使用している。

ロッパ，アジア，南北アメリカ，アフリカの国際分業体制」という，ウォーラ
ーステインよりもやや広い意味で使用する。

　「世界システムの形成」の時期は，現代のグローバル経済形成の出発点であ
った。そして，西ヨーロッパは1400年代以降，現在に至るまで資本主義経済を
基礎とした「世界システム」の中核であり続けている。

　西ヨーロッパがこの時期に世界システムの中核になった要因の１つが資本主
義経済の形成である。資本主義経済が世界で最初に形成されたのが西ヨーロッ

パだった。「世界システムの形成」の時期は，同時にまた，西ヨーロッパにおける資本主義経済の形成の時期でもあった。資本主義経済がいつ形成されたかについては諸説あるが，本章ではイギリス産業革命以前に西ヨーロッパの各地で資本主義経済が形成されていたという立場を採る。

## 2　大航海時代以前

### 大航海時代の背景

1480年代に始まった大航海時代を主導したのは，ポルトガルとスペインというイベリア半島の2国であった。ポルトガルとスペインの海外進出の背景には，当時の西ヨーロッパ経済全般に共通した事情があった。それは，金，香辛料，小麦，砂糖の4つの商品を求めたことであった（ウォーラーステイン 2013a：31-34）。

金と香辛料が求められた背景には，西ヨーロッパとアジアとの貿易があった。大航海時代以前は，香辛料などのアジア特有の物産は，イスラム教徒の商人たちがアジアで調達して中東経由で地中海地域に輸送していた。地中海地域では，エジプトのアレクサンドリアがアジア物産の集積地であり，そこでヴェネツィアの商人たちがアジア物産を買い付けて，西ヨーロッパ諸国へ高価格で再輸出した（石坂他 1985：36-37；マディソン 2004：61；羽田 2007：48）。

西ヨーロッパはアジアから香辛料を輸入し，支払いは金で行っていた。西ヨーロッパはアジアへ輸出できる商品を持っていなかったためである。この状況で，西ヨーロッパ諸国が目指したことは次の2つである。①香辛料をアジアで直接買い付け，イスラム商人，ヴェネツィア商人が得ている中間マージンを奪い取るか，②香辛料輸入の際に支払う金を何らかの方法でさらに多く獲得する。

西ヨーロッパから喜望峰経由でアジアへ行くということは，香辛料の直接の調達を意味した。また，喜望峰に到達するまでにアフリカ西部沿岸を航海することで，航海の途中でアフリカ各地で金を手に入れることが期待されていた。

小麦や砂糖については，それらを生産するための新たな土地が求められた。

75

第Ⅱ部　資本主義の発展と世界システム

小麦が求められた要因は，西ヨーロッパでの人口増加である。砂糖は，この時期は高価格の奢侈品であったが，強い需要を持つ商品であった。砂糖は，プランテーションで奴隷を使って生産される商品であったため，砂糖生産の拡大は奴隷の需要も高め，海外進出の目的には奴隷の獲得も含まれていた。

### 原型としての「ヴェネツィア・モデル」

　大航海時代以前に西ヨーロッパの香辛料や砂糖の需要を満たしていたのは，イタリアのヴェネツィアであった。これは，ヴェネツィアが中世西ヨーロッパの卓越した商業センターだったためである。香辛料については，先述の通り，ヴェネツィア商人がアレクサンドリア（エジプト）でイスラム商人から買い付けを行っていた。砂糖は，当初は，イスラム商人が地中海東部の島々で奴隷を用いて生産して，西ヨーロッパへ輸出していた。しかし13世紀初頭にヴェネツィアがそれらの地中海東部の島々を植民地としたため，ヴェネツィア商人は奴隷を使った砂糖生産を引き継いだ（マディソン　2004：65）。

　ヴェネツィアは，西ヨーロッパと中東・アジア間の中継貿易の利益を示し，砂糖のプランテーション生産（奴隷を使った大農場での生産）の利益を示した。さらに，ヴェネツィアは，ジェノバ，フィレンツェといった他のイタリア都市とともに，為替手形，銀行制度，複式簿記，海上保険，国債制度などを発展させ，西ヨーロッパ全体に普及させていった（マディソン　2004：60；玉木　2014：74-76；富田　2006：108）。これらの商業・金融の発展と毛織物や造船といった製造業の発展により，イタリア諸都市はヨーロッパで最高の所得を享受していた（図4-1）。

　このヴェネツィアの「ビジネス・モデル」が，後のポルトガル，オランダ，イギリスに引き継がれていった。「ヴェネツィア・モデル」に欠けていたのは，外洋（大西洋・インド洋）への進出であった。

第4章　世界システムの形成

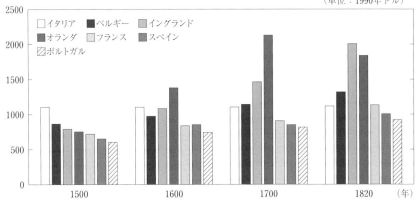

図4-1　西ヨーロッパ諸国の1人当たり実質所得
(注1)　現在の国境の範囲における所得。
(注2)　1990年ドルとは1990年を基準とした実質値。
(注3)　1820年のイングランドの数字は1800年のもの。
(出典)　マディソン（2004：281, 288）。

## 3　ポルトガルの「海の帝国」

### ポルトガルの海外進出の動機

ポルトガルの海外進出の動機は，第一には他の西ヨーロッパ諸国と同様に，金，香辛料，小麦，砂糖を求めたことである。第二の動機は，イベリア半島にあるポルトガルとスペインの両国に共通の動機である。それは，レコンキスタの継続としてイスラム教徒から領土を奪い取るということであった。イベリア半島は，8世紀にイスラム教徒の後ウマイヤ朝によって征服された。ポルトガルとスペインは，「レコンキスタ（再征服）」と呼ばれる領土奪還のための戦いを行った。第三の動機は，キリスト教の普及という宗教的情熱である。これもポルトガルとスペインに共通で，レコンキスタと密接にかかわるものである。

### ポルトガルの海外進出を可能にした要因

ポルトガルの海外進出を可能にした第一の要因は，帆船と大砲の改良であっ

77

第Ⅱ部　資本主義の発展と世界システム

た。帆船では，1440年ごろに外洋航海に適したキャラヴェル船が登場した（増田 1984：46-47）。大砲の製造は，ドイツ諸邦とフランドル伯領（現在のベルギー）が中心地であり，ポルトガルはそれらの地域から大砲，その原料の銅，あるいは大砲生産の技術者を大量に輸入・導入した（チポラ 1996：30）。第二の要因は，航海術の発達であった。北半球において緯度を計測するための四分儀や，北極星が見えない南半球で緯度を計測するための天体観測儀の開発，赤道から見た太陽の角度の計算やデータ収集が行われた（マディソン 2004：69-71）。第三の要因は，ポルトガルの政治的安定である。ポルトガルは，1249年にレコンキスタを完了し，1380年代にはアヴィス朝のもとで政治的安定が築かれていた。他方で，15世紀には大西洋岸の他の大国はいずれも戦乱の中にあった。イギリスとフランスの百年戦争や，イギリスのバラ戦争などである。スペインは1492年までレコンキスタを続けていた。第四の要因は，外国人の能力の利用である。大砲の技術に関するドイツ人，フランドル人，商業・金融におけるユダヤ人やジェノバ人などである。1317年にはジェノバ人商人が「ポルトガル大提督」となった。その後も多くのジェノバ人商人がポルトガルに移住し，ポルトガルは，ジェノバの資金と航海術を利用することができた（増田 1984：36-38）。

### ポルトガルの海外進出の帰結

　ポルトガルの海外進出の帰結は，アジア，南米，西アフリカの3地域に分けて示すことができる。第一に，ポルトガルはアジアでは広域の領土支配を行わず，貿易拠点の確保のみを行い，香辛料貿易のための西ヨーロッパへの海上ルートを独占した。この貿易拠点ネットワークを指して，ポルトガルの「海の帝国」と呼ぶ（羽田 2007：第1章）。この結果，1506年には西アフリカの金とアジアの香辛料からの収入はポルトガルの国庫収入の半分以上を占め，その後もその比率は上昇した（ウォーラーステイン 2013a：372）。

　第二に，南米ではブラジルが重要な砂糖生産地となった。16世紀の前半はポルトガル領の大西洋諸島（マデイラ諸島，図4-2）が西ヨーロッパ市場への砂糖供給の中心地であった。しかし，砂糖生産は土壌を急速に悪化させるため，

第4章 世界システムの形成

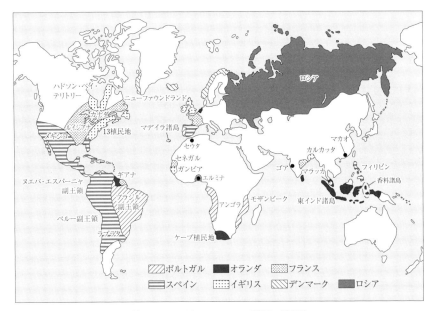

図4-2　1750年のヨーロッパ諸国の植民地
(出典)　ケネディ (1993：181) に基づき作成。

生産地が大西洋諸島からブラジルに移動した (マディソン 2004：68；増田 1989：137-143)。

　第三に，西アフリカが大西洋の奴隷貿易の拠点となり，ポルトガルが長年にわたって奴隷貿易を主導した。奴隷は，砂糖やタバコといったプランテーション生産のために必要とされた (玉木 2014：107-108)。スペイン領アメリカへの奴隷供給もポルトガル船が行っていた。スペインは西アフリカに拠点を持っていなかったためである (増田 1989：27-28；川北 2016：66)。

### ポルトガルの衰退

　ポルトガルの衰退は，1580年にポルトガルがスペインに併合されたことと，1590年代からのオランダの台頭によって生じた。アジアでは，1605年に香料諸島 (図4-2) のアンボイナ島の砦が，さらに1640年にはマラッカが，いずれ

79

第Ⅱ部　資本主義の発展と世界システム

図4-3　16世紀の西ヨーロッパ
(出典)　ケネディ (1993：46) に基づき作成。

もオランダ人によって奪われた。南米では、1630年にブラジルがオランダ人に奪われていた。しかし、ブラジルは1654年にポルトガルが奪還している。西アフリカでは、1637年にエルミナ要塞 (図4-2) がオランダ人によって奪われている。

ポルトガルには経済的な弱点もあった。それは西ヨーロッパ内に香辛料の独自の販売網を持っていないことであった。ポルトガル船がアジアから運んできた香辛料は、一部はリスボンで販売されたが、多くは、当初はブリュージュ (現在のベルギー、図4-3) で、その後はアントワープ (現在のベルギー、図4-3) で販売された (ウォーラーステイン　2013a：382)。ポルトガルが自国内部に資本主義経済を十分に発達させることができず、国際商業センターを持つことができなかったことも、ポルトガル衰退の要因である。

## 4　スペインの新世界帝国

### スペインの大西洋進出の動機

1492年のC. コロンブス (Cristoforo Colombo：1451-1506) の航海以降のスペイ

80

第4章　世界システムの形成

── **Column ⑥**　織田信長の金平糖──ポルトガルの「海の帝国」と日本 ──

　1569年4月，ポルトガル人のイエズス会宣教師ルイス・フロイス（Luis Frois：1532-1597）は，前年に入京していた織田信長（1534-1582）に面会する機会を得た。フロイスは信長にガラス瓶入りの金平糖を贈り，1時間半から2時間もの会談を行った。1577年8月にフロイスは，イタリア人のイエズス会巡察師 A. ヴァリニャーノ（Alessandro Valignano：1539-1606）宛ての書簡の中で，日本の大名たちへの贈り物に適当なものとして「瓶入りの金平糖」を挙げている。これらのことから，信長は金平糖をいたく気に入ったと考えられている。さらに，ヴァリニャーノが1581年2月に信長と面会した際，彼に同行していた黒人奴隷を信長が気に入り，譲り受けて武士とし「弥助」と名乗らせた。弥助は信長の小姓となり，本能寺にも同行していたが一命を取り留めた。これらのエピソードは，16世紀のポルトガル貿易帝国の特徴をよく示している。この時期は，ポルトガルが大西洋における砂糖生産（マデイラ諸島）と奴隷貿易（アフリカ沿岸部）を支配していたためである。また，ヴァリニャーニがたどった旅路から，ポルトガルの「海の帝国」のアジアにおける貿易ルートがよく分かる。ヴァリニャーニは，リスボン（ポルトガル）→ゴア（インド）→マラッカ（マレー半島）→マカオ（中国）→日本という経路をとっていた（図4-2）。ポルトガルは，1510年にゴア，1511年にマラッカに拠点を築き，1513年に中国に到達した。1543年には中国船で中国人とともにポルトガル人が種子島に漂着した（いわゆる「鉄砲伝来」）。ポルトガル人のマカオ居留が認められたのは1557年である。その間，スペイン人のイエズス会宣教師フランシスコ・ザビエル（Francisco de Xavier：1506-1552）は，1549年にマラッカから直接日本（鹿児島）に来ている。ザビエルらの活動は，ポルトガル（またスペイン）の海外進出と宗教的情熱の結び付きを示している。16世紀のアジアでの貿易では，ポルトガル商人は日本・中国間の貿易（石見銀山の銀と中国の生糸の交換など）の仲介で大きな利益を上げた。

＊本章 **Column** ⑥の作成にあたり，イエズス会の書簡について宮崎善信氏（カトリック長崎大司教区）から懇切なご教示を得た。記して謝意を示す。

ンによる大西洋進出の動機も，当初は西ヨーロッパ全般やポルトガルと同じであった。ただし，スペインは特に金と香辛料に関心を示した。スペインは西回り航路を採ったものの，その目的はあくまで大西洋を経由してアジアに到達す

81

第Ⅱ部　資本主義の発展と世界システム

ることであり，アジアで香辛料を得ることであった。しかし，1529年にサラゴ
サ条約によって香料諸島のティドール島（図4‐2）をポルトガルに売却した
後は，スペインの大西洋進出の目的は，南北アメリカ大陸の支配とそこでの銀
生産へと転換した（増田 1984：143）。

## スペインの海外進出を可能にした要因

　スペインの海外進出を可能にした要因としては，先住民を支配した武力だけ
が注目される。しかし，スペインは合理的な海外支配の能力も兼ね備えていた。
それは官僚制であった。スペインの征服者たちはどんな過酷な環境でも書類を
携えていたという。スペインの官僚制の起源は，13世紀から15世紀のアラゴン
王国（スペイン王国の前身の1つ）による地中海植民地（バレアレス諸島，サルディ
ニヤ，シチリアなど，図4‐3）の統治制度にあった。スペインの官僚制の規模
は数千人に及び，大学の法学部が重要な人材の供給源になった（長谷川他
1997：139‐141）。しかし，官僚制は非常に大きな費用がかかる制度である（ヒ
ックス 1995：40，165）。16世紀のスペインが他国に先駆けて大規模な官僚制を
整備することができたのは，アメリカ植民地からの銀の収入による。官僚制の
拡大と税収増加は相互に原因と結果となったのであった。

## スペインの海外進出の帰結

　スペインの海外進出の帰結は，第一にはカリブ海と南北アメリカに広大なス
ペイン植民地が形成されたことである。その結果，現在に至るまで，メキシコ，
カリブ海諸島の一部，南米大陸のブラジルなどを除いた大部分は，スペイン語
圏となり，ブラジルも含めて「ラテン・アメリカ」と呼ばれるようになった。
スペイン領となったカリブ海諸島と南北アメリカでは，スペイン人やアフリカ
系奴隷の大量の流入をはじめとして現地の社会や経済に著しい変化が生じた。
　第二の帰結は，ヌエバ・エスパーニャ（現在のメキシコを含む）とペルー（図
4‐2）からスペインへの大量の銀の流入である。流入した銀は，スペインの
輸入品への支払いなどで西ヨーロッパ各地へ拡散した。同じ時期に西ヨーロッ

パでは「価格革命」と呼ばれる物価上昇も生じていた。そこで，スペイン領アメリカから流入した銀が西ヨーロッパ全体の物価を上昇させたという説が古典的な通説となっていた。しかし，1970年代以降の研究で，西ヨーロッパの物価変動と銀の流入量の変動が一致しないことが明らかにされ，現在では，16世紀西ヨーロッパでの人口増加が物価上昇の基本的要因だったという見解が新しい通説となっている（長谷川他 1997：158-160；奥西他 2010：46-48）。

　第三の帰結は，スペイン領アメリカの存在が，西ヨーロッパとアジアの経済的結び付きを強めることに貢献し，グローバル経済を形成したことである。1571年にスペインによって開設されたヌエバ・エスパーニャとフィリピン間の太平洋横断定期航路が，西ヨーロッパを起点としたグローバルな海上輸送路を完成させた（フリン 2010：60）。また，スペイン領アメリカで生産された銀が，西ヨーロッパがアジアから輸入した商品への支払い手段になった点も重要である（岸本 1998：15-16）。

### スペインの衰退

　スペインの衰退は，1519年にスペイン国王カルロス 1 世（Carlos I, 1500-1558）が神聖ローマ皇帝カール 5 世（Karl V）となり，スペインが「ヨーロッパの超大国」となったことから生じた。カール 5 世はヨーロッパに「キリスト教普遍帝国」を再興するとの理念を掲げ，「異教徒」のオスマン帝国や「異端」のドイツのプロテスタント諸侯との戦争を行い，さらにヨーロッパの覇権をめぐりフランスとも戦争を行った（長谷川他 1997：133）。

　このように「戦うべき敵が多すぎた」スペインは，整備された官僚制やスペイン領アメリカの銀に基づく税収を各地の戦費に費やした（ケネディ 1993：88）。しかもそれでも戦費に不足し，多額の政府債務を負った。1556年にスペイン国王となったフェリペ 2 世（Felipe II, 1527-1598）は，翌1557年に「破産布告」を出して債務整理を行わなければならなかった（長谷川他 1997：161-162）。

　フェリペ 2 世の時代にもスペインの戦線は縮小せず，1568年にはネーデルラント独立戦争が始まった。ネーデルラント独立戦争は1648年まで続く「80年戦

第Ⅱ部　資本主義の発展と世界システム

争」となり，その間スペインは，1596年と1607年にも「破産布告」を行った
（長谷川他：190，212）。

　さらに，スペインもポルトガルと同様の経済的な弱点を持っていた。スペイ
ンも貿易では当初はブリュージュ，後にはアントワープという北部ヨーロッパ
の国際商業センターに依存していた。ブリュージュやアントワープはスペイン
領だったが，ネーデルラント独立戦争の際，スペイン軍は自らアントワープを
破壊し，北部ヨーロッパ国際商業センターをアムステルダムへ移行させてしま
った。スペインもまた，自国内部に資本主義経済を十分に発達させることがで
きず，それも衰退の要因となった。

## 5　西ヨーロッパの国際商業センターの変遷

### ポルトガル・スペインとオランダ・イギリスの違い

　第3節・第4節で述べたポルトガル・スペインと，第6節・第7節で述べる
オランダ・イギリスには大きな違いがあった。ポルトガル・スペインは，国内
での資本主義経済の発達や国際商業センターの形成を欠いていた。そのため，
ポルトガルやスペインは，海外支配の絶頂期であった1500年や1600年でみても
1人当たり所得が他の西ヨーロッパ諸国を下回っていた（図4‐1）。他方で，
オランダ・イギリスでは資本主義経済が発達し，西ヨーロッパの国際商業セン
ター（アムステルダム・ロンドン，図4‐3）が形成された。ポルトガルとスペイ
ンは海外支配を達成することはできたが，そこで調達した商品や貴金属を販売
する際には，ブリュージュやアントワープ（図4‐3）といった西ヨーロッパ
の国際商業センターに依存しなければならなかった。ここでは，アムステルダ
ムの台頭以前の西ヨーロッパの国際商業センターの変遷について説明する。

### シャンパーニュ大市

　11世紀から13世紀にかけて，西ヨーロッパは農業生産の増加と人口増加を経
験した。その背景には気候の温暖化があったと言われる（スリッヒャー・ファ

ン・バート 1969：97-99；堀越 1997：10-14, 42-49）。この時期には商業活動も拡大した。西ヨーロッパの商業は，地中海貿易圏，北海・バルト海貿易圏，そしてこの2つの貿易圏の商品が取引される場としての，シャンパーニュ伯領（フランス北東部，図4-3）内の4都市で持ち回りで開催された，「シャンパーニュ大市」が3つの柱となっていた（石坂他 1985：36-39）。大市によりシャンパーニュ伯領は，西ローマ滅亡後の西ヨーロッパで最初の国際商業センターとなった。しかし，13世紀後半にはシャンパーニュ大市は衰退した。その要因は，フランス国王によるシャンパーニュ伯領の併合，英仏百年戦争の始まり，西ヨーロッパの商業交通路の変化，商人の各都市への定住などであった（福井 2001：115）。

### ブリュージュ

13世紀後半から，北海・バルト海貿易圏と地中海貿易圏の結節点としてのシャンパーニュ伯領の役割を引き継いだのが，フランドル伯領（現在のベルギー）のブリュージュ（図4-3）であった。14世紀に入ると，ブリュージュへは北海・バルト海貿易圏の中心であったドイツ・ハンザ商人と地中海貿易圏の中心であったヴェネツィア商人や，ジェノバ，フィレンツェ，ルッカの商人，さらにはイングランド，スコットランド，スペイン，ポルトガルなどの商人が駐在していた。ポルトガルは，大西洋諸島で生産した砂糖やアフリカ西海岸で得た金，アジアからの香辛料などをブリュージュで販売した（河原 2006：第2章）。しかし，1480年代になるとブリュージュは衰退する。その要因は，フランドル伯領の毛織物工業の競争力低下と，この時期にフランドル伯領を支配したハプスブルグ家とブリュージュ・ヘント・イープルといったフランドル伯領諸都市との抗争であった（森田 1998：233-234）。

### アントワープ

1480年代から，ブリュージュに代わって西ヨーロッパの国際商業センターとなったのはフランドル伯領に隣接するブラバント公領（現在のベルギー）のアン

第Ⅱ部　資本主義の発展と世界システム

トワープ（図4-3）であった。アントワープ商人は，先述のハプスブルグ家とフランドル伯領諸都市との抗争ではハプスブルグ家を支持して，ブリュージュに対抗した（中澤 1993：61-63）。アントワープ台頭の商業的な要因は，イギリスの毛織物半製品の集中的な輸入，南ドイツの金属（銀・銅）の取引，ポルトガルの砂糖や香辛料の取引であった。イギリスの毛織物半製品はアントワープで最終加工（染色など）がなされた。ポルトガル商人は，砂糖や香辛料を販売し，南ドイツの金属を購入するためにアントワープへ向かった（中澤 1993：78-83）。1530年代からは，スペイン領アメリカからの銀もアントワープに入ってくるようになった（中澤 1993：186）。

### 国際商業センターにおける資本主義経済の発達

ポルトガル・スペインの海外支配時代に西ヨーロッパで資本主義経済を発達させていたのもまた，フランドル・ブラバントや北イタリアの国際商業センター都市（ブリュージュ，アントワープ，ヴェネツィア，フィレンツェなど）や毛織物工業都市（ヘントなど）であった。国際商業センター都市では毛織物工業も大規模に行われていた。これら北イタリア諸都市とフランドル・ブラバント諸都市の存在によって，現在でいうイタリアとベルギーは1500年代まで西ヨーロッパで最高の1人当たり所得を得ていた（図4-1）。

「資本主義経済」の定義には，「利益目的の経済活動の普及」と，「資本・賃労働関係（＝賃金労働者の存在）の普及」という2通りの考え方がある（石坂他 1985：44）。「利益目的の経済活動の普及」は，国際商業センターの商人にも，輸出向けの製造が多かった大規模毛織物工業にも当てはまる。毛織物工業において多数の賃金労働者の存在が確認されるのは，1380年代のフィレンツェと，1550年代のアントワープとヴェネツィアである（北原 2008：236；河原 1996：84；中澤 1993：197-198, 202-203）。

## 6　オランダ——海外覇権と資本主義経済の結合

### オランダの海外進出の動機

　オランダの海外進出の背景はネーデルラント独立戦争であった。ネーデルラント独立戦争の中で，1585年にアントワープが陥落し，その結果，アムステルダムが新たな国際商業センターとなった。他方で，1580年には，ポルトガルがスペインに併合されていて，ポルトガルもオランダの敵国となった。そのため，以前にはポルトガル経由でアントワープに持ち込まれていた香辛料などの商品が，アムステルダムに入りにくくなった。そこでオランダ人はアジアで独自に香辛料を調達しようとした。オランダ人がアジアで香辛料を直接買い付けることで，ポルトガル・スペインの収入源を縮小させるという見込みもあった。アジアのほか，西アフリカ，カリブ海，ブラジルでも，オランダは対ポルトガル・スペインという動機から海外進出を行った（森田 1998：277-278，287-288）。

### オランダの海外進出を可能にした要因

　アジア貿易におけるオランダの特徴は，東南アジアの香辛料生産地を直接支配したことであった。これは直接支配を行わなかったポルトガルとの大きな違いである。この違いは，両国の資金力の差から生じた。東南アジアの香辛料生産諸島を直接支配するためには，強力な武力が必要であり，これは具体的には多数の船の東南アジアへの常駐を意味した。東南アジアへ支配のために多数の船を送るには，多額の資金が必要であったが，ポルトガルにはそれは不可能であった（羽田 2007：88）。

　オランダが多数の船を東南アジアに送ることができた理由は，その資金力であり，その具体的な仕組みが1602年設立のオランダ東インド会社であった（オランダがアジアへ最初の船団を送ったのは1598年）。オランダ東インド会社の設立時の資本金は1600年設立のイギリス東インド会社の資本金の12倍であった（羽田 2007：85）。

第Ⅱ部　資本主義の発展と世界システム

　もっとも，アジア貿易におけるオランダの優位は短期間で築かれた訳ではなく，1630年ごろまで，オランダ，ポルトガル，イギリスの間で，武力衝突を含む激しい争いが行われた。このような長期に渡る競争を勝ち抜く際の要点も資金力であった。資金力がなければ，資金回収に時間がかかる長期的な事業を継続することができないためである（羽田 2007：78）。

### オランダにおける資本主義経済の発達

　このオランダの資金力をもたらしたのは，資本主義経済の発達であった。オランダの資本主義経済が急速に発達したのは，ネーデルラント独立戦争の前半期（1568～1609年）であった（ネーデルラントは現在のオランダとベルギーを含む地域。図4-3）。独立戦争以前のオランダ（当時は北部ネーデルラント諸州）経済は，漁業，海運業，造船業を中心としており，北海ニシンやバルト海沿岸諸国の穀物を，国際商業センターであった南部ネーデルラント（フランドル伯領，ブラバント公領が含まれる地域）のブリュージュやアントワープへ届けていた（ド・フリース他 2009：330-341）。

　独立戦争に伴う南部ネーデルラントへのスペイン軍の侵攻と略奪によって，アントワープの商人や南部ネーデルラントの毛織物，製陶，製紙などの手工業者はこぞって北部ネーデルラントへ移住した（ド・フリース他 2009：260，285-286，291）。この大量移住により，北部ネーデルラントの経済構造は多様化し，さらにアムステルダムが西ヨーロッパの国際商業センターとなり，従来から商業化（市場向け生産）の進んでいた農業と併せて，農業，漁業，製造業，海運業，商業，金融のいずれでも国際競争力の高い「資本主義経済」が生まれることになった（森田 1998：270-274）。

　第5節で述べた「利益目的の経済活動の普及」と「資本・賃労働関係の普及」という2通りの考え方を使うと，第一の基準によれば，北部ネーデルラントは1500年には「資本主義経済」化していた。農業や漁業での市場向け生産が一般的だったからである（ド・フリース他 2009：24，227）。第二の基準でも，北部ネーデルラントの「資本主義経済」化は1550年代から1600年ごろまでの時期

に生じた。この時期に漁業や製造業での賃金労働者の増加があったためである（ド・フリース他 2009：225, 578-581, 598-599）。


### オランダの海外進出の帰結

　オランダの海外進出の帰結は，国内の資本主義経済の発達とアジア・アフリカ・大西洋への進出を組み合わせた国が初めて登場したことであった。スペインとポルトガルは，外洋への進出を果たした最初の国々であったが，国内での資本主義経済の発達を欠いていた。他方で，ヴェネツィアやフランドルは，資本主義経済は発達していたが，アジアや南北アメリカなどへの進出は行わなかった。

　オランダは，アジアでは香辛料貿易を生産段階から支配した。大西洋では，オランダは，砂糖生産をブラジルからカリブ海に移動させ，カリブ海が一大砂糖生産地となるきっかけとなった（ウォーラーステイン 2013b：186）。オランダはまた，1637年以降，当初はブラジルへ，後にはカリブ海への奴隷供給も行うようになった。これは西アフリカのポルトガルの拠点を奪うことによって可能になった。西アフリカに対しては，オランダは織物，銅，鉄製品を輸出した。オランダは，自国と西アフリカ・カリブ海を結ぶ大西洋の「三角貿易」を確立した（ド・フリース 2009：375, 381）。

　オランダにおける資本主義の発達とヨーロッパ内外の海上貿易での優位により，アムステルダムは西ヨーロッパにおける商業センター・金融センターとしての役割を担うようになった。1609年に設立されたアムステルダム振替銀行は，順調に業務を拡大させ，1660年代にはヨーロッパの多角的決済の中心となり，1680年代からはオランダを含まない第三国間の貿易金融の比重を高めた（ウォーラーステイン 2013b：60-63）。

　オランダは史上初めて資本主義経済と海外進出の成功を結合させることで「覇権国」となった。ウォーラーステインの定義によれば，「覇権国」とは，農業・製造業・商業・金融のいずれの効率性でも他の中核諸国をも上回り，世界商業での優越を享受している国である。1人当たり所得でも，1600年と1700年

のオランダは西ヨーロッパの最高水準を示し，特に1700年にはその豊かさは傑出していた（図4-1）。本章では軍事力や外交力にも注目する。オランダは小国ながら強力な海軍を持ち，陸戦でもスペインやフランスの侵攻を退け，外交では資金援助によって同盟国を作り，自国の防衛に当たった。ウォーラーステインの世界システム論では，「覇権国」は1600年代半ばのオランダ，1800年代のイギリス，1900年代後半のアメリカの3カ国のみである（ウォーラーステイン 2013b：45-46）。

### オランダの覇権の衰退

オランダの覇権を衰退させたのは，イギリス，フランスという二大国の挑戦であった。（1700年の人口でみると，オランダは約190万人，イングランドは約560万人，フランスは約2150万人［マディソン 2004：281，288］。）イギリスは1651年に航海法を制定した。航海法は，イギリスに輸入される商品はイギリス船か商品原産国船で輸送されることとしており，その目的はオランダの中継貿易を封じ込めることであった。航海法制定は第一次英蘭戦争（1652〜1654年），第二次英蘭戦争（1665〜1667年）をもたらした（ウォーラーステイン 2013b：94）。フランスはルイ14世（Louis XIV, 1638-1715）のもとで J. B. コルベール（Jean-Baptiste Colbert, 1619-1683）が重商主義政策を追求し，1664年と1667年にオランダの重要な輸出品であった毛織物に差別的関税を課した（森田他 1998：260）。

1670年にイギリスとフランスは対オランダ同盟を結び，1672年に第三次英蘭戦争（1672〜1674年）と仏蘭戦争（1672〜1678年）が始まった。しかし，驚くべきことに，オランダは英仏に敗れて衰退したわけではない。二大国を同時に相手にしたにもかかわらず，オランダは負けなかった。しかし，英仏との戦時中にオランダの経済活動は混乱し停滞した。オランダは将来も英仏と二正面で戦い続けることは不可能と考え，1678年にイギリスと同盟を結んだ（森田他 1998：260）。

1685年にイギリスでカトリック派のジェームズ2世（James II, 1633-1701）が即位すると，再びイギリスがフランスと同盟を結ぶ可能性がでてきた。それに対して，いずれもプロテスタント派であったイギリス議会とオランダが共同で

採った対抗策が，オランダ総督ウィレム 3 世（Willem Ⅲ van Oranje-Nassau,
1650-1702）をイギリス国王にするという1688年の名誉革命であった。

　名誉革命によってイギリスとオランダの同盟関係は強固なものになった。し
かし，それに伴って，オランダの貿易政策と海軍政策はイギリスに従属するよ
うになり，オランダの覇権国としての地位は終わりを迎えた（ケネディ 1993：
144；森田 1998：265-266）。ただし，オランダ（アムステルダム）の商業・金融の
優位は1780年代まで継続した（長谷川他 1997：302；富田 2006：116-122）。

# 7　イギリスの重商主義帝国

## イギリスの海外進出の動機

　イギリスの本格的な海外進出は1550年代に始まった。その要因は，後述する
ように，当時のイギリスの主要輸出品であった毛織物の大陸ヨーロッパへの輸
出が減少したことであった。毛織物を輸出していたロンドンの商人たちは，ア
ジア，特に中国への輸出を模索した。この時期のロンドンの商人たちは，イン
ド洋でのポルトガルとの衝突を恐れて，ロシア経由での中国へのルートを探し
た（増田 1984：195-199）。

　同じ時期に，ロンドンの商人たちは，西アフリカやカリブ海への進出も試み
た。その目的は，金の獲得や奴隷貿易の利益であった。しかし，イギリスのカ
リブ海への進出は，スペインとの摩擦を生んだ。そのため，1560年代以降のイ
ギリスの大西洋への進出の主目的は，「私掠船」によるスペインの銀の輸送船
からの略奪となった。「私掠船」とは，王室から敵国船の攻撃の許可を受け，
王室が出資する場合もあった略奪船であった。イギリスの大西洋での活動は，
1500年代後半は「略奪の時代」となり，カリブ海や北米での植民地建設が進展
したのは1600年代に入ってからであった（増田 1984：199-218；増田 1989：95）。
1600年のイギリスは，毛織物工業の発展などにより 1 人当たり所得ではイタリ
ア諸都市やフランドル伯領・ブラバント公領（現在のベルギー）と並ぶ水準に達
していた（図 4 - 1 ）。

第Ⅱ部　資本主義の発展と世界システム

## イギリスの海外進出を可能にした要因

　イギリスの海外進出の開始から海外覇権の確立までの過程は，非常に長い漸進的な過程であった。時期の取り方にもよるが，1550年代を始まりとしてから7年戦争終結（1763年）までてみても約200年が費やされた。この間，イギリスは，既存の海外勢力であるポルトガル，スペイン，オランダや，オランダ衰退後はフランスに対抗しなければならなかった。上記の国々に対抗するために1650年代からイギリスが採った政策は，「重商主義」政策と呼ばれる。重商主義政策の柱は，航海法，工業保護，穀物輸出奨励金であった（ウォーラーステイン 2013b：104）。

　イギリスの成功の要因は，「オランダ・モデル」の模倣と，その拡張という観点から理解することができる。イギリスがオランダを模倣した分野は，農業，毛織物工業，造船業，中継貿易，税制，国債制度など多岐にわたった（マディソン 2004：108-109；長谷川他 1997：298，309；富田 2006：116）。

　既存の海外勢力との関係では，まずポルトガルとスペインは，オランダのアジアと大西洋への進出が成功したことにより弱体化していた。そのため，イギリスは，アジアに対してはオランダの1598年に続いて1600年に東インド会社の船団を送り出すことができた（1598年のオランダ船団は非会社組織であった）。大西洋ではオランダより早く1560年代にはカリブ海へ私掠船を送り出していた。

　イギリスが「オランダ・モデル」を模倣していた以上，経済全体の効率性という点では，1700年頃まではオランダがイギリスを上回っていた（マディソン 2004：108）（1700年の1人当たり所得は図4‐1）。それにもかかわらずイギリスが最終的にオランダに対して優位に立つことができた要因は，イギリスが国土や人口でオランダを上回っていたという規模の問題（1700年の人口はオランダ約190万人，イングランド約560万人）と，オランダは陸路でフランス陸軍からの攻撃を受ける位置にあったがイギリスはそうではなかったという地政学の問題であった（長谷川他 1997：315；森田 1998：263）。

　フランスは，国土，人口（1700年で約2150万人），トータルのGDP（1700年でフランス約195億ドル，イングランド約81億ドル。いずれも1990年ドルの実質値）のいず

92

れにおいてもイギリスを大きく上回っていた。それにもかかわらず海外植民地
獲得や貿易を巡る競争と戦争で，イギリスがフランスに勝つことができた要因
は，軍事費調達の効率性でイギリスがフランスに勝っていたという財政・金融
の問題と，イギリスは軍事力を海軍に集中することができたが，フランスはそ
うではなかった（陸軍に力を割いていた）という地政学の問題であった（ケネデ
ィ 1993：132-140，146-147；マディソン 2004：110）。

　オランダと同様に，イギリスも国力の基礎には資本主義経済の発達があった。
利益志向の活動という観点からは，1200年代にはブリュージュやイタリア諸都
市へ大規模に羊毛を輸出していた。1360年代からは，イギリスは羊毛を自国で
加工して毛織物半製品（染色前）をブリュージュ，アントワープ，アムステル
ダムなどへ輸出するようになった。毛織物は，その後18世紀までイギリスの最
大の輸出品であった（石坂他 1985：68-70；松井 1991：115-117）。自由な労働者
（賃金労働者）の創出という観点では，1300年代後半には賦役労働がなくなって
おり，1500年代には農業労働者が高い移動性を示していた（石坂他 1985：50-
51，56-57；長谷川他 1997：86-88）。労働と並ぶ重要な生産要素としての土地に
ついても，早期に自由な土地市場が成立していた。それは，1540年代の宗教改
革によって，カトリック教会領が国王に接収され，国王は財政赤字の解消のた
めにその接収地をすぐに売却したためであった（ウォーラーステイン 2013a：
270；マディソン 2004：109）。資本主義経済の発達により，1700年のイギリスの
１人当たりの所得は，オランダに次ぐものとなった（図4-1）。

### イギリスの海外進出の帰結

　1651年から1763年にかけて，イギリス人はオランダとの３度の戦争，オランダ
との同盟，フランスとの４度の戦争を経て，海外での優位を確立した。

　その結果，大西洋ではイギリス-西アフリカ-カリブ海の三角貿易が，イ
ギリスに利益をもたらすようになった。イギリスから西アフリカへは，武器，
アクセサリー，綿製品などが輸出され，西アフリカからカリブ海へは砂糖プラ
ンテーション向けの奴隷輸出が行われた。カリブ海からイギリスへは砂糖が輸

第Ⅱ部　資本主義の発展と世界システム

出された（川北 2016：132-133）。これらも「オランダ・モデル」と同様であった。

　アジアでは，東南アジアではオランダが優位を維持していたが，イギリスはインドに拠点を持ち，1700年代に入ると，アジアからヨーロッパへの主要輸出品を香辛料からインドの綿製品と中国の茶へと転換させた。綿製品と茶は，1700年代のイギリス経済に大きな影響を与えた（羽田 2007：262-263, 270）。

　インドの綿製品は，イギリス国内市場で，イギリス製造業の主力商品であった毛織物と競合した。このインドの綿製品の輸入が最終的にイギリス産業革命をもたらすのだが，それについては第5章で詳述する。

　茶の輸入の拡大は，砂糖の消費と生産の拡大をもたらした。1600年代半ばに上流階級の間で茶に砂糖を入れて飲むことがステイタスシンボルとなり流行した。1730年代ごろから茶に砂糖を入れることが庶民にも広がり，カリブ海での砂糖生産も大きく拡大した。砂糖は，1700年ごろにはイギリスの輸入品の中で亜麻布に次ぐ金額となり，1700年代後半には全輸入品の中で最大となった（松井 1991：127；川北 1996：78-82）。砂糖プランテーションの所有者たちは「砂糖貴族（sugar barons）」と呼ばれた。砂糖生産の拡大に伴って，奴隷貿易も拡大した（川北 2016：121, 140；Goldstein 2015：673-675）。

　1660年代以降のカリブ海の砂糖生産の拡大は，北米13植民地（図4－2，後のアメリカ合衆国）にも経済成長の機会をもたらした。北米13植民地は，カリブ海植民地に食料と木材を輸出することができたためである。北米13植民地では豊富な木材を生かした造船業と海運業も発展した（ウォーラーステイン 2013b：264-265）。

### イギリス重商主義帝国の崩壊とその後

　イギリスは7年戦争での勝利により，北米とインドでフランスに対する優位を確立した。アイルランド，北米，カリブ海を中心としたイギリスの植民地帝国は，前述した「重商主義」政策を基礎としていたので，重商主義帝国とも呼ばれる（川北 2016：166）。イギリス重商主義帝国は，植民地貿易の本国イギリ

スによる独占と，本国イギリスによる植民地への分業の強制を特徴としていた（有賀他 1994：70-71）。

　しかし，重商主義帝国を完成させた7年戦争は，その戦費負担によって重商主義帝国の崩壊をももたらした。イギリスは，7年戦争の戦時債務返済のため増税を行った。北米・カリブ海の植民地に対しては，砂糖（1764年），印紙（1765年），茶・ガラス・塗料・紙（1767年）などで課税を試みた。1660年代以降経済発展を続けてきた北米13植民地は，課税負担だけではなく，植民地の代表がいない本国議会が植民地に対して課税権を持つこと自体に強く反発した。この課税権をめぐる対立が，最終的に，1775年のアメリカ独立戦争，1776年のアメリカ独立宣言，1783年のイギリスによるアメリカ独立承認へとつながっていった。イギリスは重商主義帝国の重要な構成要素であった北米13植民地を失った（有賀他 1994：111，114-117）。

　しかし，アメリカ独立によってイギリスの海外覇権が衰退することはなかった。この点は，オランダ独立が覇権の衰退につながったスペインと対照的である。イギリスの海外覇権が衰退しなかった要因は2つある。1つは，7年戦争後の時期が，産業革命の進展と重なっていたことである。産業革命がイギリスの経済力を向上させた。もう1つの要因は，7年戦争中にフランスに対するイギリスの優位が確立したインドが，アメリカに代わってイギリス海外植民地の中心になったためである（井野瀬 2007：17-19）。

　19世紀に入ると，産業革命の進展によって自由主義改革が始まり，重商主義の貿易規制は撤廃された。ナポレオン戦争（1796-1815年）の間に，イギリスは金融でもオランダに対して優位に立ち，ナポレオン戦争での勝利によりイギリスの覇権国としての地位が確立した（1820年の1人当たり所得は図4-1）。

### 参考文献
有賀貞・大下尚一・志邨晃佑・平野孝編『アメリカ史1——17世紀～1877年』山川出版社，1994年。
石坂昭雄・船山榮一・宮野啓二・諸田實『新版　西洋経済史』有斐閣，1985年。
伊藤汎監修『砂糖の文化史——日本人と砂糖』八坂書房，2008年。

井野瀬久美惠『大英帝国という経験』講談社，2007年。

I. ウォーラーステイン（川北稔訳）『近代世界システムI　農業資本主義と「ヨーロッパ世界経済」の成立』名古屋大学出版会，2013a年。

I. ウォーラーステイン（川北稔訳）『近代世界システムII　重商主義と「ヨーロッパ世界経済」の凝集 1600-1750』名古屋大学出版会，2013b年。

J. H. エリオット（藤田一成訳）『スペイン帝国の興亡──1469-1716』岩波書店，1982年。

奥西孝至・鳩澤歩・堀田隆司・山本千映『西洋経済史』有斐閣，2010年。

川北稔『砂糖の世界史』岩波ジュニア新書，1996年。

川北稔『世界システム論講義──ヨーロッパと近代世界』ちくま学芸文庫，2016年。

河原温『中世ヨーロッパの都市世界』山川出版社，1996年。

河原温『ブリュージュ──フランドルの輝ける宝石』中公新書，2006年。

岸本美緒『東アジアの「近世」』山川出版社，1998年。

北原敦編『イタリア史』山川出版社，2008年。

P. ケネディ（鈴木主税訳）『決定版　大国の興亡──1500年から2000年までの経済の変遷と軍事闘争（上）』草思社，1993年。

佐藤弘幸『図説オランダの歴史』河出書房新社，2012年。

B. スリッヒャー・ファン・バート（速水融訳）『西ヨーロッパ農業発達史』日本評論社，1969年。

玉木俊昭『海洋帝国興隆史──ヨーロッパ・海・近代世界システム』講談社メチエ，2014年。

C. チポラ（大谷隆昶訳）『大砲と帆船──ヨーロッパの世界制覇と技術革新』平凡社，1996年。

富田俊基『国債の歴史──金利に凝縮された過去と未来』東洋経済新報社，2006年。

中澤勝三『アントウェルペン国際商業の世界』同文館出版，1993年。

長谷川輝夫・土井恒之・大久保桂子『ヨーロッパ近世の開花』中央公論社，1997年。

羽田正『東インド会社とアジアの海』講談社，2007年。

J. R. ヒックス（新保博・渡辺文夫訳）『経済史の理論』講談社学術文庫，1995年。

福井憲彦編『フランス史』山川出版社，2001年。

J. ド・フリース／A. ファン・デァ・ワウデ（大西吉之・杉浦未樹訳）『最初の近代経済──オランダ経済の成功・失敗と持続力　1500～1815』名古屋大学出版会，2009年。

D. フリン（秋田茂・西村雄志編）『グローバル化と銀』山川出版社，2010年。

堀越宏一『中世ヨーロッパの農村世界』山川出版社，1997年。

増田義郎『大航海時代』講談社, 1984年。

増田義郎『掠奪の海カリブ——もうひとつのラテン・アメリカ史』岩波新書, 1989年。

松井透『世界市場の形成』岩波書店, 1991年。

(松田毅一監訳)『十六・七世紀　イエズス会日本報告集　第Ⅲ期第5巻　1577年～1581年』同胞舎, 1992年。

(松田毅一監訳)『十六・七世紀　イエズス会日本報告集　第Ⅲ期第3巻　1565年～1570年』同胞舎, 1998年。

A.マディソン（金森久雄監訳）『経済統計で見る　世界経済2000年史』柏書房, 2004年。

森田安一編『スイス・ベネルクス史』山川出版社, 1998年。

T.ロックリー（不二淑子訳）『信長と弥助　本能寺を生き延びた黒人侍』太田出版, 2017年。

D. Goldstein, ed., *The Oxford Companion to Sugar and Sweets,* Oxford University Press, 2015.


＊本章は, JSPS科研費16K03766の助成を受けた成果の一部を含んでいる。


**練習問題**

問題1

大航海時代が生じた背景には, アジアとヨーロッパのどのような経済的関係があったのかを, 本書第3章, 第5章の内容もふまえて説明しなさい。


問題2

ポルトガル, スペイン, オランダ, イギリスの海外進出の動機, 実現の要因, 帰結, 衰退について簡潔に整理しなさい。


問題3

海外進出におけるポルトガル・スペインとオランダ・イギリスの違いは何かを説明しなさい。

(菅原　歩)

第５章

# 産業革命の時代

---

## 本章のねらい

　ヨーロッパがアジアに対する生産力的優位を決定的なものにしたのは，いつからであろうか。グローバル・ヒストリー研究が示すところによれば，産業革命が始まる前のヨーロッパとアジアの経済格差はその後の格差に比べれば大きなものではなく，ヨーロッパが大航海時代を迎える1500年頃のアジアは，むしろ世界の製造業の中心地ですらあった。しかし，18世紀末にイギリスのランカシャー（イギリス綿工業の中心地）で始まった産業革命によってヨーロッパ経済の優位は確定した。

　なぜヨーロッパは世界史上最初に産業革命を成し得たのであろうか。またこの産業革命が生み出したヨーロッパの工業経済は，どのような特徴を持つものであったのか。本章では，ヨーロッパで産業革命が始まった歴史的背景と産業革命によって誕生した19世紀の工業経済の特徴について，考えてみよう。

---

## 1　「ヨーロッパ産業革命」という見方

### 国民経済史としての産業革命

　高校で学んだ「世界史」の教科書には，産業革命は18世紀末にヨーロッパの最先進国イギリスで始まり，その後「後発資本主義国」である大陸ヨーロッパのベルギー，フランス，ドイツなどが追い上げをはかる過程として描かれている。経済史研究の世界でも，自生的に産業革命を完遂したイギリスに対し，大陸ヨーロッパの後発国は，イギリスが試行錯誤の末に生み出した一連の技術革新を一挙に導入して同国との生産力格差を解消すべく，多額の投資資金の調達

99

第Ⅱ部　資本主義の発展と世界システム

を可能にする投資銀行や株式会社制度を発達させ，政府もまた経済政策を動員
して産業革命を「上から」推進したと論じられてきた。ドイツに至っては，
「後発資本主義」であるばかりか，ロシアや日本と同列に位置づけられる「後
進資本主義」型の産業革命とされてきた。

　しかし，イギリスに対する後発性ないしは後進性を強調する各国産業革命理
解が歴史解釈として問題を持つものであることは，次の事実をみるだけでも明
らかである。

　産業革命の主導部門となった綿工業に着目すると，大陸ヨーロッパの諸地域
では，既に18世紀のうちにランカシャー（イギリス綿工業の中心地）から近代的
綿紡績技術が導入され，工場建設が始まっていた。「後進資本主義」型に分類
されたドイツについてみると，ライン地域では1784年に商人 J. G. ブリューゲ
ルマン（Johann Gottfried Brügelmann : 1750-1802）によって水力紡績機を装備し
たドイツ最初の綿紡績工場が建設されている。ザクセンでもジェニー紡績機の
模倣生産とその問屋制家内工業への導入が1786年以降進み，1798年には同地に
最初のミュール紡績工場が誕生している。19世紀に入り，ナポレオンの「大陸
封鎖令」（ナポレオンが大陸ヨーロッパの征服地に対して1806年に出したイギリス経済
封鎖令）によりイギリスとの通商が途絶すると，ドイツの近代的綿工業は揺籃
期を迎え，各地で紡績工場が誕生した。

　ランカシャーで普及しつつあった最新の綿工業技術が瞬く間に大陸ヨーロッ
パに伝播し，技術移転が開始されたという以上の事実に照らせば，ランカシャ
ー綿工業が19世紀に「世界の工場」として圧倒的な生産力を誇り，大陸ヨーロ
ッパ諸地域の綿工業がこれとの競争上，織布・仕上工程主導の発展をたどるこ
とになったにせよ，イギリスと大陸ヨーロッパとの経済格差や後者における産
業革命の遅れを過度に強調する議論の問題性は明らかであろう。

## 「地域産業革命」と「ヨーロッパ産業革命」

　それではなぜ，このような産業革命理解がなされてきたのであろうか。原因
の 1 つは，日本の経済史研究が産業革命を国民国家の枠内で完結される一国的

現象とみなしてきたことにある。産業革命は国家領域の内部で遂行され，そこに自給自足的な傾向を伴う国民的規模の分業関係＝「国民経済」が形成され，もって資本制社会が確立する過程とされてきた。しかし，政治と経済は相互に影響を及ぼしあう関係にはあるが，経済活動が国家領域の鋳型にはめられ国民経済に収斂する必然性はない。それは現代の国家のように社会領域の隅々にまで法律や政策が張り巡らされてはいない「自由放任主義」時代の国家であれば，なおさらのことである。実際，政治と経済をひとまず峻別して産業革命をみた場合，大陸ヨーロッパの各地で19世紀前半のうちに綿工業を中核とする産業集積地域ができあがり，その後の資本主義発展の基盤となる経済地域が形成されていた。ときにそうした地域は一国に一地域とは限らず，また国境をまたいで形成される場合もあった。産業革命は「地域産業革命」として現象し，またそれら各地の産業革命が相互に影響を及ぼしあいほぼ同時並行的に進行する「ヨーロッパ産業革命」というかたちをとった（渡辺 2000；黒澤 2002）。

　しかしながら，産業革命の舞台となったこれら地域の先進性は，国民経済を所与とすることで国家領域内の地域的不均等発展（産業発展の緩慢な地域や農業地域の存在）のために過小に評価され，これを前提にして長らく先発，後発といった産業革命の国際比較が行われてきたのである。それは，圧倒的な農業地域を擁するアメリカ合衆国（以下，アメリカと略記）で，産業革命が北東部を舞台に19世紀前半に進行したにもかかわらず，同国が後発国として扱われたことの原因でもあった。

　ところで，産業革命が「地域産業革命」として現象するのはなぜであろうか。機械制技術を使いこなし産業革命を推進するには，資本や労働といった生産要素，技術　市場情報，河川・鉄道交通などの物流基盤が必要であるが，それらは基本的に地域内で供給されていた。工場建設や工業経営に必要な資金は，面識や信頼関係がものをいう地域の商業・金融ネットワークの枠内で調達され，熟練労働者や低賃金労働者のプールも産業集積地域とその周辺部に形成され，労働者の広域的移動は限られていた。新技術や販売市場の動向といったビジネス情報も企業間取引や商工業者による日常的な社会活動を通じて，地域内を還

流していた。そして運河や鉄道は「統一的国内市場」の形成を促す面を有する一方，多くの場合それらは産業集積地域の発展を促す目的で整備され，地域内の経済的凝集性を高めることに寄与した。産業革命を支えたのは，国民的規模の分業関係や資本・労働力市場ではなく，産業集積地域内部に働くこのような外部経済の存在であった（パット・ハドソン 1999）。

## 2　なぜヨーロッパは世界史上最初の産業革命に成功したのか

ヨーロッパはなぜ世界史上最初の産業革命に成功したのであろうか。これまでフランスやオランダではなく，イギリスで産業革命が始まった原因として，都市のギルド規制や農村の封建的諸規制から解放された自由な農村工業の発展，植民地の獲得，大西洋三角貿易，豊富な石炭資源の存在などイギリスに固有ないしは顕著な歴史的条件が取り上げられ，議論されてきた。ここでは西ヨーロッパ経済に共通する産業革命の歴史的前提として，特にアジア貿易と科学革命の影響の2つを取り上げることにしたい。

### アジア貿易とヨーロッパにおける輸入代替

第4章で述べられているように，ヨーロッパは大航海時代を通じてアジアや南北アメリカとの貿易を大きく発展させた。この貿易がヨーロッパの生活・消費様式に与えた影響は大きく，その変化はヨーロッパ産業革命を需要サイドから刺激する役割を果たした。

大航海時代以後，アジアからはコーヒー，紅茶，陶磁器などが，西インド諸島（カリブ海諸島）をはじめアメリカ大陸からは砂糖や煙草などがヨーロッパにもたらされると，それらは珍奇な舶来品として宮廷・貴族，後には富裕な都市商工業者の間で人気を博し，他者に富を誇示するための奢侈消費の重要な対象にもなった。もとより宮廷・貴族，都市商工業者，労働者，農民にはそれぞれの階級・階層に規定された固有の消費パターンがあり，産業革命以前に宮廷・貴族の流行を都市商工業者のみならず民衆までもが模倣し，流行が社会的

上層から中・下層へと均霑し，「国民的消費」が形成されたと想定することはできない。

　しかし，植民地物産が「プランテーション」によって（コーヒーはジャワ島や西インド諸島，茶はインド，砂糖は西インド諸島などで現地住民や黒人奴隷を労働力として）生産されるようになると，ヨーロッパ向け輸出は増加し価格も大幅に低下した。また18世紀には，賃金労働に依存する都市労働者層の増加，農外収入を必要とする小・零細農民による農村家内工業の発展，労働者・家内工業世帯における女性や子どもによる雇用労働の増加がみられ，これら全てのことが必要な消費物資を家庭内で生産するのではなく市場で購入する傾向を強めた。このような過程で植民地物産は次第に日用品として都市の中下層の商工業者，労働者，農民の間にも浸透し，ヨーロッパの生活・消費文化を大きく変えることとなった。香料は単に食肉保存用に利用されるだけでなく民衆の食生活にも欠かせぬ調味料となり，アメリカ大陸から伝えられた馬鈴薯，とうもろこし，トマトといった栽培植物はヨーロッパの食糧事情を大きく好転させた。またコーヒーや紅茶を砂糖とともに飲む習慣やカフェ文化ができあがり，ヨーロッパを象徴する文化の1つとなった（ヨーゼフ・クーリッシェル 1982）。

　そうした中で植民地物産の流入がとりわけ重大な帰結を伴ったのが，インド産綿布の流行である。モスリン（薄手の綿織物）やインド更紗（文様染）などのインド産綿布は，絹織物に次ぐ高級品として宮廷・貴族の間で流行したが，他の高級織物に比べ品質，用途，価格の面で多様性に富む商品であったことから，階級，階層ごとに独自の服飾文化を生みながら，都市商工業者やより低位の社会層の間にもひろまり，ヨーロッパは「キャラコ・ブーム（インド産綿布ブーム）」の様相を呈するに至った。

　しかし，大量の綿布輸入は，ヨーロッパ各国で主要産業として発達していた毛織物産業や麻織物産業の市場を掘り崩すことになるため，「国民的産業」の保護を目的とした措置がインド産綿製品輸入国でとられた。

　フランスでは，1685年に繊維産業界の要望に基づき国内における捺染綿布の製造・販売・使用が禁止された。同年にはフランスでプロテスタント信徒の弾

第Ⅱ部　資本主義の発展と世界システム

圧政策が始まり（ナント勅令の廃止），綿布捺染業者をはじめ富裕な商工業者を多数含むプロテスタント信徒は周辺のプロテスタント諸国，とりわけフランスに隣接するスイス諸都市に亡命を余儀なくされた。しかも，「フランス東インド会社」（アジア貿易を使命とする国策貿易会社）が輸入するインド産捺染布は1685年の措置の例外とされ，原産地証明の困難な捺染布の消費は事実上フランスでは黙認されたため，国内での生産を禁止された綿布捺染業のヨーロッパ最大の拠点がジュネーブやミュルーズなどフランス国境の東側に形成されることとなった（黒澤 2002）。

　イギリスでも1700年に「キャラコ輸入禁止法」，1720年には「キャラコ使用禁止法」が制定された。だが，イギリスのキャラコ輸入禁止法は，染色・捺染を施した綿布の輸入を禁じてはいたが，仕上げ加工を施していない白地綿布については輸入を認めていたため，むしろインド産の白地綿布に染色・捺染加工を施す綿製品製造業の発達を促すことになった。またキャラコ使用禁止法では，再輸出用を除いてあらゆる種類の綿布使用が禁止されたものの，経糸に麻糸と緯糸に綿糸を用いた綿麻交織物はキャラコとはみなされなかったことから，綿布の代用品として交織物業が発展することになった。ヨーロッパで発達した毛織物産業や麻織物産業をインド産綿製品から守ることを意図して制定された法律が，結果としてインド産綿布の模倣生産を促すことになり，さらに18世紀末には一連の紡績機械の発明によって経糸用や細糸用の綿糸生産も可能となった。このようにしてインド産綿布の輸入を完全に代替する産業革命は始まったのである（川北 1986）。

### 「高賃金経済」

　それではなぜ，アジア貿易に刺激を受けて始まった綿布の模倣生産は，インドと同じく手紡績や手織ではなく機械によって，すなわち産業革命として展開したのであろうか。日本にも綿織物業は中国から伝えられ16世紀以降各地に普及するが，生産性の大幅な上昇を伴う技術革新が自生的に生まれることはなかった。

第5章　産業革命の時代

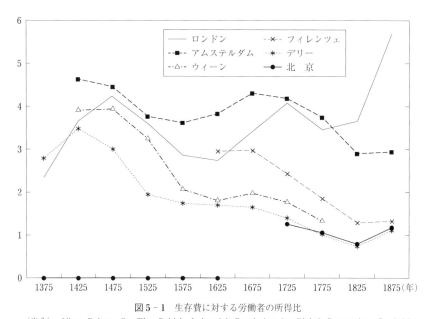

図5-1　生存費に対する労働者の所得比

（出典）　Allen, Robert C., *The British Industrial Revolution in Global Perspective*, Cambridge University Press, 2009, p. 40.

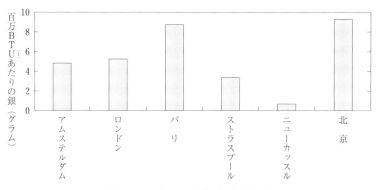

図5-2　エネルギー価格（18世紀初頭）

（注）　BTUとは、英国熱量単位（British thermal unit）の略である。1BTUは、質量1ポンド（0.45kg）の水を華氏60.5度から61.5度まで1度上昇させるのに必要な熱量を指す。1BTUは、252～253カロリーに相当。

（出典）　Allen, op. cit., p. 83.

第Ⅱ部　資本主義の発展と世界システム

　グローバル・ヒストリー研究の成果を踏まえ，あらためて「イギリス産業革命」を論じた R. C. アレン（Robert Carson Allen：1947-）は，産業革命の要因として，18世紀のイギリスではアジアはもとよりヨーロッパ諸国と比べても労働者の賃金水準が高く，他方エネルギー（石炭）価格と資本調達費用が安価であったことを挙げている。図5-1は，生存費（主要穀物とわずかな消費財の購入費用）に対する労働者の所得比を比較している。1600年代以降，ロンドンとアムステルダムの労働者所得比は他の都市のそれを大きく引き離して上昇し，18世紀に両都市の労働者は必要最低限の生存費に対して4倍もの所得を得ていた。またエネルギー価格を比較した図5-2は，木材から石炭へとエネルギー転換が進んでいたイギリスのエネルギー価格が世界で最も安価であったことを示している。

　このようにイギリスの賃金水準は高く，手紡績や手織によってインド産綿製品と競争することはできない。そのため高価な労働を節約する技術として，一連の綿紡績機と力織機（機械制織布）が18世紀末に相次いで発明された。蒸気機関もまた相対的に安価な資本と石炭を集約的に使用し，労働者1人当たりの生産性を高める技術であった。イギリスでは労働を資本とエネルギーに代替する技術の必要性が高かったこと，これが産業革命の原因であったと，アレンは論じている（アレン 2012）。

　ひとたび発明された技術が普及するか否か，あるいはどのような方向に技術改良が進むかは，アレンが指摘するように，各生産要素の価格にも規定されよう。イギリスで蒸気機関の産業利用が高度に進んだこと，大陸ヨーロッパでは高価な紋織や捺染布の生産が広範に展開し，労働（技能労働）集約的な産業発展がみられたことなどは，イギリスと大陸ヨーロッパとの生産要素価格の相違を反映したものと言えるであろう。

　しかし，以上の議論は，労働節約的技術の必要性を説明したものであり，機械制技術の発明を可能にした供給側の歴史的条件にも留意する必要がある。

## 科学革命と「産業啓蒙」

　その点で見逃すことができないのが，17世紀「科学革命」の影響である。科学革命とは，数学，医学，天文学，物理学などの分野における一連の科学的発見を通じて，中世までの自然哲学にかわり近代科学の基礎ができあがる，17世紀ヨーロッパの科学史上の大転換を指す。G. ガリレイ（Galileo Galilei：1564-1642）は N. コペルニクス（Nicolaus Copernicus：1473-1543）の地動説を望遠鏡による天体観測を通じて証明し，R. デカルト（René Descartes：1596-1650）は自然世界を数学的に解明する方法を提唱した。イギリスでも，F. ベーコン（Francis Bacon：1561-1626）が実験主義を提唱し，実験と観察から一般法則を導く帰納法を自然哲学の世界にひろめた。また I. ニュートン（Isaac Newton：1642-1727）はそれまで観察を通じて確かめられていた天体現象を数学によって説明できることを証明し，近代物理学を確立した。こうして自然世界の理解と真理発見のために数学と観察及び実験が用いられるようになり，また自然哲学の世界に知識の有用性という考え方が取り入れられるようになった。

　とはいえ，科学革命がヨーロッパ産業革命を直接に引き起こしたというわけではない。産業革命の原動力となった一連の発明の担い手は科学研究者ではなかったし，彼らの発明は科学的知見を生産活動に応用した結果であったと単純にみることもできない。

　科学革命と産業革命との歴史的因果連関を究明する J. モキア（Joel Mokyr：1946-）は，「産業啓蒙」という概念を用いて両者の関係を次のように説明している。

　科学革命の最中に，その担い手となった一群の研究者により科学アカデミーが組織され，汎ヨーロッパ的な研究交流が行われた。イギリスでは1660年に「ロンドン王立協会（The Royal Society of London for Improving Natural Knowledge）」が設立され，創設期にはニュートンが会長を務め，実験実証科学の拠点となった。フランスではロンドン王立協会との密接な協力関係の下に，「パリ王立科学アカデミー（The Paris Royal Academy of Sciences）」が1666年に創設され，ドイツ（プロイセン）でもこれらにやや後れて，微積分学の開拓者と

第Ⅱ部　資本主義の発展と世界システム

表5-1　イギリスにおける発明
家と啓蒙世界との結び
つき（1660〜1800年）

| 発明分野 | あり | なし | 不明 |
|---|---|---|---|
| 測時法 | 6 | 2 | 0 |
| 器　械 | 2 | 1 | 0 |
| 機　械 | 9 | 3 | 1 |
| 航行船舶 | 2 | 0 | 0 |
| 蒸気機関 | 7 | 1 | 0 |
| 陶磁器 | 4 | 5 | 3 |
| 化　学 | 4 | 4 | 2 |
| 金　属 | 0 | 9 | 1 |
| 繊　維 | 3 | 10 | 0 |
| 合　計 | 37 | 35 | 7 |

（出典）　Allen, op. cit., p. 249.

して知られ，生涯を通じて各国の科学者との交流を精力的に進めた G. W. ライプニッツ（Gottfried Wilhelm Leibniz：1646-1716）らが「ベルリン科学アカデミー（The Berlin Academy of Science）」を1700年に立ち上げ，科学革命の成果をドイツにもたらした。

　こうした知的交流は知識人の間にとどまらず，とりわけ18世紀後半以降のイギリスでは，アカデミーを模してつくられた「地方アカデミー」，都市の文芸・哲学協会や学者協会などおびただしい数の協会がつくられ，新興の都市エリートである商工業者もこれらに熱心に参加し，科学知識の共有が図られた。科学知識に触れる機会は，それ以外にも新聞，雑誌，書物の普及，コーヒー・ハウスや酒場での討議や公開実験，貴族のサロンなどを通して拡大し，科学は新たな都市市民の「教養」となった。

　表5-1は主要な発明家（1660〜1800年）と科学サークルとの結びつきの有無を，表5-2はそれら発明家による諸発明が実験を通じて導かれたものであるか否かを示したものである。科学知識それ自体は自然現象を説明する知識であり，生産に役立つ技術知識とは異なる。しかし，科学革命は，自然哲学の世界に科学的知見を現実の生活に応用する「有用な知識」という考え方をもたらし，そうした思考は科学に親しむ商人や製造業者を通じて生産の現場に持ち込まれていった。こうして長年の経験に基づく「勘とコツ」や試行錯誤の末に偶然的に得られた知識ではなく，数学に基づく正確な測定や実験を通じて有用な技術知識が生み出されることとなった（Mokyr 2009）。両表は，このような科学と技術知識との歴史的関連を具体的に示すものと評価しうる。

　産業革命はこうした汎ヨーロッパ的な科学文化や「有用な知識」の生産・流通を前提として，高賃金経済ゆえに労働節約的技術に対する需要がとりわけ高いイギリスにおいてまず花開くこととなった。

## 綿工業の技術革新

　以上のような歴史的背景のもと，産業革命を担う一連の機械制技術が綿工業において登場する。それは，当時綿工業が抱えていた生産上の諸課題を解決すべく生み出された技術であった。

　課題の１つは，生産工程間の不均衡とこれにより顕在化した労働力供給の制約という問題であった。

　綿工業は主に次の４つの工程からなる。すなわち，①原料である綿花を選別・洗浄し，繊維を平行に並べるように梳きあ

表 5-2　イギリスにおける発明と実験との結びつき（1660〜1800年）

| 発明分野 | 実験あり | 実験なし | 不明 |
|---|---|---|---|
| 測時法 | 2 | 0 | 6 |
| 器　械 | 2 | 0 | 1 |
| 機　械 | 9 | 0 | 4 |
| 航行船舶 | 1 | 1 | 0 |
| 蒸気機関 | 7 | 1 | 0 |
| 陶磁器 | 5 | 0 | 7 |
| 化　学 | 7 | 0 | 3 |
| 金　属 | 6 | 0 | 4 |
| 繊　維 | 10 | 1 | 2 |
| 合　計 | 49 | 3 | 27 |

（出典）　Allen, op. cit., p. 253.

げ，それを均一な繊維の束にまとめる準備工程，②繊維の束を引き伸ばし，撚りをかけ，巻き取る紡績工程，③糸を縦に並べ，その経糸の上下を緯糸がくぐるよう横断させて織物をつくる織布工程，④できあがった織物の組織を緻密にするための縮絨，洗浄，漂白，染色，捺染などを行う仕上工程，である。

　産業革命の開始を告げるジェニー紡績機が発明（1765年）される30年ほど前，織布工の J. ケイ（John Kay：1704-1764）が手織機に「飛び杼」と呼ばれる技術的改良を加え（1733年），手織の生産性をおよそ２倍に引き上げた。飛び杼は1750年代以降本格的に普及し，綿布需要が拡大していた折，綿織物業は大きな発展の機会を得たが，それは紡糸不足を引き起こす結果となった。織布工程の生産性が上昇したとしても，その原材料である紡糸は昔ながらの手紡車で生産されており，手織機１台が必要とする紡糸は5台の手紡車により紡がれていた。飛び杼は，この生産工程間の均衡を破壊し，紡糸不足を引き起こしたのである。

　紡糸不足を解消するための差し当たりの対応として，問屋制商人が生産組織網を拡張し，より多くの家内工業生産者と取引（原料となる原綿の支給と紡糸の買取）する方法が考えられる。しかし，生産過程は家内工業生産者の手の内にあり，彼らは自分の好きな時間に好きなだけ働き，いつでも仕事をやめること

第Ⅱ部　資本主義の発展と世界システム

表5-3　綿紡績機の生産性上昇

(単位：O. H. P.[1])

| 紡績機の種類 | 生産性 |
|---|---|
| インド式手紡車 | 50,000 |
| ミュール紡績機（1780年） | 2,000 |
| 100錘ミュール紡績機（1790年） | 1,000 |
| 動力型ミュール紡績機（1795年） | 300 |
| 水力紡績機（1780/90年代） | 250-370 |

（注1）　O. H. P. とは，綿花100ポンドを20番
手綿糸に紡績するために必要な労働者1人あ
たりの作業時間を指す。
（出典）　S.D. チャップマン（佐村明知訳）『産
業革命のなかの綿工業』晃洋書房，1990年，
22-23頁。

ができた。しかも，産業革命前の民衆には，身分相応の暮らしを維持するために必要なだけ働き，それ以外の時間は労働ではなく閑暇を選択するという伝統主義的態度が色濃く残っていた。紡糸不足による出来高賃金の上昇局面では労働支出の増加ではなく，減少をもたらすことさえあった。加えて，原材料の着服や手抜き仕事も商人による監督が行き届かない以上，その防止は難しく，問屋制組織網の拡張には，取引費用を増大させるがゆえに自ずから限界があった。

このような労働投入量の増加による生産拡大には限界がある中で，これにかえて紡糸不足解消という課題に応えたのが，J. ハーグリーブス（James Hargreaves：1720-1778）のジェニー紡績機であり，続く R. アークライト（Richard Arkwright：1732-1792）による水力紡績機（発明年は1769年），S. クロンプトン（Samuel Crompton：1753-1827）によるミュール紡績機（同1779年）の発明であった。またこうした紡績技術の発明と軌を一にして一連の準備工程の機械化もすすんだ。

その結果，表5-3が示すように，紡績工程の物的生産性は劇的に上昇し，ひとたび発明された紡績機はその後も技術的改良を重ねて生産性を上昇させ，産業革命を推進する原動力となった。

こうして紡績工程における諸発明の結果，紡糸生産量が激増すると，今度は旺盛な綿製品需要を背景に織布工が不足し，手織工の黄金時代が到来した。織布工程が生産上の隘路となる中で，この新たな生産工程間の不均衡を解消すべく登場したのが，1785年 E. カートライト（Edmund Cartwright：1743-1823）が発明した力織機であった。また仕上工程でも技術革新は進み，例えば従来7～8カ月を要した漂白工程には硫酸や塩素を用いた化学漂白が導入され，18世紀末までに漂白作業は僅か1日で完了するようになった。捺染でも従来の型染め

第5章　産業革命の時代

── *Column* ⑦　産業革命とエネルギー革命 ──

　産業革命期の工場制工業の主たる動力源として蒸気力（石炭を燃料にした蒸気機関）を想起する人は多いであろう。実は，産業革命初期のイギリスでは，工場は動力を求めて山間部の水量豊かな河川沿いに立地し水力を利用していた。綿工業において J. ワット（James Watt：1736-1819）の改良型蒸気機関が普及しはじめるのは19世紀に入ってからであり，綿工業の急激な発展の結果，1830年代半ば蒸気力の利用は一般化した。大陸ヨーロッパ，とりわけ採炭地から遠く離れた地域では，工場の動力源としての水力はさらに長く生命力を保持し，蒸気機関が導入される場合も渇水期の補助手段として利用されることもあった。蒸気機関は産業革命の技術的前提というよりは，その結果であった。

　しかし，石炭という鉱物資源が生産活動に利用されるようになったことの意義は大きい。人力や畜力は生産性の上昇を制約し，水車や風車など自然エネルギーの利用も土地に縛られるため，それを全社会的に利用することは当時としては困難であった。また工業生産に必要な原材料は土地生産物であり，また土地生産物を利用して生産，輸送されていた。人類の生産活動の歴史は，土地生産性の制約の下におかれていた。

　実用的な蒸気機関の登場によって可能となった石炭エネルギーの利用は，こうした制約から人類を解き放ち，産業革命の進展とその後の持続的な工業化を可能にした（リグリィ 1991）。薪・木炭から石炭へのエネルギー源の転換が「エネルギー革命」と呼ばれる所以である。エネルギー革命は，産業革命とその後の工業化を通してヨーロッパ経済のアジア経済に対する優位を決定づけることになった。

にかわり円筒捺染機が登場した。

　織布工程における飛び杼の普及によって生まれた紡績工程との不均衡が紡績技術の革新を誘発し，そのことがまた新たな生産工程間の不均衡を生みだした結果，織布工程や仕上工程の技術革新につながった。このような技術的連鎖のなかで一連の綿工業技術は生み出されたのである。

　綿工業が抱えていたいま1つの課題は，綿糸の品質にかかわるものであった。

　手紡車で紡がれる紡糸は太さや強度のむらが不可避であり，織布工にとって均質な糸をいかに確保するかは重要な問題であった。その点，機械制紡績は太

第Ⅱ部　資本主義の発展と世界システム

さや強度の不均一を克服し，比較的均質な糸を生産することができた。またジェニー紡績機が16〜20番手という通常の手紡糸（糸の太さの単位は，通常，番手であらわされる。1ポンド〔約454グラム〕の綿花から，長さ840ヤード〔1ヤードは約91センチメートル〕単位綿糸を何本紡ぐかで番手が決められ，例えば，20本なら20番手となる）とほぼ同クラスの緯糸を生産する機械であったのに対し，水力紡績機はこれよりもはるかに細い最大60番手までの中細糸，しかも緯糸よりも強度が要求される経糸の生産を実現し，インドからの輸入綿糸ないしは交織用の麻糸を完全に代替することとなった。

　ただし，綿製品は奢侈品としてヨーロッパ社会にひろまった経緯もあり，高価格の薄手の綿織物とその原材料となる細糸に対する需要はたいへん大きいものがあった。しかし水力紡績機は60番手以上の細糸を紡ぐことはできず，その生産はインドやスイスの手紡工に依存するほかない状態であった。こうした問題を解決したのが，ミュール紡績機であった。この紡績機は発明時において既に80番手の細糸を紡ぎだし，18世紀末には熟練した手紡工がかろうじて紡ぐことのできる150番手を凌ぐ300番手までの極細糸を生産し，綿糸の品質を一変させてしまった。産業革命の原動力となった綿工業の技術開発の焦点は，物的生産性の上昇だけでなく，品質の安定や上昇といった点にも向けられていた（D. S. ランデス　1980：S. D. チャップマン　1990）。

## 3　19世紀の工業経済

### 工場制工業と新たな熟練の形成

　産業革命によって綿工業では紡績工程，製鉄業では製銑工程を中心に近代的工業部門が形成され，①賃労働（雇用労働）の一般化，②生産過程への機械体系の導入，③問屋制生産など分散的な生産組織から工場へと生産の空間的集中がすすんだ（工場制度の確立）。こうした近代的工業部門で働く労働者といえば，ただちに子どもや女性からなる不・半熟練労働者の存在が想起されるであろう。実際，それは産業革命期以後の工場労働の重要な担い手であった。だが，生産

システムという点からみると，生産現場でその数以上に重要な役割を果たしていたのは，不・半熟練労働者ではなく，熟練労働者であった。工場制工業化により機械が手工的熟練に代替し，多くの手工的労働が減少ないしは消滅した。しかし，機械制生産や工場の稼働にはこの新技術を使いこなすためのノウハウや熟練が必要であり，工場制工業は新たに多数の近代的熟練職種を生み出すこととなった。

　綿紡績業では，水力紡績機とミュール紡績機という2種の機械が工場で用いられ，前者の水力紡績機では粗糸を引っ張り（糸の細さを決め），撚りをかけ（糸の強度を確保する），巻き取るという一連の作業が機構化されていた。そのため紡績機を扱う労働者に特別な熟練は必要とされず（自動機械），水力紡績機を導入した紡績工場では，低賃金の女性半熟練労働者が多数雇用されていた。他方，後者のミュール紡績機は，製品価格の高い細糸の生産に適した機械である一方，機構が複雑で，引っ張り，撚りがけ，巻き取りの作業を労働者自身が紡績機の操作を通じて行わねばならず（半自動機械），その操作には高度の熟練が要求された。またその後，蒸気機関を取り入れた動力式の半自動ミュール紡績機，自動ミュール紡績機が登場し，当初ミュール紡績工に要求された複雑な機械操作は漸次機構化されていったが，複数の紡績機を配下の労働者（糸継工）とともに操作する作業組織の統率者としての役割はミュール紡績工に残され，彼らの統率力が紡績工程の生産効率に大きく影響した。そのため製品の品質や作業速度は労働者が行う機械操作の巧拙や作業組織の統率力によって決まり，ミュール紡績機を採用した工場では成人男性からなる高賃金の熟練労働者（ミュール紡績工）が精紡工程を担当した（表5-4を参照）。イギリスの綿紡績業では，機械操作に特別な熟練を要しない水力紡績機系の紡績機ではなく，ミュール紡績機が支配的技術となり，熟練労働者の存在が労働過程で重要な意味をもち続けた（田中 2007）。

　綿紡績業以外にも生産過程の遂行に熟練労働者が基幹的役割を果たした例として，製鉄業，機械産業，造船業などが挙げられるが，これらの産業では熟練労働者比率は綿紡績業よりもさらに高くなる傾向にあった。

第Ⅱ部　資本主義の発展と世界システム

表5-4　1833年イギリス綿紡績労働者の年齢別性別構成

(単位：%)

| 労働者構成[1] | 準　備 | 梳　綿 | ミュール紡績 | スロッスル紡績[3] | 仕　上 |
|---|---|---|---|---|---|
| 成年男性 | 26.6 | 26.1 | 35.0 | 10.3 | 4.9 |
| 成年女性 | 46.6 | 38.0 | 8.0 | 38.9 | 76.6 |
| 成年総数 | 73.0 | 64.1 | 43.1 | 49.2 | 81.5 |
| 未成年男子 | 19.7 | 13.9 | 41.5 | 19.9 | 1.4 |
| 未成年女子 | 7.3 | 22.0 | 15.4 | 30.9 | 17.1 |
| 未成年総数 | 27.0 | 35.9 | 56.9 | 50.8 | 18.5 |
| 対労働者総数比[2] | 3.8 | 30.1 | 49.2 | 5.9 | 11.1 |

（注1）　工程別の労働者数をそれぞれの100とした時の労働者の年齢別性別構成。
（注2）　綿紡績労働者総数（131,862人）を100とした時の各工程の労働者の割合。
（注3）　水力紡績機の改良機を用いた紡績。
（出典）　田中章喜「産業資本と労働過程——産業革命期イギリス綿紡績業における技能養成と雇用形態」『専修経済学論集』41巻2号，2007年1月，より作成。

## 企業の労務管理と内部請負制度

　工場制工業は，新技術をいかに使いこなすかという課題の他にも，生産の空間的集中により，労働者の採用・配置・解雇，職場の秩序維持，生産過程全体の管理・監督など様々な工場管理問題に直面していた。そうした管理業務には工場長の他，熟練労働者の中から経営者が選抜した職長などがあたった。生産が円滑に行われるよう労働者集団を管理・監督することが職長の任務であり，労働者の採用・配置・解雇も職長の権限で行われた。

　熟練労働者による生産・労務管理の別の方法として，内部請負制と呼ばれる方式も綿紡績業など特定の産業でみられた。内部請負制とは，工場内の生産過程の一部を一括して熟練労働者（請負親方）が請け負い，企業から得た報酬（出来高給）によって熟練労働者が作業遂行に必要な補助労働者や徒弟を雇用し，作業組織を形成するというものである。この場合，企業と熟練労働者の間には雇用関係ないし請負関係が結ばれるが，熟練労働者配下の労働者と企業の間に直接の雇用関係は存在せず，請負人を介した間接雇用のかたちをとる（大河内1978）。

　イギリスの綿紡績業では，内部請負制はミュール紡績型工場で典型的にみら

114

第5章　産業革命の時代

表5-5　ランカシャー綿工業企業における監督1人あたりの
労働者数（1834年）

| | 監督(a) | 労働者(b) | (b)/(a) |
|---|---|---|---|
| ミュール紡績 I [1] | 145 | 10,954 | 75.5 |
| ミュール紡績 II [2] | 145 | 3,797 | 26.2 |
| 準備工程 | 376 | 3,939 | 10.5 |
| スロッスル紡績 | 82 | 1,123 | 12.2 |
| 織　布 | 400 | 10,171 | 25.4 |

（注1）　紡績工，糸継工，掃除工の合計。
（注2）　紡績工のみの数値。
（出典）　田中章喜「ボスたちは何をしたのか──イギリス綿紡
　　　績業における資本主義的ヒエラルヒーの形成」『専修経済学論
　　　集』40巻1号，2005年9月，より作成。

れた。紡績（精紡）の労働過程は全面的にミュール紡績工に委ねられ，手動式
ミュール紡績機が使用されていた18世紀末までは，1週間，1日のうちにどれ
だけの時間働くかもミュール紡績工によって決められていた。18世紀末以降ミ
ュール紡績機の動力化に伴い，蒸気機関の稼働時間にあわせた定時労働制が採
用され，また工場規則も漸次導入されたが，内部請負制の労働・雇用慣行は長
きにわたり続いた（田中 2005）。表5-5は，ランカシャー綿工業企業の監督1
人当たりの労働者数を，ミュール紡績工程とその他諸工程で比較したものであ
る。労働過程を監督するため経営者により配置された監督者の数が多くなれば，
監督1人当たりの労働者数は少なくなる。ミュール紡績工程では，スロッスル
紡績はもとより他の諸工程と比べても監督1人当たりの労働者数は多く，労働
者数から間接雇用の徒弟・補助労働者を除いたミュール紡績IIでみても，スロ
ッスル紡績の2倍以上の値となっている。内部請負制が普及しているミュール
紡績工程では，経営者による監督の配置は進んでいなかったことがわかる。イ
ギリスを「世界の工場」へと押し上げた綿紡績工場の現場では，熟練労働者で
あるミュール紡績工による生産・労務管理が行われていたのである。

　工業経営は内部請負制を採用することで生産遂行に関わる複雑な問題と労働
者の管理を熟練労働者に委ねることができた。総じて19世紀ヨーロッパの工業
経営では，生産現場を預かる熟練労働者出身の職長や内部請負親方に生産や労

115

第Ⅱ部　資本主義の発展と世界システム

務上の管理は委ねられ，これらを専門に行う部署はなお存在していなかった。

### 技能養成制度と労働者内部化の試み

　それでは，工場制工業は，生産遂行に必要な熟練労働者をどのように調達していたのであろうか。機械制技術の利用に長けた熟練労働者に対する需要は産業革命によって生まれ，国ごとにそれぞれ独自のやり方で熟練労働者養成の制度化はすすんだ。しかし，そこに共通するのは，工業経営が労働者の技能養成に必ずしも積極的な役割を果たしていたわけではなかったということである。イギリスとドイツの例をみてみよう。

　イギリスでは，「クラフト・ユニオン」と呼ばれる，熟練労働者で組織される職種別の労働組合が技能養成に重要な役割を果たしていた。労働組合活動の基本は，雇用主に対して交渉力の弱い労働者が個人の利益追求（賃金引上げなど）を集団主義的に行うという点にある。イギリスの熟練労働者がそのために採用した戦略は，企業の熟練労働力需要に対してその供給が常に過少になる状況を意図的につくりだすというものであった。すなわち，イギリスでは，クラフト・ユニオンの下で組合員である熟練労働者が徒弟を受け入れ，工場労働の傍ら徒弟の技能養成にあたるという慣行が産業革命以後定着した。クラフト・ユニオンは訓練修了者を熟練労働者として認定し，企業もそうした労働者を熟練職種に採用することを強いられた。その際，クラフト・ユニオンは訓練生の数を制限することで将来の熟練労働力供給をその需要よりも過少に保ち，熟練の希少性を維持しようと努めた。イギリスでは，クラフト・ユニオンによる入職規制とそれを通じた労働力市場コントロールの手段として，熟練労働者の養成が行われたのである（小野塚 2001）。

　以上に対して，大陸ヨーロッパのドイツ語圏では，手工業徒弟制度が近代的再編を遂げることで，工業的熟練労働者養成の基盤が成立した。伝統的な手工業徒弟制度は，徒弟が親方から仕事の傍らに手ほどきを受けて技能形成を図り，年季明け後は職人として各地の手工業経営を遍歴し研鑽を積む，というものであった。19世紀前半には，手工業徒弟や職人を対象に，就業後の平日夜間や日

116

曜日に製図などの理論教育を行う学校（営業補習学校など）が南ドイツを先頭に各地に整備されるようになった。イギリスやフランスのような主権国家形成が進まなかったドイツでは，19世紀に入っても多数の領邦国家が分立し，技能養成制度も領邦ごとに整備されたのである。当初，伝統的徒弟制度への介入として否定的な反応を示す手工業者も存在したが，手工業経営も工場制工業化の進展に対応して近代化する必要を認識し，徒弟修業（実践教育）を補完する営業補習学校などへの徒弟・職人の通学を受け入れるようになっていった。その後，営業補習学校への通学を職人昇格の条件に加えたり，義務教育化を図る領邦などがあらわれ，技能養成を実践教育と理論教育の両面から行う，「職業教育のデュアル・システム」の原型が19世紀のうちに手工業部門にできあがった。産業革命以降，工場制工業部門と競争関係に立たされた手工業種の徒弟・職人の中には，手工業経営主になることを断念する者も少なくなく，他方で工場制工業は手工業徒弟・職人としての訓練経験を持つ彼らを熟練労働者として処遇したため，手工業部門は19世紀を通じて工業経営で働く熟練労働者の主要な給源となった（森 2013）。

　手工業における技能養成の方法は，工業経営自ら行う労働者の技能養成にも模倣され，ひろがっていった。クルップ社やプロイセン国鉄のような一部大企業では，労働者の企業への定着と仕事を通じた技能形成を促す企業内制度が整備され，勤続年数や職位に応じて昇給が可能となる賃金体系もつくられた（田中 2001）。またその一環として，工場労働から切り離して理論・実践教育を行う企業内技能養成所が設けられ，こうした施設を持つ資力のない企業では労働者が営業補習学校に通学する動きもみられた。


### 職種別労働市場

　以上のイギリスやドイツにおける技能養成制度が示すように，熟練労働者とはヨーロッパでは「資格」労働者を意味し，職種ごとに決められた正規の訓練課程を修了していることが熟練労働者と呼ばれるための要件であった。産業革命後のヨーロッパでは，労働者が熟練職種に就くには，労働過程で実際に熟練

第Ⅱ部　資本主義の発展と世界システム

技を発揮して生産を遂行しうるかどうかではなく，手工業世界で徒弟・職人修業を経験していることや熟練労働者の下で工場労働に従事しながら訓練を受けていることが重要であり，このことは職種別労働組合によっても強く求められていた。そして，訓練経験のない労働者は熟練職種から排除され，不熟練，半熟練労働者として，基幹工程以外の単純労働，補助業務，雑用などに従事した。

　このように「資格」としての熟練を労働者が有しているか否かを判別することは，「職業能力」としての熟練を評価することに比べればはるかに容易であり，ヨーロッパでは労働者の熟練「資格」は企業横断的で同一産業・職種内で広く通用性をもった。そのため熟練労働者は工場主と対立し職場を転々とすることはあっても同一職種にとどまり，新たな職場でも熟練労働者として処遇された（これとは対照的に日本では，熟練概念は「職業能力」そのものを指しており，たとえ「腕の立つ職人」であったとしても，労働者の有する熟練が企業横断的に通用性を持つことは稀であった）。他方で，不熟練，半熟練労働者の労働市場は，熟練労働者のそれからは截然と区別され，職場を変え，職種も変え，労働移動を繰りかえすのが常であった。熟練労働者に関する限り，労働市場はミュール紡績工，パドル工，旋盤工，研磨工，機械工というように職種ごとに形成され（職種別労働市場），労働者の帰属意識や仲間意識も企業や（多職種からなる）職場の同僚ではなく，企業内あるいは企業外の同一職種の労働者の中で醸成された。

### ヨーロッパのものづくりとその労働力基盤

　熟練労働者が生産過程で有していた基幹的役割や生産・労務管理上の強い権限は，職種別労働市場や各国の技能養成制度にも支えられ，ヨーロッパでは19世紀を通じて維持された。それは，企業に対する熟練労働者・労働組合の力の強さを意味すると同時に，ヨーロッパのものづくりの在り方に規定されたものでもあった。

　第一次大戦前のヨーロッパ社会は，「経済格差」が問題となっている現代社会と比べて所得・資産の不平等度がはるかに高く，階級，階層，身分などに規定されて様々な消費スタイルが存在した。その中で特に重要な意味を持った

のは，産業ブルジョワジーや富裕な金利生活者などによる奢侈品・高質品消費であった。他方，世界市場，植民地市場に目を向けても，所得水準，文化，自然地理的条件などの違いにより消費の在り方は様々であり，輸出は各国・地域の市場特性を踏まえてなされていた。

　以上のような特徴を持つ消費市場を前提にすれば，規模の経済性を追求する工場制工業においても多様な需要に対処することは不可欠であり，そのために企業は多品種生産を可能にする柔軟な生産体制をとるか，特定の製品ないし生産工程に特化した企業同士が産業集積地域内で分業関係を形成するか，のいずれかの方法をとることになった。

　工場における熟練労働者の存在は，消費市場に対応して企業が多品種生産や高質品生産を実現するうえで不可欠であり，熟練労働者が職場で有した強大な権限は，そうした企業の製品政策とも矛盾するものではなかった。

　しかし，こうした生産体制は，19世紀末のアメリカで始まった生産過程改革運動によりはじめて本格的な挑戦を受けることになる。第6章で検討されるように，アメリカにも多品種少量生産型の機械産業を中心に，「職長帝国」といわれるほど強大な権限をもった職長による職場支配は存在した。こうした状況に対し，経営学の生みの親とされる F. W. テイラー（Frederick Winslow Taylor：1856-1915）は科学的管理法を提唱し，工科大学で科学的訓練をうけた技師を動員して企業による生産過程の直接管理を試みることになる。ヨーロッパでもこうした生産過程改革は，第一次大戦以降本格的に追求される。しかし，大量生産体制がアメリカのように根付かなかった両大戦間期のヨーロッパでは，熟練労働者の比率はアメリカほど急激に低下することはなかった（Sabel, C.F., J. Zeitlin 1997）。


**参考文献**

大河内暁男『産業革命期経営史研究』岩波書店，1978年。

小野塚知二『クラフト的規制の起源――19世紀イギリス機械産業』有斐閣，2001年。

川北稔『洒落者たちのイギリス史――騎士の国から紳士の国へ』平凡社，1986年。

ヨーゼフ・クーリッシェル（諸田實ほか訳）『ヨーロッパ近世経済史』東洋経済新報社，1982年。

黒澤隆文『近代スイス経済の形成――地域主権と高ライン地域の産業革命』京都大学学術出版会，2002年。

田中章喜「イギリス産業革命と工場規律――初期イギリス綿工業におけるミュール紡績工による職場支配」『専修経済学論集』39巻3号，2005年3月。

田中章喜「産業資本と労働過程――産業革命期イギリス綿紡績業における技能養成と雇用形態」『専修経済学論集』41巻2号，2007年1月。

田中洋子『ドイツ企業社会の形成と変容――クルップ社における労働・生活・統治』ミネルヴァ書房，2001年。

S. D. チャップマン（佐村明知訳）『産業革命のなかの綿工業』晃洋書房，1990年。

パット・ハドソン（大倉正雄訳）『産業革命』未來社，1999年。

森良次『19世紀ドイツの地域産業振興――近代化のなかのビュルテンベルク小営業』京都大学学術出版会，2013年。

D. S. ランデス（石坂昭雄，冨岡庄一訳）『ヨーロッパ工業史――産業革命とその後1750-1968』みすず書房，1980年。

E. A. リグリィ（近藤正臣訳）『エネルギーと産業革命――連続性・偶然・変化』同文舘，1991年。

ロバート・C. アレン（グローバル経済史研究会訳）『なぜ豊かな国と貧しい国が生まれたのか』NTT出版，2012年。

渡辺尚編『ヨーロッパの発見――地域史のなかの国境と市場』有斐閣，2000年。

Allen, Robert C., *The British Industrial Revolution in Global Perspective*, Cambridge University Press, 2009.

Mokyr, Joel, *The Enlightened Economy: The Economic History of Britain, 1700-1850*, Penguin Press, 2009.

Sabel, C. F., J. Zeitlin (ed.), *World of Possibilities: Flexibility and Mass Production in Western Industrialization*, Cambridge University Press, 1997.


### 練習問題

問題1

産業革命を一国的現象としてみた場合，歴史解釈にはどのような問題が生ずるか論じなさい。

第5章　産業革命の時代

問題2
「大航海時代」以降のヨーロッパのアジア貿易が産業革命にいかなる影響を及ぼしたか論じなさい。

問題3
19世紀ヨーロッパの工場制工業の現場で熟練労働者はどのような役割を果たしていたか論じなさい。

（森　良次）

第6章

大企業の登場

---

**本章のねらい**

　本章では，19世紀後半におけるアメリカとドイツの経済成長に焦点を当てる（具体的な事例の検討はアメリカを中心に行う）。ヨーロッパとアメリカで産業革命が拡大していく中で，一歩抜け出したのはイギリスであったが，19世紀後半にその地位はアメリカとドイツによって逆転されてしまう。その背景にあるのが，重化学工業化や電力等の技術開発の新たな進展＝第二次産業革命であった。機械，化学，電機等の新たな産業の発展に成功したアメリカとドイツは，それに出遅れたイギリスを経済的に追い抜いていった。本章のねらいは，アメリカを中心に，そうした第二次産業革命の進展及びそれと並行する形で発展した大量生産システムや大企業の経営組織について理解する点にある。

---

## 1　世界経済の構造変化

### ヨーロッパとアジアの経済的な逆転

　第5章でみてきたように，イギリスで始まった産業革命は，瞬く間にヨーロッパやアメリカへと広がっていった。そして18世紀末から19世紀前半にかけてヨーロッパの各地域やアメリカでは，工業化の進展がみられた。そして，いち早く産業革命に成功したヨーロッパとアメリカは，世界経済全体の中で経済的な優位を確立していった。特にイギリスは，「世界の工場」とも呼ばれ，綿工業を中心としたその工業力は，国際経済全体の中で，卓越した地位を占めるに至った。

　これらの点を図6-1から確認していこう。図6-1は，1750～1913年にか

123

第Ⅱ部　資本主義の発展と世界システム

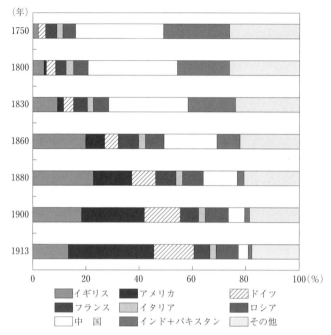

図6-1　世界工業生産に占める各国のシェア（1750〜1913年）
（出典）　Bairoch（1982：296）より作成。

けての世界工業生産に占める各国のシェアをグラフにしたものである。まず1750年段階をみると，中国とインド＋パキスタンが全体に占めるシェアは合わせて約60％であったが，1913年には約5％へと大きく低下した。一方，イギリス，アメリカ，ドイツが占めるシェアは，1750年の約5％から1913年の約60％へと大きく上昇した。産業革命を契機として，アジアからヨーロッパ及びアメリカへと世界経済の中心が移行したことが分かる。

**イギリスを逆転するアメリカとドイツ**

アレン（2012：9-11）は，この期間を大きく2つに分けている。第一の期間は，1750〜1880年にかけての産業革命の時代である。イギリスからヨーロッパ，アメリカへと拡大していった産業革命の波は，先程みたように，アジアとヨー

第6章　大企業の登場

ロッパ及びアメリカの間で経済的な逆転をもたらした。一方で，産業革命を実現した諸国の間でも経済的な格差が存在していた。特にイギリスが全体に占めるシェアは，1880年には約23％に達し，他の諸国を圧倒した。「世界の工場」と呼ばれた所以である。第二の期間は1880〜1913年である。この時期に大きくシェアを伸ばしたのが，アメリカとドイツである。アメリカは1750年の段階では，全く工業化していなかったが，1913年には約32％のシェアを占めるまでに経済成長を遂げた。同じようにドイツの占めるシェアも1750年の約3％から1913年の14.8％へと大きく拡大している。逆にイギリスのシェアは13.6％へと落ち込んでしまった。19世紀後半に欧米諸国内における経済的な立場の逆転が生じたといえよう。特にアメリカの急速な台頭が注目される。その GDP は，1820年から1913年の間に約40倍へと拡大していた（マディソン 2004：411）。なぜこうした状況が生じたのだろうか？

　この逆転の背景には，アメリカとドイツが19世紀後半に重化学工業化や新技術やエネルギーに基づく産業の確立に成功した一方，イギリスがそれに乗り遅れてしまったことがある。18世紀末から19世紀前半にかけての産業革命は，主軸となった産業という側面からみた場合，主として綿工業によって主導された。これに対して19世紀後半以降は，新たに勃興した重化学工業——鉄鋼，機械，金属，化学など——や，電力や石油といった新たなエネルギー源に基づく新産業——電機，自動車など——によって経済成長が牽引された。こうした現象は，一般的に第二次産業革命と呼ばれる。第5章で論じた産業革命は，社会のあらゆる側面の変革をともなう1回限りの現象として位置づけられるが，本書において第二次産業革命は主として上述した技術面での革新に限定した意味で使用されている。


### アメリカの経済成長

　ではアメリカとドイツが第二次産業革命に成功した要因はどこにあるのだろうか。アレン（2012：55）は，イギリスへのキャッチアップにこの2カ国が成功した要因として，①大きな国内市場の形成，②保護関税の設定による幼稚産

第Ⅱ部　資本主義の発展と世界システム

業の保護，③通貨の安定と銀行による資金供給，④大衆教育の確立，の4点を挙げている。ではアメリカを例にして，これらの点を確認してみよう。

　アメリカの経済構造は，19世紀前半に至るまでは，奴隷制に依拠せず，製造業を中心としていた北部と，奴隷制に基づく大規模農場（プランテーション）を経済の中核としていた南部に分かれていた。北部は発展途上にあった製造業を保護するために保護貿易政策を求めていたが，棉花を中心とする農作物の輸出を重視していた南部は自由貿易政策を主張していたため，両者は対立を深めていた。その後，奴隷制の存廃をめぐって争われた南北戦争（1861～1865年）に北部が勝利したことで，奴隷制度は廃止され，北部を中心とする製造業が優位を占める体制が構築された。その結果，北部が主張していた保護貿易政策が定着し，製造業は保護された国内市場の中で順調に成長を遂げた。アメリカの関税率は，第一次世界大戦に至るまで主要な先進国の中で最も高い水準を維持し続けた（佐々木 1997：11-29）。

　また鉄道の建設が急速に進められ，アメリカ経済全体を牽引した。1865年から1910年に至るまでに，その総延長は約7.6倍になった。鉄道の建設によってアメリカ国内の各地域が結び付けられ，現在のような巨大な国内市場が誕生した。さらに鉄道の建設には，鉄鋼，木材，石炭，油，化学製品など様々な物資を必要とするため，その経済的な波及効果は非常に大きかった。さらに鉄道が通過する地域には経済成長がもたらされ，大都市が形成された。そうした都市化は消費財市場のさらなる拡大に結び付いていった（秋元 1995：第8章）。

　鉄道の建設に必要な資金は，イギリスを中心としたヨーロッパ諸国からも供給された。これらの資金はアメリカにおける鉄道建設を支えた。一方でヨーロッパからの対米投資の仲介に従事していた投資銀行は，次第に力を蓄え，独自に発展しつつあった様々な産業に対する投資活動を行うようになり，その後，大きく発展していった。J. P. モルガン商会はその代表的な存在であった（浅羽 1996：86-88, 103-105）。モルガン商会は，鉄道業から製造業（鉄鋼，農業機械，電機など）へと投資対象を拡大していった。例えば，T. エジソン（Thomas Edison：1847-1931）によって設立されたエジソン・エレクトリック・ライト・カ

ンパニーに融資を行うとともに，同業他社との合併を支援し，最終的には，現在も世界最大の電機メーカーの1つとして活動を続けている GE 社の設立（1891年）を主導した（安部・壽永・山口 2002：154-156）。

　こうしたアメリカの経済成長は，公教育や高等教育の普及が熱心に行われていたことによって，人的資本の面から支えられた。アメリカでは建国以来，公教育の普及が重視されていた。19世紀末までには，1852年にマサチューセッツ州で始まった義務教育（8〜14歳）が，東部・中西部全体に広がっていた。また大学の設立も相次ぎ，政府もモリル法（1862年）の制定によって，それを後押しした。同法は，農業や工業技術の教育を行う大学の設立に対して，連邦政府の土地を譲渡することを定めたものであった。公教育の普及は優れた労働者を生み出し，高等教育の充実は様々な技術革新の源泉となった。（フリードマン 2011：73）。

### ジェントルマン資本主義論

　一方，イギリスは第二次産業革命の面では，アメリカとドイツに対して遅れをとった。その結果，製造業部門におけるアメリカとドイツに対するイギリスの劣位がもたらされたこともあり，その理由をめぐって，様々な見解が示されてきた。そうした議論は，イギリスが第一次世界大戦以降，徐々にその国際的な地位を低下させていく中で，「イギリスの衰退」の要因をめぐる論争へと展開していった（当然，「イギリスは衰退していない」との議論も存在する。論争の詳細については，川北 [2010：第5章] を参照）。ここでは本章との関わりで，19世紀後半におけるイギリス製造業の衰退を招いた要因に関する説明において，最も代表的な位置を占めているケイン＆ホプキンス（1997）によって提唱された「ジェントルマン資本主義論」についてみていこう。

　「ジェントルマン資本主義論」とは，イギリスの経済的な中核を，地主層，金融業及び海運や商業を中心としたサービス産業利害にみる議論である。第5章でみてきたように，イギリスは綿工業を中心に産業革命を成し遂げ，アジアなど他の地域と比して，先進的な工業国へと成長した。ゆえにイギリスにおい

127

第Ⅱ部　資本主義の発展と世界システム

ては，工業部門が経済的な中核であると想定されており，重化学工業化や技術革新への乗り遅れがその後の衰退を引き起こした大きな問題の1つと考えられた。しかし「ジェントルマン資本主義論」によれば，そもそもイギリスは17世紀以降，国際的な金融及び商取引の面で卓越した地位を構築していた（第4章を参照）。その中で，金融・サービス産業はイギリス経済を支える中核となっていった。そして，これらの産業に資金を提供していたのが，地主層であった。地主層は，自らの資産を金融業や商業・海運業へと投資し，それらの産業との結びつきを強めた。この結果，地主層，金融業及び海運や商業を中心としたサービス産業利害によって，イギリスの経済政策が左右されるようになり，製造業の利害は無視される結果となった。ゆえにイギリスは，重化学工業化に乗り遅れ，工業面での経済的地位を低下させるに至った。これが「ジェントルマン資本主義論」の見解である。

　こうしたイギリス経済の中心を金融・サービス業にみる「ジェントルマン資本主義論」に対しては，製造業の役割を軽視しているなど，様々な批判が行われたが，イギリスの経済政策を左右する最も重要な要素が金融・サービス利害にあったとみる見解は，概ね通説の位置を占めているといえよう。

## 2　大量生産システムの成立と発展

### 大量生産システムの意義

　第二次産業革命の進展とともに，19世紀後半以降に発展していったのが大量生産システムであった。大量生産システムは，主としてアメリカで原型が作られた。アメリカの大企業は，生産プロセスの機械化を進めながら，安価で規格化された製品を大量に生産できるシステムを確立することによって，国際競争力を向上させていった。第一次世界大戦後，アメリカの大量生産システムに対抗するために，ヨーロッパ諸国も大量生産システムを導入していった。その後，いくつもの改良が加えられながら発展していった大量生産システムは，現在，世界各国において製造業製品の生産に活用されている。加えて，大量生産シス

128

第**6**章　大企業の登場

テムの発展は，それによって生産された様々な種類の製品を大量に消費する大量消費社会の成立とパラレルに進行していった。そうした意味で，大量生産システムは現代の経済・社会の基礎を形作るものの1つであったと言えよう。そこで本節では，最初に大量生産システムを発展させたアメリカを中心に，その特徴をみていきたい。

### アメリカにおける大量消費社会の形成

　アメリカでいち早く大量生産システムが発展したのはなぜだろうか。第一に，機械化が進展していたという点が挙げられる。大量生産システムは，多様な部品や製品を製造する機械によって支えられている。アメリカでは，西部に開拓地が存在したため，不熟練労働者が不足し，その賃金も高かった。労働コストの高さが，労働節約的な技術＝機械化を様々な分野で推し進めた。機械化が普及していくにつれ，機械のコストも低下していき，さらに普及していくという好循環が構築されていった（岡田 2000：96-99）。

　第二に大規模な消費社会の形成が挙げられる。第1節で指摘したように，19世紀後半のアメリカにおける急速な経済成長は，都市化と消費財市場の拡大をもたらした。鉄鋼業や石油産業に代表されるような大規模な装置産業だけではなく，そうした消費財市場に向けて商品を供給する，衣服，自動車や電機などに代表される多様な消費財産業が成長していった点にアメリカの特徴が存在した。そして消費者に対して，安価で実用的な商品を大量に供給しようという生産者側の努力が大量生産システムを発展させていった。装置産業と消費財産業の両者は，その後のアメリカの経済成長を支える基軸となった（森 1996：終章）。またアメリカは，所得格差が大きかったヨーロッパとは異なり，均質化された中産階級が消費を支えていた。ゆえに大量生産システムによって製造された，安価な規格化された商品がアメリカの消費市場に適していたという条件も重要であった（岡田 2000：100-101）。

129

第Ⅱ部　資本主義の発展と世界システム

### フォード社の取り組み

　大量生産システムを最も典型的な形で実現したのは，フォード社による自動車生産であった。フォード社は，大量生産システムを確立させることで，アメリカの消費者に対して，安価かつ高品質の自動車を大量に提供することに成功した。

　1903年に設立されたフォード社は，1908年に T 型フォードを発売した。T 型フォードの色は黒のみで，デザインは単純であったが，その安さと実用性から大きな成功を収めた。T 型フォードの生産台数は，1903年段階では1708台，価格は850ドルであった。これが1923年には200万台を突破し，価格も295ドルへと大幅に低下していった。つまり生産台数の拡大とともに，その販売価格も大きく低下していった。価格の低下→売上の向上→生産台数の増加→さらなる価格の低下……という好循環が生み出されていた。フォード社による T 型フォードの大量生産・大量販売の成功によって，自動車はアメリカ社会において急速に普及していった（塩見 1978：181-185）。

　では，T 型フォードを生産する中で発展していった，フォード社による大量生産システムの特徴は，どこにあるのか。富野（2017：45-52）に依拠し，この点についてみていこう。富野（2017）は「部品の互換性」，「標準化と分業」，「移動組立方式」の 3 点をその特徴とする。フォード社は，この 3 つの特徴を持つ大量生産システムを実現することによって，1 台の T 型フォードを製造するのに必要な時間を12時間から 1 時間半へと短縮することに成功した。

　まず製品の大量生産を行うためには，部品の形や品質がバラバラのままでは，不可能である。標準化された部品を正確かつ大量に製造することによって，製品の大量生産も可能となる。ゆえに「部品の互換性」が重要となる。これを可能としたのが，先述したアメリカにおける機械化の進展であった。次に互換性のある部品を，どのように製造し，自動車へと組み立てるのか。フォード社が，そのために導入したのが，作業の「標準化と分業」であった。製造のために必要な工程を小さく分割し，1 つ 1 つの工程の標準的な作業と必要な時間を定めた。こうした形で分業を進めた結果，1 つ 1 つの作業は単純化され，作業に熟

第6章 大企業の登場

―― *Column* ⑧ 機械との競争？ ――

　近年，技術進歩と雇用の関係が再び議論されている。例えば，エリック・ブリニョルフソンとアンドリュー・マカフィ（村井章子訳）『機械との競争』（日経BP，2013年）は，コンピューター技術の急速な発展によって，現在人間によって行われている労働が機械によってどんどん置き換えられている，つまり既存の雇用が機械によって奪われていると主張し，大きな議論を巻き起こした。

　こうした「機械との競争」による雇用の喪失という問題は，新しいものではない。技術の発展によって，人間がそれまで担当していた仕事が，機械によって置き換えられていく。その結果として，失業が増大し続け，雇用が失われてしまうのではないか，という懸念は歴史上何度も表明されてきた。第5章で扱った産業革命の時期にも，本章で扱った大量生産システムの確立期にも大きな議論となった。例えば，1810年代にイギリスで発生した機械打ち壊し運動であるラッダイト運動は代表的な例である。

　しかし，こうした懸念が現実化することはなかった。実際には雇用数は減少せず，むしろ増大してきた。なぜならば新たな技術革新によって失われる雇用が存在する一方，新たに生み出される雇用も存在するためだ。例えば，大量生産システムの成立によって，既存の熟練労働者は仕事を失った。一方において未熟練労働者を中心に雇用は拡大していった。

　現在，議論になっているのはAI（人工知能）の発達と雇用の関係である。確かに近年のAIの発展はめざましく，歴史的に確認されてきた技術革新と雇用の関係を変える可能性を秘めているかもしれないが，その行方は定かではない。技術と雇用の関係に着目しながら，問題を考えていく必要があるだろう。

練していない労働者が担当しても，同じものが常に製造できるようになった。そしてフォード社は，「移動組立方式」を導入し，さらなる製造プロセスの効率化を行った。従来，自動車生産においては，車体の方が固定され，人間の方が動きながら組み立てていくことで，自動車が完成していた。これに対してフォード社では，車体の方が動き，人間は決められた位置で定められた部品を組み込んでいく。車体は，人間の間を通過していくことで，自動車として完成していく。

　こうした3つの特徴を持つフォード社の大量生産システムは，その他の自動

131

第Ⅱ部　資本主義の発展と世界システム

車メーカーや他の産業分野へと拡大していった。その後，さらなる経済成長に
ともない，1920年代以降，消費者の嗜好が多様化していく中で，GMのように
多数の車種を大量生産していく多品種大量生産が発展した。また第二次世界大
戦後には，日本におけるトヨタシステムに代表されるように，世界各国で独自
の発展を遂げていった。しかし上記の3つの特徴は，全てに共通しており，19
世紀末から20世紀にかけてのアメリカで形成された大量生産システムとそれに
基づくアメリカ企業の強い競争力が，その後の製造業に与えた影響は非常に大
きかったと言えよう。

### 科学的管理法

　また大量生産システムの発展は，労務管理の在り方にも大きな変化をもたら
した。第5章において指摘されているように，産業革命期における労務管理は，
熟練労働者出身の職長や内部請負親方によって担われていた。生産プロセスに
おける彼らの権限は，労働者の雇用や報酬の決定など，非常に幅広いものであ
った。熟練した労働者を必要としていた産業革命の段階では，こうした労務管
理の在り方が有効に機能したものの，工場全体で生産プロセスを調整する必要
のある大量生産システムの発展を進めるためには，こうした権限を持つ職長や
内部請負親方の存在が大きな障害となった。また「組織的怠業」と言われる問
題も発生していた。つまり経営者側による賃金の切り下げに対して，職長や内
部請負親方は，作業の速度を意図的に遅くすることで対抗していた（塩見
1978：123-144；森 1966：第6章）。

　こうした状況に対する処方箋を描いた最も有名な人物がテイラー（第5章参
照）であった。テイラーはいわゆる「科学的管理法」と呼ばれる手法を発展さ
せた。それは，まず各工程における作業時間や動作を研究し，最短かつ合理的
に作業を終えることのできる標準時間を設定する。そして標準時間に基づくノ
ルマを，経営者側が労働者に対して直接与える，というものであった。またノ
ルマを超える成果を挙げた労働者に対して割増賃金を支払うという差別的出来
高払い制度を導入し，労働意欲を刺激した（富野 2017：40-42）。また上述した

ように，フォード社にみられるような大量生産システムの発展によって，工場
労働の単純化が進められ，熟練労働の必要性が大幅に低下していった。ここに
熟練労働を基にした職長や内部請負親方の役割は失われた。

　その結果，それまでの労務管理の在り方は大きく変化した。つまり，これま
で経営者が職長や内部請負親方を通じる形で，間接的にしか把握していなかっ
た生産プロセスを，直接把握するような体制へと大きく変化した。これに伴い
企業組織の中に労務管理や人事を担当する労働者や部署も誕生することになっ
た。

　また科学的管理法や大量生産システムの導入は，企業経営者に対して，アメ
リカに移住してきた多くの移民を工場労働者として効率的に活用する術を与え
たといえよう。岡田（2000：136）よれば，約2400万人の移民が，1840年から第
一次世界大戦の間にアメリカへと移住した。移民の中には熟練労働者も存在し
たが，多くは未熟練労働者であった。こうした豊富な移民労働力が工場労働者
として活動できるようになったことは，アメリカの経済成長にとって大きな意
義を持った（岡田 2000：150-154）。

## 3　新たな経営組織の展開

### 企業の大規模化

　19世紀末から20世紀にかけては，企業が大規模化した時期であった。例えば，
アメリカではトラスト（企業合同）が進められた。トラストとは，複数の企業
が株式の買収や持ち株会社を駆使することで，1つの巨大な企業として活動す
ることである。例えば，アメリカ石油市場の約90％を支配したスタンダード石
油や鉄鋼市場で60％程度のシェアを握ったUSスティールがその代表的な例で
あった。

　こうした企業の合併には2つの類型がみられた。1つは水平統合である。水
平統合とは，同業種で合併し，企業規模を大きくしていく形での合併である。
複数の鉄鋼企業が合併することで成立したUSスティールはその典型的な例で

ある。もう1つは垂直統合である。垂直統合とは，原材料部門から製品販売部門まで一貫した形で所有しようとするタイプの合併である。例えば，スタンダード石油は，企業の買収を進め，原油採掘から石油精製，その製品の販売まで一貫して経営する形態をとっていた。

では，この時期に企業の大規模化が進んだ理由は何だろうか。第一に，第二次産業革命及び大量生産システムの発展の影響である。重化学工業は，大規模な装置を必要とするため，自然と企業が大規模化していく。また自動車産業などで成立・発展していた大量生産システムも企業が大規模化していく重要な要因となった。第二に，経済環境の問題である。1870〜1896年は「大不況」期と呼ばれ，価格が低下していくデフレが支配的な経済状況であった。通貨の供給量が，成長を続ける企業の生産性の上昇に追いつかず，物価が低下していった（秋元 1995：113-115）。そうした中，企業は競争に勝ち抜くために，合併を繰り返し，企業自体も巨大化していった。

### 職能別部門組織

しかし企業の大規模化は，経営管理の新たな問題を生み出した。特にそれが急速に進んだアメリカにおいては，新たな経営管理のための組織改革も発達していった。ゆえに，ここではアメリカを例として，大企業の組織的な発展を概観していく。

企業の大規模化は，経営組織に新たな課題を生み出した。1つは，職能の複雑化である。例えば，小規模企業であれば，原材料の調達，生産，販売を企業の所有者（及びその家族）によって経営することが可能であろう。しかし企業が大規模化していくに従い，それぞれの職能を専門に扱う部署を創設しなければ，経営が難しくなっていく。また各職能部門間の調整や共通する課題について取り扱う専門部署も必要となってくる。こうした課題を解決するために19世紀後半から第一次世界大戦にかけて発達していったのが，複数単位の職能別部門組織であった。

図6-2は職能別部門組織を図示したものである。まずミドルマネジメント

第 6 章　大企業の登場

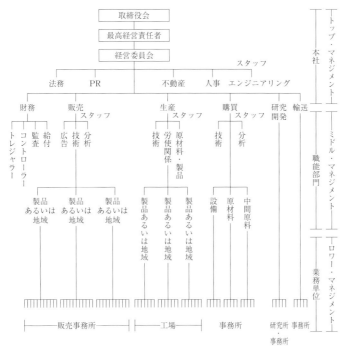

図 6-2　職能別部門組織
（出典）　チャンドラー（1993：12）。

（職能部門）の部分に注目してみよう。財務，販売，生産などの各職能部門が独立した専門組織として位置づけられている。ミドルマネジメントの人々は，ロワー・マネジメントの人々が行う業務を管理し，その部門全体の運営を行う。そしてトップマネジメント（本社）が，この各部門間の調整を担う。加えて本社では，各部門に共通する業務——法務や広報（PR）など——も行う。つまり各職能部門の運営を円滑に進め，企業全体としての成長を目指すのがトップマネジメントの役割であった。

### 海外展開と多角化

しかし職能別部門組織は，1920年代以降，新たな壁に突き当たることになる。

135

第Ⅱ部　資本主義の発展と世界システム

--- *Column* ⑨　産業集積 ---

　本章では，重化学工業化や大量生産システムといった，大企業の成立に関するトピックに注目しているが，経済成長のプロセスにおいて中小企業が重要な役割を果たさなかったというわけではない。中小企業は，大企業の下請けとして，様々な部品を供給したり，独自の技術や商品を販売することで存在感を示している。そうした中小企業の動向との関わりで注目されてきたのが産業集積という現象である。産業集積とは，１つもしくは複数の産業分野に関わる企業が大規模に集積している状態を意味する。歴史的に様々な性格を持つ産業集積地域が形成されており，例えば産業革命期イギリスのマンチェスターにおける綿工業の集積は著名である。現代ではハイテク産業が集積しているカリフォルニア州（アメリカ）のシリコンバレーが代表格である。

　大企業も産業集積の一部を形成する場合があるが，多くは中小企業が占めている。産業集積内においては，中小企業同士のリンケージが形成され，市場動向に関する情報や技術の交流が行われる。その中で新たな事業の立ち上げが共同で行われることもある。また産業集積が生じている産業分野に適合的な労働市場も形成され，人材の調達という面でも重要な役割を果たしている。歴史上，産業集積の中から，新たな経済的な価値が生み出されてきており，今後もそうした役割が期待されている。

　第7章においてみるように，第一次世界大戦を契機として，アメリカはさらなる経済成長を遂げ，世界最大の経済大国となった。しかし一方で，経済成長の結果，消費者の需要の飽和化・多様化が生じており，大企業の持続的な成長のためには新たな戦略が必要とされていた。

　それは第一に，海外における生産・販売であった。例えば，フォード社は，1911年にはイギリス，1931年にはドイツでの現地生産を開始し，GMは1925年にはイギリスのボクスホール社，1929年にはドイツのオペル社を傘下へと加えた。第二の戦略は，事業の多角化であった。大企業は，自身の関連分野を中心に事業の多角化を進めることによって，さらなる成長を目指した。例えば，火薬の生産によって事業を拡大したデュポンのような化学メーカーは，染料や塗料，フィルム，医薬品，プラスチックなどへと製品のラインナップを拡大していく形で多角化を行っていた（チャンドラー　1993：30-35）。

136

第 6 章　大企業の登場

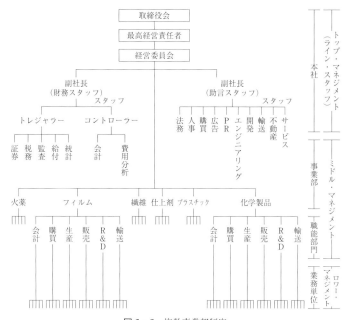

図 6-3　複数事業部制度
(出典)　チャンドラー (1993：31)。

**複数事業部制度**

　一方で，こうした海外展開や多角化の推進は，各企業が生産・販売する製品系列の増大及び地理的拡大をもたらし，従来の職能別部門組織での経営管理を困難とした。例えば，職能部門の1つである生産部門において，性格の異なる複数の製品や地域を扱うことは非効率である。むしろ各製品の生産に特化した組織を構築した方が効率的な生産ができる。そこで新たな組織形態として登場したのが複数事業部制度である。

　図6-3は，複数事業部制度を図示したものである。まず事業部の部分に注目したい。職能別部門組織とは異なり，生産・販売している製品ごとに組織が設定されている。各事業部は，それぞれ職能部門を有しており，あたかも1つの独立した会社であるかのように，自身の担当する製品の生産・販売に集中することで，効率的な経営が可能となる。つまり経営に関する権限の分権化が進

137

めthe ている。一方で分権化のみでは，１つの企業としての経営が成立しない。集権化を担当する部門が必要である。それが本社機能を担うトップマネジメントの役割である。トップマネジメントは，分権化された各事業部をとりまとめ，全体の戦略・経営を行うとともに，法務や人事といった全事業部に必要とされる部分を担う。

このように1920年代にアメリカで発展した複数事業部制度は，その後，世界中の巨大企業によって選択されるようになった。例えば，1970年における各国上位100社での複数事業部制度の導入割合をみると，アメリカとイギリスの場合は約70％，日本，ドイツ，フランスでは約50％であった（アマトーリ＆コリー 2014：154）。このように複数事業部制度は，その後，様々な改良が加えられたものの，その基本的な性格は現代の大企業の中に息づいている。

### 反トラストの動き

一方で，大企業の存在は大きな弊害も生み出した。大企業は，その独占的な地位を利用して，価格を釣り上げる，新規参入を妨害するなどの競争を制限するような行為を行い，自社の利益を増大させているとの批判が高まっていった。こうした状況に対して，アメリカでは1890年にシャーマン反トラスト法が制定され，競争を制限するような独占的行為は禁止された。制定された当初は厳密に適用されていなかったが，世論の独占に対する批判的な姿勢を背景とし，徐々に運用が強化されていった。1911年にはタバコ産業において約90％のシェアを確保していたアメリカン・タバコ社とスタンダード石油の独占体制は違法とされ，両者とも複数の企業に分割された。こうした流れの延長線上に，1914年には連邦取引委員会法が制定され，反競争的な行為を取り締まる機関として連邦取引委員会（FTC）が設置された。また同年にクレイトン法も制定され，反トラスト政策は強化された。しかしその後は，第一次世界大戦後のアメリカが享受した好景気も影響し，たとえ独占的なシェアを有していたとしても，競争制限的な行為を行わなければ，違法とされることはなくなっていった（安部・壽永・山口 2002：190-194）。

第**6**章　大企業の登場

## 参考文献

秋元英一『アメリカ経済の歴史——1942-1993』東京大学出版会，1995年。

浅羽良昌『アメリカ経済200年の興亡』東洋経済新報社，1996年。

安部悦生・壽永欣三郎・山口一臣『ケースブック　アメリカ経営史』有斐閣ブックス，2002年。

フランコ・アマトーリ＆アンドレーア・コリー（西村成弘・伊藤健市訳）『ビジネス・ヒストリー——グローバル企業誕生への道程』ミネルヴァ書房，2014年。

ロバート・C.アレン（グローバル経済史研究会訳）『なぜ豊かな国と貧しい国が生まれたのか』NTT出版，2012年。

飯田隆『図説　西洋経済史』日本評論社，2005年。

岡田泰男『アメリカ経済史』慶應義塾大学出版会，2000年。

川北稔『イギリス近代史講義』講談社現代新書，2010年。

P.J.ケイン，A.G.ホプキンス（竹内幸雄・秋田茂訳）『ジェントルマン資本主義の帝国Ⅰ　創生と膨張　1688〜1914』名古屋大学出版会，1997年。

佐々木隆雄『アメリカの通商政策』岩波新書，1997年。

塩見治人『現代大量生産体制論——その成立史的研究』森山書店，1978年。

アルフレッド・D.チャンドラー（安部悦生・川邉信雄・工藤章・西牟田祐二・日高千景・山口一臣訳）『スケール・アンド・スコープ——経営力発展の国際比較』有斐閣，1993年。

富野貴弘『この一冊ですべてわかる　生産管理の基本』日本実業出版社，2017年。

ベンジャミン・フリードマン（地主敏樹・重富公生・佐々木豊訳）『経済成長とモラル』東洋経済新報社，2011年。

アンガス・マディソン（金森久雄監訳）『経済統計で見る世界経済2000年史』柏書房，2004年。

森杲『アメリカ職人の仕事史——マス・プロダクションへの軌跡』中公新書，1996年。

Bairoch, Paul, 'International Industrialization Levels from 1750 to 1980', *Journal of European Economic History*, 11, 1982.

＊本章はJSPS科研費15K03592の助成を受けた成果の一部を含んでいる。

## 練習問題

問題1

大量生産システムの特徴について説明しなさい。

第Ⅱ部　資本主義の発展と世界システム

問題2
複数事業部制度が登場したのはなぜか説明しなさい。

問題3
ジェントルマン資本主義論について説明しなさい。

（河﨑信樹）

第 7 章

# 「帝国主義の時代」と第一次世界大戦

―― 本章のねらい ――

　本章では，主として1870～1920年代にかけての国際経済の状況について扱う。
第一次世界大戦（以下，第一次大戦）を挟むこの時期は，国際経済が大きく変
動した時代であった。まず1870年代～第一次大戦までのイギリスを中心とした
「帝国主義の時代」について分析した後，第一次大戦がもたらした構造変化
（アメリカの台頭，ヨーロッパの衰退，ソ連の登場）について論じる。そして，
これらの構造変化を踏まえた上で，1920年代における国際経済の不安定さ――
それが世界大恐慌（第8章）へとつながっていく――について，アジア地域も
視野に入れながら考察していく。

## 1 「帝国主義」とは何か

　1870年代から第一次大戦（1914-1918年）までの時期は，一般的に「帝国主義
の時代」と呼ばれている。「帝国主義」にも種々の定義がありうるが，ここで
は「積極的に植民地獲得を目指した対外政策」と定義する（岸本他 2015：326）。
実際に，この時期には「アフリカ分割」や「中国分割」などが生じた。しかし，
植民地獲得だけであれば，「帝国主義の時代」は1870年代以降に限られたこと
ではない。ヨーロッパ史だけをみても，古代ギリシアやローマ帝国はもちろん，
第4章でみた国々も1400年代から帝国主義政策をとっていた（*Column* ⑩も参
照）。

　そういった中で，伝統的な経済史研究が1870年代から第一次大戦までをあえ

141

第Ⅱ部　資本主義の発展と世界システム

---

#### ── *Column* ⑩　自由貿易帝国主義 ──

　本章にあるように、1870年代から第一次大戦までの時代を指して、同時代の人々は「帝国主義の時代」と呼んでいた。その後、この19世紀後半の「帝国主義の時代」と帝国主義ではなかったとされる19世紀前半に、どのような違いがあったのかをめぐって様々な議論が行われた。そうした議論に対し、イギリスの分析を通じて、19世紀全体の連続性を強く主張したのが、ギャラハー＆ロビンソン（1983、原著は1953年）による「自由貿易帝国主義」の問題提起であった。彼らによれば、イギリスの帝国主義政策は、19世紀を通じて一貫していたと評価される。まず19世紀前半のイギリスは、圧倒的な経済力を有しており、その経済力とその背景にある軍事力を活用することで、自由貿易政策を利害関係のある地域に拡大していった。自由貿易体制に組み込まれた地域は、イギリスの経済力によってコントロールできた。ゆえに植民地化はされなかった。こうした地域のことを、彼らは「非公式帝国」と呼んだ。しかし19世紀後半のイギリスの経済力は、徐々に低下していき、経済力のみでは「非公式帝国」の支配を維持できなくなっていく。その結果、軍事力が本格的に行使され、植民地化が進められていった。これを指して「公式帝国」と呼んだ。そして彼らは、「帝国主義の時代」にイギリスが植民地を拡大し、帝国を形成したようにみえるが、実際には経済力が衰えていき、「非公式帝国」を維持できなくなったため、支配に用いる手段が変化しただけのことであり、一貫してイギリスは帝国主義であったと主張した。

　こうした「自由貿易帝国主義」論は、植民地を持たない第二次大戦後のアメリカの覇権の在り方を説明する際に援用されるなど、現在も強い影響力を持っている。

---

て他の時期とは異なる「帝国主義の時代」としてきた第一の理由は、同時代の人々自身が、彼・彼女らの時代を「帝国主義の時代」と呼んでいたためである。

　同時代人の時代認識の中でよく知られているのは、イギリス人 J. A. ホブソン（John Atkinson Hobson：1858-1940）の『帝国主義論』（1902年）やロシア革命を主導した V. レーニン（Vladimir Lenin：1870-1924）の『帝国主義論』（1917年）である。これらは左派の議論であり、「帝国主義」という言葉に批判的な意味合いを持たせている。

第**7**章　「帝国主義の時代」と第一次世界大戦

　他方で，「帝国主義」を積極的に捉えた人々もいた。イギリス首相の B. ディ
ズレーリ（Benjamin Disraeli：1804-1881）やイギリス植民大臣の J. チェンバレ
ン（Joseph Chamberlain：1936-1914）らである。ディズレーリは所属政党の保守
党が野党時代に「帝国の擁護」を訴え，1874年総選挙に勝利した。チェンバレ
ンは，国内の社会改革を進めるためには植民地から生み出される利益が必要で
あるという「社会帝国主義」の論理を唱え，帝国主義政策を推進した。またイ
ギリスにおいて植民地統治を担当した官僚らは，「優れた」イギリス人が「遅
れた」アジアやアフリカの諸民族を統治・文明化しなければならないという立
場からイギリス帝国の存在を正当化していた（竹内 2015：3-11）。

## 2　「帝国主義の時代」の特徴

### 資本主義経済の変化

　1870年代以降の時期をそれ以前の時期と分けるものの 1 つは，資本主義経済
の変化であった。その根底には第二次産業革命による企業の大規模化があった
（第 6 章）。企業の大規模化と帝国主義政策を直接結び付ける見解を最初に示し
たのはオーストリアのマルクス主義者 R. ヒルファーディング（Rudolf Hilferd-
ing：1877-1941）の『金融資本論』（1910年）であった。ヒルファーディングは，
大規模企業が輸出，海外投資，原料調達のために，政府へ帝国主義政策を要求
するというモデルを提示した。

　ただし歴史的事実としては，第二次産業革命による企業の大規模化は，主に
ドイツとアメリカでみられたのに対し，帝国主義政策は主にイギリス，フラン
ス，ロシアが行った。確かにドイツも1890年代からは植民地獲得を「目指し
た」が，その要因が大規模企業の要請であったという見方は，現在では支持さ
れていない。アメリカも1890年代からフィリピンの領有やパナマの租借を行っ
たが，ドイツと同様，英仏露に比べれば「植民地帝国」と見なされるような規
模ではなかった。

　ヒルファーディングのモデルが重視されたのは，それが当時のドイツの状況

143

第Ⅱ部　資本主義の発展と世界システム

に立脚し，その行動に説明を与えていたからであった。第一次大戦は基本的に
イギリス対ドイツの戦争と考えられていた。ドイツは第二次産業革命という経
済分野においても，プロイセンによるドイツ統一過程と普仏戦争（1870年）で
の勝利という政治・軍事分野においても，19世紀後半の世界で最も活動的なア
クターであった。そのため「ドイツの行動の説明＝第一次大戦の起源の説明」
と受け取られていた。

　またヒルファーディングのモデルを借用したレーニンのモデルは，大規模企
業の要請が主要国の帝国主義政策をもたらし，主要国の帝国主義政策の競合が
第一次大戦をもたらしたという歴史解釈であり，一時は大きな影響力をもった。
しかし現在は，上述のように，帝国主義政策の主要因を大規模企業の要請とみ
なす見解は有力視されてはいない。現在は，各国の帝国主義政策や第一次大戦
の要因を直接各国の国内政治や国際政治の状況に求める見解が主流になってい
る（小野塚 2014）。第一次大戦が，戦争というそもそも政治上の出来事であり，
一次史料に基づく実証研究の進展と併せて，この変化は妥当なものと考えられ
る。


### 経済のグローバル化

　近年は，1870年代から第一次大戦までの時代を「経済グローバル化の時代」
と捉えることも多い。論者によって，この時期を第一次グローバル化（この場
合，第二次グローバル化は1990年代以降）と呼んだり，第二次グローバル化（この
場合，第一次グローバル化は大航海時代，1990年代以降が第三次グローバル化）と呼ん
だりしている。

　「経済グローバル化」の見方をとる場合，世界規模での貿易と資本輸出，ま
た労働移動（移民）の拡大と，それらにともなう国際分業の進展や経済成長に
焦点が当てられる。またこの場合，英仏独といった当時の先進国だけではなく，
アジアや中南米の植民地や開発途上国が国際経済の拡大の恩恵を受けた点も強
調される。

　貿易や資本輸出の増大には，ヒルファーディングやレーニンも注目していた

144

が，彼らは主要国の貿易や資本輸出は排他的に競合すると想定し，これが各国の帝国主義政策とそれらの対立をもたらすと考えた。これに対して「経済グローバル化」の見方では，主要国間及び主要国と植民地・途上国の間の経済的相互依存が前面に出されることになる（西村他 2015：vii-viii）。

「経済グローバル化」の見方は，1870年代から第一次大戦までの時期の国際政治と国際経済をいったん切り離して考えることで，当時の国際政治の不安定と，国際経済の安定を対照的に描き出しており，最終的には前者が後者を破壊したというビジョンを打ち出している。

### グローバル経済の中心としてのイギリス

第一次大戦以前の経済グローバル化で中心的な役割を果たしていたのはイギリスであった。まず1913年の貿易についてみる。輸出では，世界シェア上位3カ国のイギリス（13.9%），アメリカ（13.3%），ドイツ（13.1%）が拮抗していたものの，輸入では，イギリス（16.5%）が最大のシェアを占めていた（石見 1995：9）。次に1914年の対外投資残高の世界シェアをみると，ここでもイギリス（50.4%）が最大のシェアを占め，第2位のフランス（22.2%），第3位のドイツ（17.3%）を大きく引き離していた（Obstfeld et al 2004：52）。最後に1911年の商船所有をトン数でみると，ここでもイギリスの約1170万トンが最大で，第2位のアメリカ（約650万トン），第3位のドイツ（約300万トン）を大きく引き離していた（宮崎他 1981：90：ミッチェル 2001b：573）。

イギリスの輸入，海外投資，商船隊は，それぞれ密接な連関を持っていた。第一次大戦以前のイギリスの国際収支は，財貿易では赤字であった。しかし，商船隊による海運業の収入がサービス貿易の黒字をもたらし，海外投資の生み出す利子・配当が現在の国際収支表でいうところの所得収支の黒字をもたらした。第一次大戦以前のイギリスは，サービス貿易の黒字と所得収支の黒字の合計が，恒常的に財貿易の赤字を上回っており，その結果，経常収支も恒常的に黒字であった。イギリスはその経常収支黒字を再び対外投資に使用することで，さらに対外投資残高を増やし，所得収支も増加させていった。

第Ⅱ部　資本主義の発展と世界システム

　他方で，イギリスの輸入と対外投資は，いわゆる「周辺国」にも経済的なメリットをもたらした。「周辺国」には，カナダ，オーストラリア，インド，アルゼンチンなどが含まれる。イギリスは，これらの「周辺国」に対外投資という形で開発資金を供給した。イギリスの対外投資によって，「周辺国」の鉄道や港湾といったインフラが整備された。そして小麦などの「周辺国」の農作物は，その鉄道や港湾を通り，主としてイギリスの商船によって，イギリスへと輸出された。そのために，イギリスは世界の輸入のシェアでトップだったのであり，財貿易で赤字を続けていたのである。そして「周辺国」は，輸出の代金をイギリス通貨のポンドで受け取り，それによってイギリスの対外投資に対する利子・配当の支払いや元本の返済を行った。このようにイギリスと「周辺国」は，互恵的・相互依存的な経済関係を構築していた（西村他 2015：48-59）。このシステムと下記のポンド体制を重視するのが第6章でも述べた「ジェントルマン資本主義論」である（ケイン＆ホブキンス 1997）。

　イギリスは国際通貨制度の中でも中心国であった。民間部門では，第一次大戦前の世界貿易のおよそ60％がポンド建てだったといわれる。これはイギリス以外の国同士の貿易でもポンドが使用されることが多かったことを示している。したがって，「周辺国」はイギリス以外の先進国に一次産品を輸出した際にも代金をポンドで受け取ることが多かった。これらのポンドはロンドンの各銀行に一時的に預けられ，その後各種の支払いに使用された（飯島他 2017：133）。公的部門では，国際的な金本位制（*Column* ⑪参照）のために世界の公的準備のおよそ70％が金準備であったが，残り約30％の外貨準備をみると，そのうちの約50％がポンド準備であった。ポンドに続いたのは，フランス・フラン（約32％），ドイツ・マルク（約18％）であった（石見 1995：4, 46）。この各国の公的準備のポンドも，イングランド銀行やその他のロンドンの銀行に預けられていた。

### イギリスは「覇権国」だったのか？

　このように，経済面では，貿易，対外投資，国際通貨のいずれにおいてもイ

第**7**章 「帝国主義の時代」と第一次世界大戦

── *Column* ⑪ 金本位制 ──

　金本位制とは，①政府が自国通貨の価値を金の一定量で表すこと，②中央銀行が自国通貨の紙幣と等価の金との交換（兌換）に無制限に応じること，③金の輸出入が自由であること，の３つの条件を満たす通貨制度である。

　金本位制は，金貨本位制，金地金本位制，金為替本位制の３つの形のいずれかをとる。金貨本位制では，国内で金貨が流通し，造幣局における民間人の金貨の自由鋳造と自由溶解も認められる。金地金本位制と金為替本位制では，国内での金貨流通は行われない。金貨本位制では兌換は金貨で行われ，金地金本位制では兌換は金塊で行われる。金貨本位制と金地金本位制では，中央銀行が保有する支払準備は基本的に金になる（一部が外貨の場合もある）。金貨本位制か金地金本位制を採っている国同士の場合は，両国の間に固定為替相場が成立する。

　金為替本位制では，自国通貨の兌換が行われない。そのため，①～③の②を満たさないが，一般的には金為替本位制も金本位制の一種に含められる。金為替本位制は，自国の通貨の価値を，金貨本位制か金地金本位制を採る国（A国）の通貨で表す固定為替相場制である。したがって，金為替本位制では，自国の支払準備は基本的に A 国通貨になる（一部が金の場合もある）。

　金本位制は，1870年代から1930年代にかけて多くの国々で採用された（第一次大戦中は各国とも金本位制を中止した）。例えばイギリスは，第一次大戦前は金貨本位制，第一次大戦後は金地金本位制であった。各国が金本位制を採用したのは，自国通貨価値の安定（インフレ抑制）と固定相場の安定を目的としたためであった。当時は，金本位制が自国通貨価値と固定相場の安定を「自動的」に達成させる，という通念ないし信念があった。現在は，金貨本位制のみが確実なインフレ抑制の効果を持つことや，金本位制でも固定相場安定のためには政策的対応（デフレ政策など）が必要であり，それらが失業増大などの深刻な副作用を伴い得ることなどが明らかにされている。

ギリスが当時の中心国であった。では，イギリスは「帝国主義の時代」における「覇権国」だったのだろうか？　ウォーラーステインや C. P. キンドルバーガー（Charles P. Kindleberger：1910-2003）は，経済的な基準で「覇権国」を定義した。ウォーラーステインは，あらゆる産業での国際競争力の卓越を「覇権国」の条件としている。そうすると「帝国主義の時代」のイギリスは，農業と

147

第Ⅱ部　資本主義の発展と世界システム

当時の先端の製造業では卓越した国際競争力を持っておらず，「覇権国」ではない，ということになる。他方で，キンドルバーガーの定義は，輸入と短期・長期の資本輸出を重視するものなので，この時代のイギリスは「覇権国」だったといえる。また国際取引を支える制度的な仕組み＝「国際公共財」を提供するという点に「覇権国」の役割をみる「覇権安定論」という考え方も存在する。この観点からすれば，国際金本位制と自由貿易体制を支える役割を果たしていたイギリスは，「覇権国」として位置づけられる。

## 3　第一次大戦後の構造変化

### 第一の構造変化——アメリカの台頭

　第一次大戦後に生じた第一の構造変化はアメリカの台頭である。第6章でみたように，アメリカは第一次大戦以前に，工業力においてイギリスを凌駕していたが，第一次大戦を契機として，貿易や金融の面でもイギリスを追い越し始めた。アメリカの経済的な台頭は，国際政治の構造にも大きな影響を与えた。

**貿易面での台頭**　貿易面でみた場合，アメリカの世界貿易に占めるシェアは，1911～1913年における輸入8.4%，輸出12.4%から，1926年における輸入13.6%，輸出15.9%へと大きく拡大した。イギリスの場合，1911～1913年における輸入17.4%，輸出15.3%から，1926年の輸入18.5%，輸出12.4%へと特に輸出のシェアが低下していた。したがって，アメリカはイギリスに対して輸入面では追い着きつつあり，輸出面では超えていったといえよう（宮崎他 1981：114）。アメリカの輸出のシェアが大きく向上した背景には，第一次大戦の勃発による対ヨーロッパ輸出の拡大，第二次産業革命や大量生産システムの構築に成功したアメリカ企業の国際競争力の強さがあった。輸入の拡大が輸出ほどではないのは，19世紀から続く保護貿易政策の影響が大きかった。

**債務国から債権国へ**　一方，こうした輸出の拡大は，経常収支黒字の幅を徐々に大きくしていった。経常収支黒字の蓄積は，対外投資の拡大をもたらし，アメリカは債務国から債権国へと大きくその立場を変えた。第

一次大戦前のアメリカは，ヨーロッパ諸国から投資を受け入れ，鉄道建設を進めるなど，経済成長の促進にそれを大いに活用した。ゆえに海外からの借金を抱える債務国であった。しかし第一次大戦の勃発と長期化にともない，イギリスやフランスに対して戦費を貸し付けるようになった。その結果としてアメリカは，第一次大戦後の1919年に債権国となり，1920年代には直接投資と証券投資をともに大きく拡大した。1914年に民間部門の証券投資と直接投資の残高は，それぞれ8億6200万ドルと26億5200万ドルであったが，1929年には78億3900万ドルと75億5300万ドルへと大きく上昇した（浅羽 1996：130-131）。

### 第二の構造変化——西ヨーロッパの相対的衰退

　第一次大戦によって生じた第二の構造変化は西ヨーロッパの相対的衰退である。特に大陸ヨーロッパのドイツとフランスは，第一次大戦以前に持っていた国際経済への影響力を著しく低下させた。第一次大戦以前のドイツは，輸出，輸入，海外投資，商船所有，準備通貨などで，いずれも世界3位以内を確保し，中心国の一角を占めていた。フランスも，第一次大戦以前は海外投資と準備通貨でイギリスに次ぐ第2の地位を占めており，特に金融で中心的な役割を果たしていた。

**ドイツ**　　ドイツは敗戦によって植民地や海外投資などの海外権益のすべてを失った。植民地の規模は元々大きくなかったものの，海外投資は英仏に次ぐ第3位であっただけに，その喪失は大きな影響をもたらした。特に，ドイツ企業がアメリカやイギリスに持っていた子会社が失われたことにより，ドイツの大規模企業のグローバルなプレゼンスは一気に低下した。ドイツはまた，後述するように，ヴェルサイユ講和会議で巨大な賠償金を課されることとなり，国内経済も大きな混乱に見舞われた。

**フランス**　　フランスにとって最大の打撃となったのは，1917年のロシア革命であった。ロシア革命で成立した社会主義政府のソビエト・ロシアは，対外債務の不履行を宣言した。そのロシアに対する最大の債権国はフランスであった。第一次大戦以前におけるフランスの対外投資残高の約25％がロシア向

149

第Ⅱ部　資本主義の発展と世界システム

けであり，第一次大戦期のフランス政府による連合国戦費貸付の約42％もまたロシア向けであった。したがって，ソビエト・ロシアの債務不履行によって，フランスはこれら民間・公的債権を全額失った（王立国際問題研究所他 1970：135；宮崎他 1981：127）。

それに加えてフランスは，戦時中のアメリカからの輸入への支払いなどのために対外資産の多くを売却しなければならなかった。ソビエト・ロシアの債務不履行と対外資産売却により，フランスは対外投資残高の55％を失った（石見 1995：59）。これらの結果，世界の対外投資残高に占めるフランスのシェアは，1914年に22.2％だったものが，1930年には約8％にまで低下した（Obstfeld et al 2004：52）。

**イギリス**　最後に，キンドルバーガーの意味での経済的「覇権国」であったイギリスもまた，第一次大戦によって戦前の国際収支構造が崩れたことから大きな打撃を受けた。イギリスは戦費調達，特にアメリカからの輸入支払いに使用するドルの調達のために，対米資産の多くを売却せざるを得なかった。1913年に約36.7億ドルあったイギリスの対米資産のうちの約26.7億ドルが売却された（王立国際問題研究所他 1970：132, 387）。

第一次大戦前のイギリスは，財貿易収支が赤字であったが，サービス貿易収支と所得収支を合わせた黒字額が財貿易赤字を大きく上回ることで大幅な経常収支黒字となり，その黒字分を対外投資に向けていた。しかし，第一次大戦による対米資産の減少は，イギリスの所得収支の黒字を小さくした。

また，イギリスの商船保有量は，第一次大戦中に減少した後，1919年に戦前の水準約1150万トンまで回復したものの，1925年でも約1200万トンで停滞していた（ミッチェル 2001a：720）。他方でアメリカは，戦時中に商船保有量を増加させ，1911年の約650万トンが，1919年約1100万トン，1925年約1500万トンと，イギリスを上回り世界最大となった（ミッチェル 2001b：573, 575）。商船保有量でもアメリカに逆転を許したことにより，イギリスのサービス貿易黒字も縮小していった。

所得収支とサービス収支の黒字縮小により，イギリスの経常収支黒字は第一

第 7 章 「帝国主義の時代」と第一次世界大戦

次大戦前の対 GDP 比約 5 ％が，1920年代には同約2.2％にまで低下した（ケイン＆ホプキンス 1997：34）。経常収支黒字の縮小は，イギリスの対外投資力を低下させる一方，後述するような1920年代におけるポンドの不安定化をもたらした。

### 第三の構造変化──ソ連の成立

**ロシア革命**　第一次大戦がもたらした第三の構造変化はソ連の成立である。ニコライ 2 世（Nikolai Ⅱ：1868-1918）に率いられたロシアは，英仏とともに連合国側として第一次大戦に参戦し，ドイツと戦っていた。一方で，戦争が長期化する中，国内の経済は崩壊し，食料不足が蔓延していた。こうした状況に不満を持つ労働者や兵士は，ストライキや反乱を起こした。それを契機として，様々な立場の政治勢力は帝制の打倒を目指して結束し，運動を開始した。その結果，1917年 3 月（ロシア暦 2 月）に帝制は廃され，ニコライ 2 世は退位を余儀なくされた（2 月革命）。その後，それらの政治勢力を結集して組織された臨時政府は，英仏の支援を得ながら戦争の継続を目指した。これに対してレーニン率いるボリシェヴィキ勢力（後のソ連共産党）は，戦争の即時停止を掲げ，1917年11月（ロシア暦10月）に武力蜂起を敢行し，臨時政府を打倒した。そして社会主義の原則に基づく世界史上初の国家であるソビエト・ロシアを建国した（10月革命）。

**社会主義体制への　　社会主義の原則は，私有財産を廃止し，土地や機械といっ
移行をめぐる混乱**　　た生産手段を国有化することによって，経済的な格差のない平等な社会を構築するという点にあった。ゆえにレーニンは，「土地に関する布告」（1917年）によって土地の私有権を否定し，地主から土地を没収し，国有化した。また企業の国有化も進められた。そして，ボリシェヴィキ政権による一党独裁体制の下，あらゆる生産や消費が政府の統制下におかれる計画経済体制が実行に移された。

　またレーニンは，「平和に関する布告」（1917年）によって，無併合・無賠償に基づく即時の講和を呼びかけた。英仏には無視されたが，ドイツとは交渉が

151

第Ⅱ部　資本主義の発展と世界システム

行われ，講和条約（ブレスト・リトフスク条約）が締結された（1918年）。この結果，ソビエト・ロシアは，ドイツに対する領土の割譲と賠償の支払いを行わざるを得なくなったが，第一次大戦からは離脱できた。また先のフランスの項で述べたように，1918年にロシア及び臨時政府時代の全ての債務のデフォルトを宣言した。

　一方国内では，ボリシェヴィキ独裁に反発する勢力との間で内戦が勃発した。さらに，この内戦に欧米諸国や日本が軍事介入を行い，ソビエト・ロシア国内は混乱を極めた。最終的には主要地域を抑えていたボリシェヴィキ政権が，1922年まで断続的に続いた内戦に勝利し，ウクライナなどの周辺諸国を統合したソビエト社会主義共和国連邦（ソ連）の成立を宣言した。

ネップから　　　しかし相次ぐ戦乱の中で国内経済の疲弊は頂点を極めた。ソ連
５カ年計画へ　　は再建のために新経済政策（ネップ）を導入した。ネップは，市場経済システムを導入し，資産の私的所有を認めることを通じて，経済復興を図ろうとしたものであった。その目的は一定成功したものの，ネップマン（資本家）やクラーク（富農）と呼ばれる資産家層が生まれたため，ネップは社会主義の原則と矛盾するという批判がなされ，1928年には計画経済へと逆戻りした。

　レーニンの後を継ぎ，最高指導者となったJ.スターリン（Joseph Stalin：1878-1953）は，再び企業や土地の国有化を進め，第一次５カ年計画（1928〜1932年），第二次５カ年計画（1933〜1937年）を実行した。スターリンは，重工業に投資を集中し，企業に過酷な生産ノルマを課すことを通じて，第二次産業革命を急激に推進しようとした。また農業の集団化も実行された（アレン2012：178-181）。その結果，重工業生産は大きく拡大した。工業総生産高指数は，1913年から1937年の間に約６倍へと拡大した。一方で，農業総生産高指数は同期間に1.3倍になったに過ぎなかった（宮崎他 1981：243）。スターリンは農業の集団化を急激に進めたが，かえって環境の変化を嫌う農民から反発を受け，食料生産は長きにわたり停滞した状態に置かれた。

　ソ連の建国は，世界各国の社会主義運動の活発化をもたらした。資本主義諸

国では，自国内の社会主義運動に対応する形で社会保障制度の充実が進められた。植民地からの独立を目指す政治勢力にとっても，独立後の国家の在り方に1つの大きな指針を与えた。また重工業分野における5カ年計画の成功は，資本主義諸国の政府に，経済プロセスへと政府が介入することの有効性を示すという意味も持った。

## 4 戦後再建期——混乱から安定へ

### ヴェルサイユ体制

第一次大戦が1918年に終結し，敗北したドイツ側と勝利した連合国側の間で締結された講和条約がヴェルサイユ条約（1919年）であった。ヴェルサイユ条約は，第一次大戦を引き起こしたとされたドイツに懲罰を与え，その弱体化を図ることを目的としていた。そのためドイツは海外権益のすべてを失い，多額の賠償金を課された。

またイギリスとフランスは，戦争を遂行するためにアメリカから多額の資金を借り入れていた。さらに戦災からの復興も重要な政策課題であった。ゆえにドイツから賠償を得ることを通じて，こうした問題に対応するための資金にしようと考えていた。しかしドイツに課された賠償金額は，その経済力を大きく上回るものであった。この点をいち早く批判したのが，ヴェルサイユ講和会議にイギリス代表団の1人として参加しており，後に著名な経済学者となるJ. M. ケインズ（John Maynard Keynes：1883-1946）であった。その著書『平和の経済的帰結』（1919年）においてケインズは，連合国側はドイツの支払い能力を大きく越える過大な賠償を課しており，早晩，ドイツによる賠償支払いが不可能となり，かえってヨーロッパ経済の混乱が増してしまうとヴェルサイユ条約を批判した。

ドイツの賠償額は，ヴェルサイユ条約の段階では「多額」ということ以外，明確になっていなかったが，1921年に総額1320億金マルク（1913年の国民所得の約2.5倍）と決定され，ドイツもそれを受諾した。しかしケインズが予見したよ

第Ⅱ部　資本主義の発展と世界システム

うに，ドイツによる賠償支払いは，すぐに行き詰まり，1922年7月には3年の支払猶予を要請するようになった。しかしフランスの強い反対により，この要請は却下された。そして賠償支払いが滞る状況に業を煮やしたフランスは，ベルギーとともに，1923年1月，石炭や鉄鋼業が集中して存在し，ドイツの中心的な工業地帯であったルール地域を占領する挙に出た（成瀬他編 1997：140-147）。

### ドーズ案

　こうしたドイツ賠償問題をめぐる混乱は，ヨーロッパ全体の復興を遅らせ，国際経済に対して悪影響を与えた。ここでこの問題に介入したのがアメリカであった。アメリカ政府から派遣された C. ドーズ（Charles Dawes：1865-1951）が中心となり，新たなドイツの賠償支払いメカニズムを構築した。これがドーズ案（1924年）である。フランスもこの提案を受け入れ，その後ようやくルール地域から撤退し，賠償問題をめぐる国際経済の混乱は一定の収束をみることになった。

　ドーズ案では，賠償支払い額の一時的な削減や，外貨ではなく自国通貨で賠償支払いを行うことも認めるなど，ドイツの賠償負担を減らす方向で合意がなされたが，鍵となったのは，アメリカの民間資本のドイツへの導入であった。ドイツは賠償支払いのためにドーズ公債を発行し，外貨を調達した。そしてドーズ公債が呼び水となり，アメリカからドイツへと民間資本が流入するようになった。その結果，ドイツ経済は一定の安定を取り戻した。そしてドイツによって再開された賠償支払いを基にして，イギリスとフランスはアメリカに対する債務の支払いを行った。その資金が，アメリカによって再びヨーロッパやラテン・アメリカへの投資に使用されるという形での資金循環が形成され，1920年代の半ばに国際経済は一時的な安定を取り戻すことになった（飯田 2005：150-152）。しかし第5節において論じるように，各国経済は様々な不安定性を抱え込んでおり，その安定も一時的なものであったことが，世界大恐慌（第8章）によって明らかになっていく。

154

第７章 「帝国主義の時代」と第一次世界大戦

## 再建金本位制

**再建金本位制とは何か**　第一次大戦の勃発に伴って，各国は金本位制を停止した。しかし，各国とも金本位制停止は一時的な措置であって，戦後はすみやかに金本位制に復帰することを意図していた。第一次大戦後に，各国が続々と金本位制に復帰することによって作られた国際通貨制度が「再建金本位制」である。一般的には，第一次大戦前の国際経済の中心国であったイギリスが金本位制に復帰した1925年が，再建金本位制が確立した年とされる。再建金本位制の確立によって，第一次大戦前のような各国間の固定為替相場制も復活した。

**なぜ再建金本位制を目指したのか**　再建金本位制成立の大きな背景としては，各国が金本位制・固定相場制を含む第一次大戦前の国際経済の状態を，理想的な「通常の状態」と考え，そこへの復帰を共通の目標としていたことがある。一般的に，金本位制はインフレ抑制の手段であり，固定相場制は貿易促進と投機抑制のための手段であると考えられていた（ただし，現在では，これらは必ずしも事実とは合致しないことが知られている）。例えば，1923年にハイパーインフレに陥ったオーストリアやドイツは，インフレ鎮圧のための「通貨改革」を行ったが，その際に他国に先駆けて金本位制に復帰している。

**どのように再建金本位制は維持されたか**　再建金本位制の焦点はイギリスであった。しかし，第一次大戦前とは異なり，イギリスには自律的に金本位制を維持していく経済力はなかった。戦後のイギリスの経常収支黒字は戦前よりも小さくなり，為替レートは９％低下していた。1924年に，イギリスは戦前と同じ固定相場（１ポンド＝4.866ドル）での金本位制を目指したが，これは当時の英米間の物価差からすると10％程度割高であった。そのため，イギリスが単独でこの固定相場を達成するためには物価を10％引き下げる必要があった。他方で，戦後のイギリスでは，失業率が10％を上回り，金利引上げなどのデフレ政策がとりにくくなっていた。

　この状態を救ったのは，アメリカであった。1924年にニューヨーク連邦準備銀行は金利引下げを行い，イギリスが大幅な金利引上げを行うことなしにイギ

155

第Ⅱ部　資本主義の発展と世界システム

リスの金利がアメリカの金利を上回る状態を作り出した。これによって，投機資金がアメリカからイギリスに向かい，ポンドの為替レートは4.866ドルに近づいていった。ニューヨーク連銀はこの時また，イングランド銀行に対して2億ドルの一時的貸付も行っている。これらの支援により，1925年にイギリスは戦前の固定相場で金本位制に復帰することができた（佗見 1994：285-286）。

　アメリカによる支援は1927年にも繰り返された。この時は，フランスによるイギリスでの金兌換が問題となっていた。ニューヨーク連銀は再び金利を引下げて英米間の金利差を作りだし，イギリスへの資金流入とポンドの固定相場維持を支援した。ニューヨーク連銀はさらに，フランスに対してイギリスではなくアメリカでの金兌換を勧め，フランスもそれにしたがった（佗見 1994：400-403）。

　ではなぜ，1925年のイギリスは第一次大戦前と同様の為替レートを選んだのだろうか。その要因は，各種のポンド建ての債権の保有者への配慮だったといわれる。この出来事は，イギリスの政策当事者たちが，輸出産業の利害よりも対外的な金融利害を優先する傾向の表れだったとされる。「ジェントルマン資本主義論」もそのような考え方を採っている。ただし，もしイギリスが1925年に割安な為替レートを採用していたとしても，他国も為替レートを切り下げてくれば，結局ポンドが割高になったのではないかという指摘もあることには留意する必要がある。

　結果的に，旧来の為替レートで金本位制に復帰したことが，イギリス経済に悪影響を与えたことは確かである。1920年代のイギリス経済は事実上のゼロ成長であった。その1つの要因として輸出産業が低調だったことが指摘されている。そして，輸出産業の低調の要因の1つが，ポンドの為替レートが割高（ポンド高）だったことであった。このことは，同時代に活躍していた経済学者のケインズが各著作で強く指摘していたことであった。

　割高な為替レートによってイギリスの輸出産業は大きな打撃（販売量の低下）を受け，その結果もあって1920年代のイギリスの失業率は常時10％を上回るようになった。第一次大戦以前の失業率は1890～1913年で平均4.4％であった。

輸出産業のコスト削減や失業率の増加は，労使関係を悪化させ，1926年には有名な全国炭鉱ストライキが発生した。このストライキは，イギリス全体のGDPを名目で6.9%，実質で5.0%低下させるほどの影響があったと言われる（ミッチェル　2001a：913）。

## 5　1920年代後半の不安定性

第4節でみたように，再建金本位制はアメリカからの長期資本輸出を基礎として成り立っていた。ゆえに，もしそれが不安定化した場合，西ヨーロッパ各国の経済も大きな負の影響を受けざるを得ない状況にあった。そして1920年代が終わりに近づいてくると，アメリカの株価上昇が，アメリカからの資本輸出を不安定化させた。アメリカ国内の資金が徐々に資本輸出を離れて，国内の株式投資に向かうようになったためである。そして第8章でみるように，最終的に株価が暴落し，世界大恐慌が発生することになる。またアジア地域に目を転じると，日本の台頭と中国の政治体制の変動が地域を不安定化させていた。

以下では，ドイツを中心にアメリカからの資本輸出の変化が経済に大きな影響を与える構造について見た後，アジア地域の不安定性について考察していきたい。

### ドイツと東ヨーロッパ

1924年のドーズ案により安定を取り戻したドイツでは，1926年から1928年にかけて好景気が生じた。この好景気の背景には，ドーズ案を契機としたアメリカからの大量の資本輸入があった。このドイツの景気変動で注目すべきことは，第一に，好景気の終わりが1929年のアメリカの株価暴落よりも先に生じていたことである。第二に，終焉を迎えた要因が，資本輸入を維持するための金利上昇だったことである。1928年には長期金利が企業の平均利益率を上回っていた。ただし，高金利による資本輸入の継続によって，政府投資や住宅投資は1929年まで増加を続けた。したがって，1929年のアメリカの株価暴落以降にアメリカ

第Ⅱ部　資本主義の発展と世界システム

からの資本輸入が極端に低下したことは，ドイツ経済にとって大きな打撃とな
った（侘見 1994：453-454）。

　第一次大戦の敗戦は，ドイツだけではなくオーストリア＝ハンガリー帝国に
も巨大なインパクトをもたらした。1914年には人口約5200万を数えた大国のオ
ーストリア＝ハンガリー帝国は消滅した。第一次大戦後の旧オーストリア＝ハ
ンガリー帝国とその隣接地域には，オーストリア（人口約600万），ハンガリー
（同約800万），チェコスロバキア（同約1300万），ルーマニア（同約1800万），ユー
ゴスラビア（同約1200万），ポーランド（同約2700万）といった新生諸国家が誕生
した（木村他 1997：138，215-219）。これらの新生国家の誕生は，一方ではレー
ニンや W. ウィルソン（Woodrow Wilson：1856-1924）アメリカ大統領（任期：
1913-1921）が唱えた「民族自決」の実現であったが，他方で地政学上の不安
定要因ともなった。

　この不安定さはドイツに注目することで明確になる。ドイツにとって，これ
ら東ヨーロッパの新生国家との国境問題が対外膨張への潜在的な要因となって
いた。1920年代に旧連合国への協調主義者として知られたドイツ外相の G. シ
ュトレーゼマン（Gustav Stresemann：1878-1929）でさえ，「外国の同胞の保護，
東部国境の改訂，ダンチヒおよびポーランド回廊の獲得，シュレージェン国境
の改訂，オーストリアとの合邦」を外交政策の目標としていた（斉藤 1978：
116，121-122）。これらはいずれも後に A. ヒトラー（Adolf Hitler：1889-1945）
政権が実現したことであった。オーストリアとチェコスロバキアは1938年から
1939年にかけてドイツに併合され，1939年のドイツによるポーランドへの侵攻
が第二次大戦の契機となった。


### 日本の台頭

　1920年代の東アジアにおける国際政治・経済上の不安定要因は，日本の台頭
と中国の政治体制の変動であった。中国の政治体制の変動は，日本に対して中
国への干渉の誘因を強めた。さらに中国の統一・新国家の建設が進むと，国民
党の中華民国と日本との対立が深まっていった。

第**7**章 「帝国主義の時代」と第一次世界大戦

**日本の経済的台頭**　第一次大戦によって経済的恩恵を受けた国はアメリカだけではなかった。直接戦場にならず，すでにある程度の工業化を達成していた日本もまた，経済的恩恵を受けた。第一次大戦以前の日本は，貿易収支・経常収支の赤字と，それを補うための資本輸入が常態であり，その結果として債務国となっていた。

　第一次大戦は，アメリカと同じく日本の国際収支構造も転換させた。ヨーロッパからの輸入の減少，ヨーロッパとアジアへの輸出の増加により，日本の貿易収支・経常収支が黒字化し，その結果，日本もアメリカと同様に，債務国から債権国への転換を成し遂げた（橋本他 2000：154-156，225）。

**日本の膨張と**　第一次大戦はまた，日本に東アジアでの帝国主義的拡張（政
**ワシントン体制**　治的影響力と経済的利権の拡張）の機会ももたらした。ヨーロッパの交戦国が，東アジアに軍事力を投入することができなかったためである。日本は1914年8月に日英同盟を根拠として対独宣戦布告を行った。

　日本の参戦の動機は中国への進出であり，日本は参戦直後に中国の山東省にあるドイツの租借地に進軍・占領し，1914年12月には中国に対する「21カ条要求」を行った。中国は強く反発したが，最終的には受諾へと追い込まれた。ここから，中国進出をめぐる，日本と中国・イギリス・アメリカとの摩擦が東アジア国際政治の焦点となった（有馬 1999：111-114）。

　第一次大戦によるヨーロッパ列強の弱体化は，第一次大戦終結後も引き続き国際政治における日本の地位を上昇させた。日本は，ヴェルサイユ講和会議に戦勝5大国の一員（アメリカ，イギリス，フランス，イタリア，日本）として招待され，新設された国際連盟でもイギリス，フランス，イタリアとともに常任理事国となった（アメリカは議会上院の否決によって国際連盟に加盟しなかった）。

　ヴェルサイユ条約によって，第一次大戦後のヨーロッパや中東の国際政治の枠組みが定められたが，新たに日本が台頭した東アジアの国際政治の枠組みを定めたのは，1921年のワシントン会議であった。ワシントン会議の主要課題は，海軍軍縮と中国問題であった。海軍軍縮では，3大海軍国となったイギリス・アメリカ・日本の主力艦保有量が，5対5対3の比率とされた。中国問題では，

159

第Ⅱ部 資本主義の発展と世界システム

日本は山東省の旧ドイツ租借地の中国への返還は認めたものの，山東鉄道は中国政府が日本から買い取ることと，その際には日本から中国への資金貸付が行われることが定められた（有馬 1999：221-223）。

### 中国の政治体制の変動

中国は日清戦争（1894～1895年）での敗戦以降，列強の帝国主義政策のアジアにおける焦点となり，鉄道利権や借款（対政府貸付）を中心とした「中国分割」が進められた。1911年に辛亥革命が起こり，1912年には南京を首都とした中華民国が設立され，北京では清朝が終わりを迎えた。辛亥革命によって各省の自立性が高まり，清朝終焉以降，中国の新たな全国的まとまりをめぐって各種の政治的模索が行われた（川島 2010：130-140）。1912年に袁世凱（1859-1916）が大総統となり北京が中華民国の首都となった。それに対し1917年に広州で軍政府（広東政府）が設立されて孫文（1866-1925）が大元帥となり，中華民国は北京政府と広東政府の北と南に分裂した。列強は北京政府を承認していた。北部と南部でもそれぞれの内部でさらに各省が高い自立性を持っていた。北部では，1916年の袁の死後は「軍閥」と呼ばれた地方の軍事指導者たちが対抗関係に入った（川島 2010：第4章）。

南部では，広東政府の主導権をめぐって，中央集権主義の孫らと地方分権主義（省自治主義）の陳炯明（1878-1933）らが対立した。孫は1919年に中国国民党を創設し，1923年以降ソ連との提携を進め，集権主義の国民党が広東政府の主導権を握った。国民党内では，1925年の孫の死後，ソ連・中国共産党（1921年創設）との関係をめぐる政治路線の対立が生じた（川島 2010：199-200，208-214，225-226）。

1926年には国民党の軍指導者の蔣介石（1887-1975）が，ソ連・中国共産党を排除しつつ国民党右派の主導権を握った。同年，蔣は軍事力による南北の統一を目指して「北伐軍」を編成した。「北伐」の進軍が成功する中で，1927年には中国共産党との提携を重視した国民党左派も共産党排除に方針を転換し，国民党の政治路線が統一され，国民党政府が南京に樹立された（川島 2010：226-

第7章 「帝国主義の時代」と第一次世界大戦

227)。1928年，北伐軍は北部の地方軍事指導者たちを破りながら進軍して北京に到達し，国民党政府は「統一完成」を宣言した。同年末までに，米英仏が相次いで国民党政府を承認した（狭間他 1999：79-81，90，94-97，119；北岡 1999：84）。

辛亥革命やそれ以降の中国の政治体制の変動と統一の基礎には，ナショナリズムの高揚があり，その表れが「不平等条約撤廃」要求や「利権回収」運動であった。不平等条約とは領事裁判権の確立や関税自主権の喪失を指す。「利権回収」とは，帝国主義時代に列強諸国が清朝政府から得た租界，租借地，鉄道，鉱山などを中国人の所有に取り戻すということを意味した。不平等条約撤廃や利権回収は，北部・南部を問わずいずれの勢力も主張することであった。国民党政府は，1927年に不平等条約廃棄の基本姿勢を表明し，1928年の北伐完了後は，満期を迎えた不平等条約は更新しないとの宣言を行い，1929年以降，各地の租界の回収や，関税自主権回復，領事裁判権の撤廃などを達成した（狭間他 1999：154-155；石川 2010：54）。

### 中国への干渉

辛亥革命以前に，列強各国は中国国内に多くの利権を獲得していたため，それらの国々は中国の政治体制の変動の過程においても様々な干渉を行った。干渉の主要な勢力は，日本，イギリス，ソ連，アメリカなどであった。ここでは1930年代の東アジア国際政治の最大の不安定要因となった日中対立に注目するために，1920年代の日本による中国への干渉についてみる。

国民党による北伐開始（1926年）以降についてみると，北伐時の日本人居留民保護を理由とした第一次山東出兵（1927年），第二次山東出兵（1928年）が行われた。後者は，日本軍と国民党軍の衝突を招いた（済南事変）。1928年にはさらに，日本の軍部の独走による張作霖（1875-1928）の爆殺事件が起こった。張は「奉天派軍閥」の指導者で，1926年から1928年まで北京政府の主導権を握っていた。北部の有力者たちの対抗の中で，元々日本は張作霖を支援していた（これも干渉の一例である）。しかし，後述のように張もナショナリズムに基づく

161

第Ⅱ部　資本主義の発展と世界システム

政策を採って日本の満州利権を脅かし始めていたことが，日本軍部の張作霖殺害をもたらした（北岡 1999：78-81）。

満州では，1920年代半ばから張が日本の南満州鉄道株式会社（満鉄）の各路線と競合する鉄道路線の建設を始めていた。張の殺害後も，その息子の張学良（1901-2001）がナショナリズムに基づく政策を継続し，1929年には対満鉄競合路線を開業させた。1930年には，張はこの対満鉄競合路線と接続する港湾建設も開始した。このような中華民国の政治的統一やナショナリズムが，日本の満州利権防衛の志向を刺激し，1931年には再び日本軍部の独走による満州事変が生じた（北岡 1999：84，120-121）。


### 参考文献

浅羽良昌『アメリカ経済200年の興亡』東洋経済新報社，1996年。

有馬学『「国際化」の中の帝国日本——1905〜1924』中央公論新社，1999年。

ロバート・C.アレン（グローバル経済史研究会訳）『なぜ豊かな国と貧しい国が生まれたのか』NTT出版，2012年。

飯島寛之・五百旗頭真吾・佐藤秀樹・菅原歩『身近に感じる国際金融』有斐閣，2017年。

飯田隆『図説　西洋経済史』日本評論社，2005年。

石川禎浩『革命とナショナリズム——1925〜1945』岩波新書，2010年。

石見徹『国際通貨・金融システムの歴史——1870〜1990』有斐閣，1995年。

I.ウォーラーステイン（川北稔訳）『近代世界システムⅡ　1600〜1750　重商主義と「ヨーロッパ世界経済」の凝集』名古屋大学出版会，2013年。

王立国際問題研究所・国際連合経済問題部（揚井克己・中西直行訳）『国際投資論』日本評論社，1970年。

小野朝男・西村閑也編『国際金融論入門（第3版）』有斐閣，1989年。

小野塚知二編『第一次世界大戦開戦原因の再検討——国際分業と民衆心理』岩波書店，2014年。

川島真『近代国家への模索——1894-1925』岩波新書，2010年。

岸本美緒・羽田正・久保文明・南川高志『新世界史B』山川出版社，2015年。

北岡伸一『政党から軍部へ——1924〜1941』中央公論新社，1999年。

木村靖二・柴宣弘・長沼秀世『世界大戦と現代文化の開幕』中央公論新社，1997年。

第**7**章 「帝国主義の時代」と第一次世界大戦

ジョン・ギャラハー，ロナルド・ロビンソン「自由貿易帝国主義」ジョージ・ネー
　デル，ペリー・カーティス編（川上肇・住田圭司・柴田敬二・橋本礼一郎訳）
　『帝国主義と植民地主義』御茶の水書房，1983年。

チャールズ・P. キンドルバーガー（石崎昭彦・木村一朗訳）『大不況下の世界
　1929-1939 改訂増補版』岩波書店，2009年。

P. J. ケイン，A. G. ホプキンズ（木畑洋一・旦祐介訳）『ジェントルマン資本主義の
　帝国Ⅱ　危機と解体　1914-1990』名古屋大学出版会，1997年。

斉藤孝『戦間期国際政治史』岩波書店，1978年。

侘美光彦『世界大恐慌──1929年恐慌の過程と原因』御茶の水書房，1994年。

竹内幸雄「帝国主義・帝国論争の百年史」『社会経済史学』第80巻4号，2015年2
　月。

成瀬治・山田欣吾・木村靖二編『世界歴史体系　ドイツ史3』山川出版社，1997年。

西村閑也・鈴木俊夫・赤川元章編『国際銀行とアジア──1870〜1913』慶應義塾
　大学出版会，2015年。

狭間直樹・長崎暢子『自立へ向かうアジア』中央公論新社，1999年。

橋本寿朗・大杉由香『近代日本経済史』岩波書店，2000年。

B. R. ミッチェル編著（中村宏・中村牧子訳）『ヨーロッパ歴史統計──1750〜
　1993』東洋書林，2001年a。

B. R. ミッチェル編著（斎藤眞監訳）『南北アメリカ歴史統計──1750〜1993』東洋
　書林，2001年b。

宮崎犀一・奥村茂次・森田桐郎編『近代国際経済要覧』東京大学出版会，1981年。

M. Obstfeld and A. M. Taylor, *Global Capital Markets: Integration, Crisis, and
　Growth*, Cambridge, Cambridge University Press, 2004.

　＊本章の菅原執筆部分は，JSPS 科研費 16K03766 の助成を受けた成果の一部を含んで
　　いる。


### 練習問題

問題1
第一次世界大戦後の構造変化について説明しなさい。


問題2
帝国主義とは何であったか，説明しなさい。

第Ⅱ部　資本主義の発展と世界システム

問題3

1920年代の国際経済の不安定性をもたらした要因は何であろうか。説明しなさい。

（菅原　歩・河﨑信樹）

第Ⅲ部

世界大恐慌から戦後秩序へ

# 第8章

# 大恐慌とその影響

―― 本章のねらい ――

　1929年10月のニューヨーク証券取引所における株価大暴落に端を発した大恐慌は，アメリカ合衆国において深刻な景気後退を引き起こしただけでなく，1930年代の世界各国における実体経済，金融システム，政治体制に甚大な影響を与える文字通りの世界大恐慌となった。本章のねらいは，アメリカ発の大恐慌がどのように進行し世界に波及していったのか，そしてアメリカと世界各国の当局はそれに対してどのような政策的対応をとったのかについて，その効果と影響に留意しつつ時系列的に理解することである。

## 1　大恐慌の進行過程

### 繁栄の1920年代

　1920年代のアメリカは，約10年間で株式価格が4倍近くにまで上昇するなど，「狂乱の20年代」と言われるように繁栄の時代を謳歌していた（図8-1）。1920年代を通じた株価上昇自体についてはそれが投機的バブルであったか否かの議論があるが，上昇の背景には，第一次世界大戦を契機とした鉄鋼・石油などの従来からの重化学工業の発展に加えて，住宅・自動車・家電製品・化学といった新産業の躍進とそれに対する旺盛な設備投資といった実体経済の急速な成長があったと考えられる。事実，1921～29年の名目GNPの成長率は，数度の小さな後退期を含めても年平均で約5％と堅調なものであった（図8-2）。

167

第Ⅲ部　世界大恐慌から戦後秩序へ

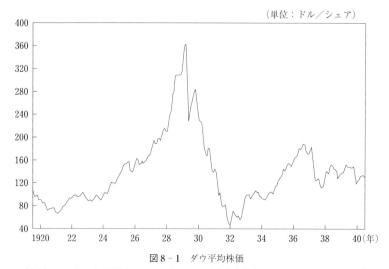

図8-1　ダウ平均株価
（出典）セントルイス連銀ホームページのデータより筆者作成（https://fred.stlouisfed.org）。

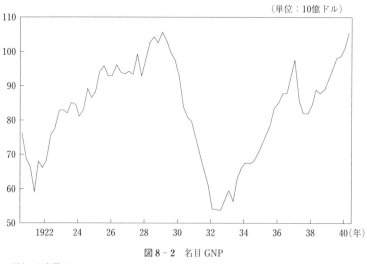

図8-2　名目GNP
（注）四半期データ。
（出典）セントルイス連銀ホームページのデータより筆者作成（https://fred.stlouisfed.org）。

第8章　大恐慌とその影響

大恐慌のはじまり

しかしアメリカ国内でも，1920年代を通じて，第一次世界大戦の終了による農産物輸出量の減退と農業の機械化の進展などによる過剰生産を要因とする長期的な農産物価格の下落傾向が続いており，農業不況が既に始まっていた。また第一次大戦終了後から好況が過熱していた製造業でも過剰生産が発生しつつあり，1926年以降には1920年代の繁栄を牽引していた住宅建設や自動車産業の生産縮小が始まるなど，1923〜24年や1926〜27年には大規模な景気後退の兆しが見え始めていた（図8-2）。さらに株式市場のブーム加熱への警戒から，連邦準備制度（FRS: Federal Reserve System）は1928年から金融引締めに転じ，生産の縮小は一層顕著になった。

それでも1929年内にはまだ株価の騰貴傾向は続いていたが，9月3日にピークを付けた後，低下し始めた。そしてついに1929年10月24日「暗黒の木曜日（Black Thursday）」にニューヨーク証券取引所における大暴落が起こった。この破綻に端を発し，同10月28日・29日には株価が全体で20数％下落するパニックとなり，株価は1929年9月のピーク時から1932年1月までにマイナス約87％という破局的な下落幅を見せた（図8-1）。株式市場の崩壊は，大別すると3つのルートでアメリカの国民所得にも加速度的な悪影響を与えたと考えられる。まず1つ目が，株価の下落が家計部門の富を圧縮したことが消費を縮小させたこと，2つ目が，株式時価総額と時価ベースでの株主資本との比率として表わされる設備投資尺度などからみると，株価の下落が新規の資本財に比べて相対的に既存の資本財の市場価値を下落させたため新規の投資への需要が減少したこと，そして3つ目が，株式市場の崩壊が不確実性を高めることで急な支払いに備えるための貨幣の予備的需要の増加により金利が上昇し，貨幣の流通速度を低下させると同時に，耐久消費財などに対する家計の消費を縮小させたこと，である（ホール＝ファーグソン　2000：71-72）。

銀行恐慌

1930〜33年にかけては，アメリカ各州で多くの預金者による銀行取付けと銀

第Ⅲ部　世界大恐慌から戦後秩序へ

---
**Column ⑫　マネーストックとハイパワードマネー**
---

　マネーストック（M: Money Stock）は，貨幣供給量（マネーサプライ：Money Supply）などとも言い表され，一国の金融部門から供給される通貨の総量を示す経済統計上の指標である。マネーストックは，一般法人や家計などの非金融機関の経済主体が保有する現金（C: Cash）と銀行預金（D: Deposit）の合算で表されるため，中央銀行が供給する現金の量か，銀行システム全体が貸出を通じた信用創造で供給する預金の量が変動することで，マネーストックの総量は増減することになる。またハイパワードマネー（H: High-powered Money）は中央銀行負債の総量を示す指標で，非金融機関の経済主体が保有する現金（Cash）と預金支払準備（リザーブ R: Reserve）の合算で表されるが，このハイパワードマネー1単位の増加によって生じるマネーストックの増加率が貨幣乗数（m: Money Multiplier）である。以上の関係を式で表すと以下の(1)式のようになる。

$$m = \frac{C+D}{C+R} = \frac{C/D+1}{C/D+R/D} \tag{1}$$

　ホール＝ファーグソン（2000）らによれば，1930年代アメリカのマネーストックの大収縮はこの貨幣乗数の大幅な低下によってもたらされたもので，より具体的には現金預金比率（C/D）と預金準備率（R/D）の上昇に伴うものであった。このとき，現金預金比率の上昇は銀行破綻と不確実性による貨幣需要の高まり，預金準備率の上昇は超過準備の増加という形で現れた。以上の説明は(1)式とも整合的である（ホール＝ファーグソン　2000：13-14）。

---

行破綻が連鎖する銀行恐慌が繰り返し起こった。第一次銀行恐慌は，農業貸付や都市不動産担保貸付の焦げ付きを要因として1930年11〜12月に農業地帯であるテネシー州から始まり，破産銀行608行，破産銀行預金額5億5000万ドルに及んだ。第二次銀行恐慌は，1931年6月〜32年11月に農業地帯だけでなくニューイングランド地方や東北中央部地域の工業地帯の大規模銀行を含んだ広範な地域で起こり，破産銀行2120行，破産銀行預金額16億8000万ドルにまで拡大した。第三次銀行恐慌は，デトロイトの銀行危機に端を発した1933年2月のミシガン州銀行休業令によって始まり，同年3月の全国の銀行休業（後述）に至る

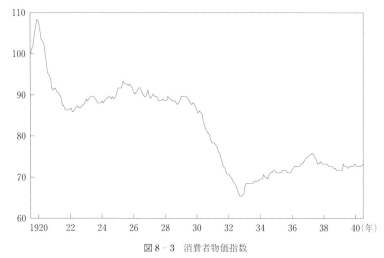

図 8-3 消費者物価指数
(注) 1920年1月=100とした都市部における消費者物価指数。
(出典) セントルイス連銀ホームページのデータより筆者作成 (https://fred.stlouisfed.org)。

までの全米における事態で，破産銀行3610行，破産銀行預金額33億3800万ドルに上る破滅的なものであった（国際銀行史研究会編 2012：393-394）。

　こうした銀行破綻は，同時に貸出の縮小と預金の消失を通じて大規模なマネーストックの減少を引き起こし，それがデフレーションをもたらした。1931年と1932年には約10％ずつ物価が下落し，1933年までにはピーク時から約30％物価が下落する大規模なデフレーションが進行した（図8-3）。その結果，農業部門では1920年代から始まっていた農産物価格の下落がピーク時の半分以下に達する一方で，負債デフレによって以前と同額の額面価格で抵当債務の返済をしなければならなくなった農民の多くが債務破綻した。当時のアメリカの全人口の約4分の1を占めていた農民層の破産は，経済全体の消費，雇用，生産に大きな悪影響を及ぼすこととなった。また製造部門でも，債券発行によって資金調達をしていた企業の多くが負債デフレの影響で破産するなどし，その結果生産が急激に落ち込み経済が縮小したため失業率が3％から25％近くへと大幅に悪化，そしてそれがさらなる消費の縮小を招くという深刻なデフレスパイラルが進行し，恐慌が長期化することになった（バーナンキ 2012：33-38）。

第Ⅲ部　世界大恐慌から戦後秩序へ

　その後，後述する「ニューディール（New Deal）」における諸政策などの効果によって，株価・物価・経済成長ともに1933～36年にかけて漸く回復基調に入った。しかし，1937～38年は「ルーズベルト不況」と呼ばれる再度の株価下落・景気後退期となり，アメリカ経済の最終的な回復は1940年代に入ってからであった（図8‐2）。

## 2　全世界的波及

### 1920年代の安定

　第一次世界大戦によって廃墟となったヨーロッパ諸国では，1924年のドイツのハイパーインフレーション終息と金本位制への復帰，1925年のイギリスの旧平価（1ポンド＝4.866ドル）による金本位制復帰などが契機となって国際金本位制（金為替本位制）が再建され，国際通貨制度が安定したことで，大戦前の多角貿易・多角決済という国際決済システムも再構築され始めた。第一次世界大戦後のこうした貿易構造によって，アメリカに対するヨーロッパ諸国，また先進工業国に対する農業国の経常収支赤字は拡大していたが，1920年代後半のヨーロッパ諸国では，ドーズ債などに代表されるアメリカの大幅な資本収支赤字によってアメリカ資本が還流し，相対的な安定が取り戻されつつあった。

　しかし一方で，ヨーロッパ経済の安定は，極めて危ういバランスの下に成り立つものであったともいえる。国際金本位制には，固定相場制度であるがゆえに世界各国がそれぞれの通貨と金との交換比率である「金平価」を維持するために国内の金融政策を受動的に行わざるを得ないといういわゆる「金の足枷」が存在していたため，各国の国内景気が連動するという特徴があった。特に再建金本位制は金地金ではなくドルやポンドといった「金為替」を準備として用いる「金為替本位制」であったため，その特徴が一層増幅されていた可能性がある。また，第一次世界大戦前までの覇権国であったイギリスは，旧平価で再建金本位制に復帰したことによるポンドの過大評価などから，石炭・造船・鉄鋼など旧産業の国際競争力が減退して輸出不振に陥っており，急速に経常収支

172

が悪化した上に国内経済も停滞していたため，すでに国際通貨システムの中心国としての役割を果たすことは難しくなっていた。その上，膨大な経常収支黒字によって金が流入していたアメリカ（及びフランス）は，金本位制の「ゲームのルール」を破って，金流入による通貨供給を行わずこれを不胎化していたため，国際流動性が不足する危険性があった。

### 不況の拡散

1928年のアメリカの金利上昇に対応して，ヨーロッパ諸国を始めとする諸外国の中央銀行も金本位制の維持もしくは制度への復帰準備のための金融引締め政策に追随せざるを得なかったため，1929年の3月には既に多くの国において景気後退が深刻なものとなっていた。そして，その後アメリカ国内で起こった銀行破綻とそれに伴う金融システムの破綻は，アメリカの対外投資を急激に縮小，さらには逆転させたため，世界的な恐慌を引き起こすことになった。

既述のように1920年代後半のヨーロッパ諸国，さらにはラテン・アメリカ諸国などの1次産品国の相対的な安定は，アメリカからの大規模な資本流入が前提となっていたため，世界的な資金循環の逆転は金融面から世界経済全体への深刻な打撃となった。またアメリカ国内の景気後退による輸入減退は，1920年代末に再構築しかかっていた国際間の多角貿易を再び縮小させ，対アメリカの輸出割合の大きい1次産品輸出国の景況に実体経済面からも大打撃を与えたが，1930年6月に成立したスムート＝ホーレー関税法（後述）がそのトレンドを倍加させたと考えられる。例えば日本では，主要国中で最も遅い1930年2月になって金本位制に復帰したが，既に世界恐慌が進展しつつある状況下における旧平価での金本位制復帰が，巨額の金の国外流出とそれに伴う緊縮政策とデフレーションを招くことになり，企業の倒産・労賃の引下げ・製造業の操業短縮などの大規模な景気後退に繋がった。さらには，日本の対アメリカ輸出の不振からその主力商品であった生糸・繭価が大暴落した上に，豊作による生産過剰から米価の下落が連鎖する農業恐慌を併発したため，日本経済は1930年の段階で「昭和恐慌」という未曽有の危機に陥った。

第Ⅲ部　世界大恐慌から戦後秩序へ

### 金融恐慌

　さらに，1931年に入るとヨーロッパに金融恐慌が拡大した。1931年3月にオーストリア最大の銀行であるクレジット・アンシュタルトで銀行取付けが起こり5月には倒産した。オーストリア政府は，国際連盟を通じて国際決済銀行（BIS: Bank for International Settlement）に援助を要請し，5月末には BIS の取りまとめによって11カ国の中央銀行による計1億オーストリア・シリングの借款供与がなされたが，6月5日にはその枠が使い切られてしまったのでオーストリア国立銀行が追加の借款の要請をした。しかし，フランスがドイツ＝オーストリア関税同盟を破棄する条項を付けたためこれをオーストリア政府が拒否し，6月16日には内閣が倒れるに至った。このオーストリアの金融恐慌による金融システム不安はドイツの諸銀行にまで波及した。1931年6月17日には北ドイツ梳毛加工会社（ノルトヴォレ）の倒産に関連してダナート銀行から資金引揚が発生し，その結果ドイツから巨額の資金が流出するドイツ金融恐慌へと拡大した。アメリカのハーバート・フーバー（Herbert Hoover）大統領（任期1929-1933）は，6月20日にドイツ金融システムの救済のために，前年1930年4月に既に減額・期限延長がおこなわれていた戦債・賠償金支払い（ヤング案）をさらに1年間猶予する，いわゆる「フーバー・モラトリアム」を発したが，効果は一時的なものに止まった。ダナート銀行は7月13日に破綻し，ドイツは8月までに外国為替取引のライヒスバンク集中や認可制による厳格化という為替管理を実施して，事実上金本位制が停止されることになった。ダナート銀行破綻は，ドイツやオーストリアにおけるイギリス資産凍結という措置を通じて，ついにはポンドの金兌換性への不安をも惹起することになりポンドの対ドル相場が急落，イギリスから金・短資の流出が進んだため，イングランド銀行は7月23日と25日の2度にわたってバンクレートを4.5％にまで引き上げざるを得なくなった。その後，ポンド防衛のために8月1日にニューヨーク連邦準備銀行とフランス銀行による総額2億5000万ドルの第一次国際借款が，8月28日にはニューヨークのモルガン・シンジケート団とパリの銀行シンジケート団による総額4億ドルの第二次国際借款がイングランド銀行に供与されたが，最終的

174

第8章　大恐慌とその影響

―― *Column* ⑬　最後の貸手 ―――――――――――――――――

　一金融機関の決済事故などの不測の事態や流動性不足による支払不能が，一国全体の金融システムの信用不安に繋がる危険性がある場合，中央銀行には「最後の貸手（Lender of Last Resort）」として流動性を供給しこれを救済する機能が求められている。この最後の貸手機能は，19世紀から「バジョット・ルール」として広く知られていたし，そもそも1913年の連邦準備法によって連邦準備制度が設立されたのは1907年の金融危機の教訓が背景にあったためであるが，1930年代の銀行危機において連邦準備制度はこの機能を十分に果たさなかった。

　その主な理由として考えられるのは，1930年代の連邦準備制度が救済すべき銀行の健全性を判断する背景に，実際の商取引によって振出されその支払いに実質的な裏付けのある短期の商業手形のみを適格手形とする「真正手形主義（Real Bills Doctrine）」があったと考えられる。この基準による銀行救済では，真正手形であるコマーシャル・ペーパー（CP: Commercial Paper）の再割引のみをおこなうことになる。したがって，1930年の第一次銀行破綻における銀行の多くは州法銀行で連邦準備が管轄する加盟銀行ではなかった上に，農業分野の貸付を主としていたため十分な CP を保有していなかったことから救済すべき「健全な」銀行ではないと判断された。また，CP は「実際の商取引によって振出される」約束手形であるがゆえにその数量は景気順応的になるが，1931〜32年の第二次銀行破綻期においては既に不況が長引いていたため，健全な銀行の多くもそのポートフォリオにおける CP の割合が縮小しており，連邦準備に再割引してもらう分量を十分に残していなかった可能性がある（ホール＝ファーグソン 2000：83-93）。

に9月21日にはイギリスも金本位制の停止に追い込まれた。こうして，大恐慌の世界的波及の帰結として，再建金本位制は崩壊した。ヨーロッパ各国で金融危機が起こったときに問題となったのは，当該期の国際的な「最後の貸手（*Column* ⑬を参照）」の不在であった（キンドルバーガー 2004：288-296）。

175

第Ⅲ部　世界大恐慌から戦後秩序へ

# 3　大恐慌への政策的対応と影響

## アメリカの政策

**H. フーバー政権期**　大恐慌の震源地であるアメリカでは，1920～30年代まで対外的な孤立主義と経済的な自由放任主義とが伝統的な政策理念にあったと考えられる。そのため，この未曽有の景気後退に対して当初は以下のような政策的対応がとられた。

　まず1930年6月に成立したスムート＝ホーレー関税法によって，アメリカ国内でも同種の生産がなされている農作物・工業製品の輸入に対して100％を超える輸入禁止的な高関税を課す極めて保護主義的な通商政策がとられた。同法の成立が他国の報復的な関税を招いたことで，アメリカの輸出は1928年比で約30％にまで激減して国内の不況を深化させただけでなく，対アメリカ貿易の大幅な縮小（例：日本の対アメリカ生糸輸出など）が世界的な恐慌をより増幅させる要因になった（石見 1999：112-118）。さらに1932年6月歳入法で，税収減を補い財政均衡を保つことを目的に，歳出削減と併せて資産課税と所得税・法人税に大幅な増税を実行したため，消費はますます縮小し税収も一層落ち込むこととなった。

　また金融政策として，当該期の連邦準備制度は大不況期にもかかわらず利下げをするという金融緩和政策を採用しなかった。そして逆に，1931年9月には金本位制を維持し金の対外流出を阻止するドル防衛策を目的として金融引締め（利上げ）を実施した。その結果それが国内の生産縮小に一層拍車をかけ，信用収縮がデフレーションを加速させることになった。さらに連邦準備制度は，実需に裏付けされた適格手形に対する再割引のみを受動的におこなう「真正手形主義（Real Bills Doctrine）」や，1920年代の信用供与の過剰などを除去すべきとする「清算主義」の立場などから，銀行取付けに対する「最後の貸手」機能を殆ど全く果さなかったため，銀行破綻は放置され大規模化・全国化するに任された（バーナンキ 2012：39-42）。

176

それでも1932年2月には，銀行恐慌の被害を受けた銀行や鉄道会社等の救済を目的として政府金融機関の復興金融公社（RFC: Reconstruction Finance Corporation）が設立されたが，1933年1月の連邦議会によるRFCの融資先リストの公開義務化は，かえって預金者によるそのリストにある銀行からの預金取付けを煽ることになった。既述の1933年2月からの第三次の大規模銀行破綻は，デトロイトの二大銀行の1つであるユニオン・ガーディアン・トラストがRFCの融資先リストにあったことから取付けが開始され，ミシガン州から全米各州に拡大したものであった（国際銀行史研究会編 2012：211-213）。

**ニューディール政策**　こうした状況下の1933年3月に就任したフランクリン・D. ルーズベルト（Franklin Delano Roosevelt）大統領（任期1933-1944）は，大恐慌を克服するためにニューディール（New Deal）と呼ばれる経済再建政策を開始した。ニューディール政策は，従来からの経済の自由放任主義を修正し，不況期には政府が国民経済の各部門に対して介入することを基調とする修正主義的政策パッケージとして知られている。

　①金融政策

　まず金融政策に関する施策としては，大統領就任直後の3月6日に9日までの全国的な銀行休業（Bank Holiday）を発令することで事実上の金兌換停止を実施した後，同4月20日には金輸出禁止を実行して金本位制を停止した。これは国内における銀行破綻による対内金流出（Internal Drain）と，国際的な金融恐慌による対外金流出（External Drain）への対応を図る政策だった。こうして金本位制を停止した後は，一時的にドル為替相場の下落を放任した後，翌1934年1月30日に金準備法でドル平価切下げ（金1オンス＝35ドル）の上で新たに金本位制の再編をおこなった。これら一連の通貨・為替政策によって，金融恐慌から続いた通貨の「大収縮」には漸く歯止めがかけられた。そしてそれは，連邦準備制度が「金の足枷」から離れて，金融政策についての一定のフリーハンドを得た結果だといえる。

　さらに，高リスクの投機による金融システムの破綻が恐慌の一大要因であるという観点から，1933年銀行法（グラス＝スティーガル法）では，連邦預金保険

公社（FDIC: Federal Deposit Insurance Corporation）が創設された上で，投機的な証券取引の失敗が銀行自体の破綻に直結してしまう可能性を持つ商業銀行業務と投資銀行（証券）業務の兼営が禁止され，預金金利の上限規制が定められた。また翌1934年証券取引所法では，証券の価格操作などの市場における不正取引監視を司る証券取引委員会（SEC: Securities and Exchange Commission）が設置された。こうした金融システムの安定化を目指すプルーデンス政策を含めた金融政策が，恐慌からの脱出に直ちに寄与することはなかったが，当該期に形成されたこれらの政策枠組みが第二次大戦後にそのまま引き継がれることで，ブレトンウッズ体制下におけるアメリカの金融システムを用意したことになる。

　②財政政策

　財政政策としては，まず農業に対する公共支出として，1933年5月の農業調整法（AAA: Agricultural Adjustment Act）で，政府補償金の支払いによる農産物の生産制限と価格支持政策によって，恐慌以前からの過剰生産と農作物価格下落という悪循環からの脱却が目指された。このAAAによって農民所得増加の効果はあったとされるが，生産制限によって多くの小作農が職を失い，農産物価格の上昇が都市の消費者を圧迫しその消費支出を減少させるという反作用もあった。続いて1933年6月の全国産業復興法（NIRA: National Industrial Recovery Act）では，雇用機会保障のために公共事業への追加支出がなされると同時に，過度な競争を排除し労働者への生活可能な賃金と産業への適正利潤を保障することを目的として，各事業者団体と政府の間で公正競争規約が締結され，各産業における労働条件（最低賃金・最長労働時間）・価格などが決定された。NIRAは，AAAと同様に労働者の賃金と物価の引き上げには一定の効果を上げたが，競争制限的性格や不況カルテル化への批判も強く，最終的には1935年5月に最高裁の違憲判決によって廃止された。さらに同じく1933年6月には，政府機関であるテネシー渓谷開発公社（TVA: Tennessee Valley Authority）が設立された。テネシー渓谷開発公社は，テネシー川流域における多目的ダムの建設を含めた電力公営化と農村地域総合開発という大規模公共事業をおこなうことで，その乗数効果によって不足していた有効需要の創出を目指した。

こうした有効需要政策は，第二次大戦後のいわゆる「ケインズ政策」を先取りするものであったが，当時の不況期に置いても均衡財政の順守を是とするような通念や，政府の介入への根強い警戒感もあり，必ずしもその規模が十分でなく効果も限定的だったとされる。

③通商政策

通商政策としては，1934年6月の互恵通商協定法（Reciprocal Trade Agreement Act）による無条件最恵国待遇主義による通商協定がある。既述のスムート＝ホーレー関税法は，アメリカの伝統的な保護主義的な通商政策に沿ったものであったが，それが貿易縮小を招き不況を一層悪化させたことへの反省から，限定された通称相手国との間で互恵的な関税引下げを行う方向へと大きく政策転換した。ただし，アメリカが通商協定を結んだのはラテン・アメリカを中心とした20カ国で，イギリスなどのブロック経済化（後述）に対抗する目的も含まれていた。

④第二次ニューディール政策

1935年以降の第二次ニューディール政策では，「左旋回」と言われるような社会改革的な政策も多く採用された。1935年5月に設置された雇用促進局（WPA: Works Progress Administration）では，生活保護を受けている失業者を救済するために，公共施設建設などの多くの公共事業を行った。またNIRA違憲判決直後の1935年7月に成立したワグナー法には，前述のNIRA第7条が保証していた労働者への団結権・団体交渉権の付与という内容を概ね引き継いだ上で，経営者側の不当労働行為禁止規定も盛り込まれた。さらに1935年社会保障法では，連邦政府による老齢年金，各州による失業保険・公的扶助・各種社会福祉制度への連邦政府の補助などの体系が整備された。しかし社会保障法が1937年に開始されるにあたって賦課されるようになった連邦賃金税（Payrall Tax）は，その負担が財政的な引締め効果をもたらした上に，賃金コストを上昇させた。

⑤第二次不況と大恐慌の帰結

同時期に連邦準備制度は，加盟銀行が低金利のために所要準備を超えて保有

179

第Ⅲ部　世界大恐慌から戦後秩序へ

していた超過準備の増加に対応するために，1936年3月，37年1月，37年5月の3回にわたって所要準備率の引き上げをおこなった。これは，膨れ上がった超過準備が株式市場へと向かうことによって1920年代後半の過剰投機が再現されることを防ぐことを意図していたが，明らかな金融引締め効果を持つ政策であり，金の不胎化を目的とした財務省による1936年12月からの公開市場における債券売りオペレーションと併せて大きなマネーストックの縮小を招き，1937年5月～38年6月までの第二次不況である「ルーズベルト不況」の要因となった（図8-2）。

　以上みてきたように，1933年からのニューディール政策は，金融政策の面ではマネーの大収縮を止め，財政政策の面でも1933～36年には一定の景気浮揚効果をみせた。しかし，第二次ニューディール政策における財政引締め的政策と，連邦準備制度による金融引締めが1937～38年の再度の景気後退をもたらしたこともあり，アメリカにおける大不況の最終的な終息は，1939年9月の第二次世界大戦の開始による軍需を中心とした大規模な需要増によって漸くなされたとみることもできる。


### 世界各国の政策的対応

近隣窮乏化政策　　　既述のアメリカによるドル平価切下げや，スムート＝ホー
とブロック経済化　　レー関税法による関税障壁の確立は，いわゆる「近隣窮乏化政策（beggar-thy-neighbor policy）」と呼びうる政策群，すなわち国内の雇用拡大のために他国に失業などの負担を転嫁しようとする政策，の一環をなすといえる。こうした政策対応は，アメリカのみならず各主要国でも同様に拡がった。以下では，ドイツ，イギリス，日本，フランスの近隣窮乏化政策の事例について，恐慌に対する他の政策と併せて概説する。

　①ドイツと広域経済圏

　ドイツでは，既述のように1931年7月に金融恐慌が起こったため，ブリューニング内閣が金本位制を停止し，同時に海外への短資流出を抑制するための為替管理政策が実施された。このとき為替管理が選択されたのは，ドイツにおい

ては1923～24年におけるハイパーインフレーションの経験からインフレーションに対する警戒が極めて強く，ライヒスマルクの切下げによる為替ダンピング政策には国内の反発が大きかったためである。1933年1月にヒトラー率いるナチス党が政権を掌握すると，当初は一時的な措置だと考えられていた為替管理政策が，経済政策としてより重要な位置を占めるようになり，1934年6月には対外的な利子配当支払いに関する為替取引停止と同時に輸入許可制に関する為替割当が実施され，アウタルキー（自給自足政策）を目指すための政策手段となった。そして，ドイツの広域経済圏としての東南ヨーロッパ諸国，中南アメリカ諸国との間に為替清算協定を結び，貿易統制と併せて協定国双方の銀行に置かれた清算勘定上で全ての輸出入決済をすることで経済ブロック化を推し進めた。その結果，圏内の二国間貿易においては極限まで外貨を節約することが可能になったが，こうしたドイツの広域経済圏との間の輸出入シェアは，最大でも貿易全体の4分の1程度に止まっていた（石見 1999：109-111）。

　また1933年以降のドイツ経済は，ナチス政権によるアウトバーン建設や住宅建設などによる大規模な公共事業，さらには1934年以降の再軍備に向けた巨大な軍事支出という拡張的な財政政策が総需要を増加させたため，最大600万人を超えていた失業が克服され，第一次4カ年計画が完了する1936年までには活況を呈するまでの回復に成功していた。こうした公共投資の原資は，メフォ手形（MEFO: Metallurgische Forschungsstelle GmbH）という特殊手形のライヒスバンクによる再割引と，景気回復による税収増で賄われた。際限なき軍事支出の増大と特殊手形の再割引による金融は，内在的にインフレーションへの危険性を孕むものであったが，1939年9月にドイツ自身によって開始された第二次世界大戦期までそれが顕在化することはなかった。

　②イギリスとスターリング・ブロック

　イギリスでも，既述のように1931年7月からのポンド危機の後，1931年9月にマクドナルド挙国一致内閣が金本位制を停止した。1925年の旧平価（1ポンド＝4.866ドル）での金本位制復帰によって過大評価されていたポンドは，1932年末までに約30％下落した（事実上のポンド切下げ）。減価したポンド相場を安

定させるために，1932年財政法でイングランド銀行の大蔵省勘定に為替平衡勘定（EEA: Exchange Equalization Account）が設定され，イングランド銀行の代行による外国為替市場への介入システムが整えられた。また，1932年6月にイングランド銀行はバンクレート（公定歩合）を2％へと引下げる低金利政策によって，国内景気の回復を図った。しかし，ポンド切下げによる交易条件好転にもかかわらず，イギリスの対外輸出は額・量ともに1933年まで下落を続けた。これはイギリスにとって大きな市場であったスターリング諸国の多くも同様に為替を切下げたり，切下げた後にポンドに再固定したりしていたために，ポンド減価による輸出促進効果が相殺されたためだと考えられる。そこでイギリスは，伝統的な自由貿易主義を完全に放棄し，1931年の異常輸入法（Abnormal Importation Act）と一律10％の関税を賦課する1932年の輸入関税法（Import Duty Act）によって保護関税導入に通商政策をシフトした。そして1932年8月にオタワ協定（イギリス帝国通商協定）を締結して，スターリング圏内（イギリス本国，カナダ，オーストラリア，ニュージーランド，南アフリカ連邦，ニューファウンドランド，インド，南ローデシア，アイルランド）における帝国特恵関税体制を構築，さらにはデンマーク，スウェーデン，ノルウェー，フィンランドの北欧諸国やアルゼンチンなどと通商条約を締結し，事実上のスターリング・ブロックをスタートさせた。その結果，イギリスの対外輸出は1934～37年において上昇に転じ，大恐慌前の水準は回復できなかったものの1920年代に下落したシェア下落に歯止めをかけた上，輸入においてはそのシェアを上昇させた。こうしてイギリス帝国諸国は，イギリス本国が工業製品をブロック圏諸国に輸出し，ブロック圏諸国が一次産品をイギリスに輸出するという国際間分業を一定程度確立することに成功した（国際銀行史研究会編 2012：391-393）。

③日本と円ブロック

日本では，1931年9月の満州事変後の対応失敗などから若槻民政党内閣が総辞職すると，1931年12月に成立した犬養政友会内閣が，直ちに金輸出再禁止と金兌換停止によって金本位制から離脱した。その結果，円相場の大幅下落が放任され円が対ドル・対ポンドで低位安定したことから，日本の輸出は劇的に増

加することになった。また，同時に実施された新規発行国債の日本銀行直接引受による軍備増強を含む財政拡張政策と低金利政策によって，日本の鉱工業生産は1932年以降に急激に回復した。こうした政策パッケージは，1932年5月の五・一五事件で犬養毅首相が倒れた後も後継の斉藤・岡田内閣で大蔵大臣を続けた高橋是清によって担われていたため，当該期は「高橋財政」期と呼ばれる。この「高橋財政」の諸政策の成功によって，日本は主要国の中でもいち早く大恐慌の影響から脱した国の1つとなった。

　しかし，主要な輸出先となっていたイギリス領インドなどスターリング諸国との摩擦が増加したことなどから，植民地朝鮮・台湾と満洲で構成される円ブロック圏のアウタルキー化が一層模索されるようになった。そして，その経済ブロック圏を拡張する志向の先に，華北や東南アジアを視野に入れた「東亜新秩序」と「大東亜共栄圏」があったが，それは同地域に権益を持つイギリスやアメリカとの対立関係を先鋭化させるものでもあった。

　④フランスと金ブロック

　フランスでは，1928年の金本位制復帰時に，第一次大戦前の旧平価ではなく5分の1に切下げられた新平価「ポワンカレ・フラン」が採用されたため，経常収支は黒字化していた。この経常収支黒字の決済を金で求めるフランスの金流入政策は，イギリスの金準備を脅かし，1931年のイギリスの金本位制再離脱の要因となった。しかし，他の主要国が金本位制から離脱した1931年以降にもフランスの通貨当局は金地金本位制に固執したため，他国の為替切下げ政策によって相対的に割高になったフラン相場を緊縮政策で維持せざるを得なくなった。こうした状況の下，1933年7月に，フランスは金本位制を維持しているベルギー，オランダ，スイス，イタリア，ポーランドの5カ国とともに，金本位制と現行の金平価を維持することで通貨の安定を目指す「金ブロック」の結成を宣言した。しかし，意図したようには金ブロック国間の貿易は伸長せず，デフレーションと景気後退が他の主要国よりも長引いたことで，1934年5月にイタリア，1935年3月にベルギー，1936年4月にはポーランドが金本位制から離脱するに至り，金ブロックは事実上崩壊した。

その間フランスでは政治が不安定化し，第3共和政の下で小党乱立・短命内閣が連続することになった。1933年以降にはファシズム政党が躍進したため，それへの対抗から1935年に社会党，急進社会党，共産党による人民戦線が結成された。そして翌1936年5月に社会党のレオン・ブルムを首班とする人民戦線内閣が成立し，同年9月にはついに金本位制停止とフラン切下げが実行された（後述）。

**三国通貨協定とその後**　　フランスによるフラン切下げに対するアメリカ，イギリスの報復的対抗措置（平価切下げ競争）を回避するために，1936年9月25日にアメリカ，イギリス，フランスは三国通貨協定（Tripartite Monetary Agreement）を締結した。同協定締結後，アメリカ・イギリス両国の承認の下で，フランスは金兌換の停止，金輸出禁止，取引所閉鎖とフラン平価切下げを発表して正式に金本位制から離脱し，10月1日の貨幣法でフランはポンドにペッグすることになった。フラン切下げに追随してスイス・オランダも金本位制から離脱したため，金ブロックは完全に解体した。また10月12日には，三国間での金の自由交換に関する協定を追加的に締結し，金の公定価格（1オンス＝35ドル）やアメリカ財務省による金の売買システムが確立された。このことは，アメリカの潤沢な金準備保有を背景として，イギリスとフランスが外貨売買による外国為替市場介入時における価値のアンカーを得たことを意味する。すなわち，イギリスとフランスは，金本位制から離れてもドルを売買することによって自国通貨の価値を維持することが可能になった。その後11月には，ベルギー・オランダ・スイスの3国もこの通貨協定に加盟した。

三国通貨協定では，1971年まで引継がれた金の公定価格に加えて，各国の国内均衡の承認，国際均衡維持の追及，各国の為替切下げ競争の停止などが提唱されていたことから，同協定は第二次世界大戦後のIMF（International Monetary Fund: 国際通貨基金）・ブレトンウッズ（Bretton Woods）体制の先駆的な国際的枠組みであったとみることもできる（第10章）。

以上みてきたように，当該期各国の政策的対応のうち近隣窮乏化政策による政治的緊張や軍備増強を伴う財政拡張が，第二次世界大戦を準備するものとな

った。また一方で当該期は，政府が金融・財政政策を用いて国内経済に介入し景気の安定化を追求するという，第二次大戦後から現代まで引き継がれた新しい経済政策が，大恐慌の克服を通じて模索され，それが定着していった時代であったといえる。

# 4 戦時経済体制

## 大恐慌後の世界経済の混乱

　大恐慌後の世界では，各国の経済において大きな混乱がもたらされた。そのために，世界各国では，対外経済政策として保護主義がとられた。前節でみたように，自由貿易主義を一貫させてきたイギリスですらスターリング・ブロックを形成し，フランスは金ブロックをアメリカはドル・ブロックを形成した。ドイツでは，ブロック経済は「生存圏（Lebensraum）」と称されるような自給自足できる政治的支配圏の確立が急がれ，日本でも「大東亜共栄圏」というスローガンをかかげた，日本，満州，中国北部を中心にしたブロック経済が画策された。ここにおいて，世界経済において，従来の多角的自由貿易網と国際分業体制は事実上崩壊した。しかし，多角的自由貿易網の崩壊が一気に訪れたわけではなく，中国，東南アジアなどを中心に，一部，貿易網維持の可能性が，国際連盟やイギリス，アメリカの国際金融の専門家たちによって，試みられていたのも事実である。

## 計画経済下のソ連経済

　ソ連は，資本主義世界の経済に直接連動しないために，1930年代の世界大恐慌から免れつつ，大きな躍進を遂げたともいわれた。しかし，時々の5カ年計画，計画経済が，意図通りに達成されたわけではなかった。生産の重点も，生産財，とりわけ重化学工業や電力産業に向けられたために，多くの人々は欠乏生活を強いられることになった。

　それにもかかわらず，十分に達成されなかった計画目標は，1933年に始まる

次の5カ年計画にも反映され，民衆をさらに圧迫した。

　白海・バルト海運河の開削などの大型土木事業の実績や基軸素材である粗鋼生産の上昇推移など，ソ連経済の発展を示すデータはいくつか存在しているが，集中的に多くの労働力を動員して遂行された事業や経営の実績であり，そこでは政治犯などの強制労働も含まれていた。

　当時，政治犯の数はいちじるしく増加しており，不足しがちな労働力を補うためにあえて政治犯が作り出されたということも指摘される。つまり，ソ連の経済成長は，当時の世界では過大に評価されており，そのことが第二次世界大戦後にソ連の指導の下に，社会主義陣営が形成されうる要因にもなった。

　さらにソ連国内では，食料や生活物資の欠乏も厳しい問題になった。1930年代は，食糧供給の逼迫が常態化した時期であり，1932年の不作につづいて，翌年は飢餓状態がピークを迎えた。食糧供給が極限まで逼迫し，その状況やそうなった背景については，なお諸説があるが，とりわけウクライナでは，「ホロドモール」と呼ばれるきわめて大きな飢餓の被害が生じた。このような状況にもかかわらず，強硬な工業化方針に変わりはなく，スターリン体制維持のために，以後は恐怖政治の時代に入る（金井・中西・福澤編 2010：146-147）。


### 戦時経済統制とその影響

　経済統制とは，市場の価格機構に何らかの方法で干渉し，その機能を制限することである。経済統制と経済政策との違いは，経済統制は，市場機構へと「直接に介入」し，本来市場で決定されるはずの価格や取引数量その他を規制することである。

　このように経済統制を一口に言っても，実施の主体によって，2つに区分することができる。まず，いくつかの独占的企業がカルテル協定をつくり，価格，数量，各種の取引条件などを統制するのは，自主的経済統制といわれる。このような，自由競争が独占的な企業間組織によって統制される形態は，19世紀末に始まり20世紀に入って一般的になった。ドイツやアメリカなどでは，もっとも早くかつ強力な組織が成立した。

もう１つの経済統制の形態は，国家権力が直接に，市場機構の中に入り，価格，数量，取引条件などを統制しようとするものである。これは，重商主義時代に国が貿易を統制したことに遡ることができる。近代資本主義の下でそれが実施されたのは，第一次世界大戦中のドイツ，イギリスで行われた戦時下の物資統制と価格規制である。その後，1920年代の不況と社会主義国家の成立によって，統制された経済，さらには計画化された経済に対する志向が強まった。

　さて，近代的な戦争は，国民所得の大部分を消費するほどの消耗戦であるため，一国の経済力のすべてを戦争目的に動員しなければならず，そのための軍需産業の拡充，民需産業の軍需産業への転換が，起こらざるを得ない。戦争そのものは，いろいろな主体の利害関係が交錯する過程で行われるが，戦争を遂行するために経済活動を維持するには，国民経済の全分野における国家権力の介入と強力な経済統制が必要になる。

　国家による経済統制は，場合によっては，民間企業の活動を阻害する要因にもなり得るため，民間企業の強い反対を受けることもある。特に戦争準備により軍需産業が拡大するにともなって，民需産業部門の企業においてはそのような傾向がみられる。しかしながら，戦争によって，国家は，戦時経済統制を通じて，独占的企業が生産する大量の軍需品の購買者となるがゆえに，独占的企業に大きな利益を与えることにもなる。

　例えば，アメリカにおいては，第二次世界大戦時に，アメリカの独占体の租税支払後の収益率は，最高の４社で300〜800％，次の９社は200〜300％，それに次ぐ14社では，100〜200％といわれ，戦時生産の花形の１つである航空機生産の５大会社では，1942年の利潤総額は，1936〜39年平均利潤の100倍に上ったとされている（大阪市立大学経済研究所編 1992：807）。

　他方で，軍需品は，国民の消費とはそもそも無関係であるため，生産された生産物は軍事目的に消費され，国民経済の再生産過程とはまったく関係がなくなる。戦争の長期化と軍需生産の大規模化は，結果的に，国民経済の成長という側面ではマイナスの影響を与えることになる。軍需産業を拡大維持するために，軍需産業にますます高い利潤を保証し，金融・資材供給と生産物配給面か

らの統制，労働力の動員・配置転換など，あらゆる面で統制を強化することが必要になる。そのために，巨大企業へ生産を集中せざるを得なくなり，他方，中小企業の吸収合併は促進され，中小企業の大企業への依存も深まる。結果的に，民需部門の中小企業は，多くは転廃業に追いやられることになる。

　労働者は，軍需産業への強制的徴用，賃金が低く統制されるというだけではなく，戦争遂行のための追加的課税など，財政を通じる所得の再分配により，貧困が蓄積されることになる。さらに，軍事費を支出するために赤字国債が発行され（それは不換紙幣が増発されることになる），また消費財生産の縮小によって，インフレーションが進行し，生活水準はさらに切り下げられることになる。

### 日本における戦時経済の推移

　第二次世界大戦前の日本は，軍需産業の基礎になる重化学工業の生産力が欧米諸国に比べて低かったため，大戦中，すべての産業を国家統制の下において，あらゆる人的物的資源を軍事に動員する必要があった。

　日本において戦時経済統制が最初に問題になったのは，世界大恐慌が日本にも波及した1930年当時であり，まず，業界団体による自主統制が意識され，1931年３月に「重要産業統制法」が制定された。これは業界内の生産量・価格など産業の重要な要素をすべて，強制加入のカルテルで内部的に統制し，需要動向を把握して需給関係を調節し，業界の安定を図るものであった。（中村 2017：15-16）

　しかし，このような企業間の組織的な統制では恐慌が回避できないことが明らかになるにつれ，より強い統制という考え方が出てくる。経済の効率的運営のために，国家による統制が必要であるという考え方があらわれ，同時に日本では，資本家の行動に対する批判が，国による統制を要求する考えを醸成させた。私利私欲にとらわれた資本家を国家権力により押さえ込むというわけである。日本の場合，このような思想を背景にしながら，「自由」から「統制」へと，資本主義経済は形を変えていき，戦争への傾斜が，そのことを決定づけることになる。

第8章　大恐慌とその影響

1937年7月に始まった日中戦争を契機にして，同年9月，「臨時資金調整法」および「輸出入品等に関する臨時措置法」が成立した。これらの法律は，物資と資金の両面から不要不急とみなされた生産を抑制することを意図していた。政府は，さらに主要産業ごとに「生産・配給統制法令」を設けて民間需要を制限し，軍需生産を拡大するための国家による経済統制に乗り出した。

1938年4月には，「人力，資材その他一切の資源を政府の支配下に置き，それらを戦争目的のため合理的経済的に利用できるようにする」ために，「国家総動員法」が公布され，国家経済のあらゆる面にわたって，より強力にかつ全面的な経済統制への基礎がつくられた。

1941年8月，国家総動員法に基づいて「重要産業団体令」が公布され，主要産業部門別に生産・配給・所要資材・資金・労務などの需給に関する権限を持つ統制会が設けられ，補助金や資金手当て，輸入割当などで優先的に配分を受け，生産力増強が促進された。それぞれの統制会の会長には財閥の首脳をすえて，産業別に独占資本の系列下に縦の統制機構が作り上げられることになった。さらに，1943年，「地方行政協議会」の組織によって，財閥出身閣僚の統制の下に，地域内の横の連絡調整を密にして，軍需生産の一層の増強に対応する体制を作り上げた。

戦局の拡大に伴い，1943年11月，航空機を重点とする軍需生産をさらに拡大させるために軍需省が設置された。それは，資源を動員し，原料の割当と統制を行ったが，指定した軍需会社（1944年10月24日までで671社）について，それぞれの預金・貸付勘定を，それぞれ1つの銀行に集中することを命令した。これにより，軍需会社が資金面で優遇されるとともに，日本銀行を頂点とした，戦時金融公庫など国策金融機関によって支えられた財閥銀行重点の金融面からの統制方式が完成させられた。

このような国家統制は，1939年の物価停止令を有名無実化し，例えば，基準小売物価指数は，1936年を100として，1944年に390まで上昇した。さらに，中小企業の廃業・統合は，1942年〜43年にかけて980件，資本金にして107億円の合併が行われている。また，綿紡績業においては，戦時統制により10社独占を

189

第Ⅲ部　世界大恐慌から戦後秩序へ

完成することができただけでなく，10社の利益は，戦前最高時の1937年を100
として，1942年202.2，1943年180.4，1944年193.6，1945年上期249.2と，綿糸
生産の激減と逆行する形で増大している。三井・三菱・住友・安田の４大財閥
の４つの持株会社は，1930年の総資産額合計８億7500万円を，終戦時には，政
府の特恵的な補助金の貸付や交付金と小経営の強制合併などの措置のおかげで
自己の投資額を実質的に増加させることなく，3.4倍強に増加させた。この数
字は，財閥本社だけの数字であり，多くの子会社，孫会社の支配網はさらに拡
大した（大阪市立大学経済研究所編 1992年：808）。

　日本の場合，戦時経済統制の手法は第二次世界大戦後の経済政策にも生かさ
れていくことになった。企業の構造，財政制度，金融システムなどにおける日
本特有の要素は戦時体制に起因するものが多い。批判も多く存在しているが，
野口悠紀雄は，これを「1940年体制」と呼んでいる。

　さらに，戦時経済は，国家のあらゆる物的・人的資源を動員したから，徴兵
され戦地に送られた男性に代わり女性を労働現場で働かせることになった。そ
れによって，性的な役割分担についての社会常識の是正，女性の技能習得と社
会進出が進み，第二次世界大戦後の女性の地位の向上につながったという側面
もある。

**参考文献**

石見徹『世界経済史』東洋経済新報社，1999年。

大阪市立大学経済研究所編『経済学辞典（第３版）』岩波書店，1992年。

大下尚一・西川正雄・服部春彦・望田幸男編『西洋の歴史［近現代］編』（増補版），
　　ミネルヴァ書房，1998年。

金井雄一・中西聡・福澤直樹編『世界経済の歴史——グローバル経済史入門』名古
　　屋大学出版会，2010年。

C. P. キンドルバーガー（吉野敏彦・八木甫訳）『熱狂，恐慌，崩壊——金融恐慌の
　　歴史』日本経済新聞出版社，2004年。

国際銀行史研究会編『金融の世界史——貨幣・信用・証券の系譜』悠書館，2012年。

P. テミン（猪木武徳・山本貴之・鳩澤歩訳）『大恐慌の教訓』東洋経済新報社，
　　1994年。

中村隆英『日本の経済統制——戦時・戦後の経験と教訓』ちくま学芸文庫，2017年
　　（最初は，日経文庫の1冊として，1974年に出版されている）。

野口悠紀雄『1940年体制（増補版）』東洋経済新報社，2010年。

B. バーナンキ（小谷野俊夫訳）『連邦準備制度と金融危機』一灯社，2012年。

T. E. ホール，J. D. ファーグソン（宮川重義訳）『大恐慌——経済政策の誤りが引き起こした世界的な災厄』多賀出版，2000年。

M. フリードマン，A. シュウォーツ（久保田恵美子訳）「第7章　米国金融史」『大収縮 1929-1933』日経 BP 社，2009年。

### 練習問題

**問題1**

株式市場の暴落が，経済全体の大不況に及んだのはどのような理由からだろうか論じなさい。

**問題2**

金本位制が金融政策の「足枷」になってしまうのはどうしてだろうか論じなさい。

**問題3**

アメリカで始まった大恐慌が世界に拡散したメカニズムはどのようなものだったのか論じなさい。

（内藤友紀）

第**9**章

# 戦後国際経済秩序の形成と展開

---

**本章のねらい**

　本章では，第二次世界大戦後の国際経済秩序，特に IMF・GATT 体制に焦点を当てる。この体制は，①国際通貨基金（International Monetary Fund: IMF）によって運営・管理される，ドルと金の結びつきを軸とした固定相場制度（IMF 体制），②「関税及び貿易に関する一般協定（General Agreement on Tariffs and Trade: GATT）」の下で行われた関税引き下げ交渉を通じた自由貿易体制の構築（GATT 体制），という 2 つの柱によって支えられていた。ゆえに，この国際経済秩序を指して IMF・GATT 体制と呼ぶ。本章のねらいは，この IMF・GATT 体制の特徴及び成立から終焉までのプロセスについて理解する点にある。

---

## 1　IMF・GATT 体制の成立

### IMF・GATT 体制の政策目標

　第二次世界大戦後の国際経済秩序は，国際的な自由貿易体制と安定的な為替相場制度の確立を目標として構築された。それは当時の政策担当者に共有されていた世界大恐慌時の経験に対する反省に基づくものであった。

　1930年代に生じた世界大恐慌からの脱出を目指して，多くの国が保護貿易政策を採用した。関税は大幅に引き上げられ，貿易に必要な外国通貨との交換も制限された。その結果，貿易・決済システムは崩壊し，国際的な貿易量は大きく減少し，国際経済はブロック経済体制へと陥ってしまった（第 8 章）。こうした近隣窮乏化政策は各国の経済的な対立を招き，第二次世界大戦の原因の 1 つ

193

第Ⅲ部　世界大恐慌から戦後秩序へ

となったのではないかと考えられた。ゆえに第二次世界大戦後の国際経済秩序の形成にあたっては，自由貿易体制とそれを支える安定的な為替相場制度の確立が重視された。この目的を達成するために構築された戦後国際経済秩序が，IMF・GATT 体制であった。

### IMF 体制と固定為替相場制度

　戦後国際経済秩序をめぐる議論は，1939年の開戦直後から始まっていたが，構想が具体化していくのは，第二次世界大戦の帰趨が明らかになった1944年以降のことであった。その秩序の構築は，第二次世界大戦中から圧倒的な経済力を誇っていたアメリカが主導する形で行われた。例えばアメリカは，1948年時点で，世界の鉱工業生産の53.5％を占めていた（宮崎他 1981：138）。

　まず IMF 体制からみていこう。IMF 体制下における為替相場制度は，1944年 7 月に締結された IMF 協定によって規定された。この制度の中心となるのはドルと金の結びつきである。全ての諸国の通貨が金とのリンケージを持ち，その価値が金によって規定されていた金本位制とは異なり，IMF 協定では，ドルのみが「金 1 オンス＝35ドル」という形で金とのリンケージを持つと定められた。なぜならば当時，アメリカのみで世界全体の公的金準備の約 3 分の 2 を保有していたからであった。他の諸国の通貨は金とのリンケージを持たず，ドルと各国通貨の交換レートのみが固定されていた。一方アメリカは，各国政府が保有するドルについてのみ，金と交換する要求があった場合，それに応じる義務を負った（民間部門が保有するドルは金と交換しない）。

　IMF 協定の下では，アメリカ以外のすべての加盟国が，ドルと自国通貨の交換レートを固定することによって，各国通貨同士の交換レートも固定された。例えば，日本が「 1 ドル＝360円」，イギリスが「 1 ポンド＝ 4 ドル」という形でドルとの為替レートを固定したとする。すると「360円（＝ 1 ドル）×4＝ 1 ポンド」となり，円とポンドの為替レートは，「1440円＝ 1 ポンド」で固定される。こうした形で IMF 協定の下，各国間の為替レートが固定される固定相場制度が形成された。ただし固定された交換レートは，各国の経済状況に応じて，

調整・変更することが可能であった。この機能を指して，IMF 体制は「調整可能な釘付け」制度とも呼ばれる。

## 通貨の交換性の回復

固定相場制度とともに重要なのは通貨の交換性を回復することであった。ブロック経済体制の下では，通貨の交換性が停止されていた。つまり各国は為替管理を実施し，貿易などの国際的な取引のために，自国通貨を外国通貨と交換することを厳しく制限することを通じて，保護貿易政策を遂行していた。自国通貨と外国通貨が交換できない状態が続けば，当然，国際貿易は停滞してしまう。そこで IMF 協定では，貿易などの経常取引の場合，為替管理を撤廃し，通貨の交換性を回復することが原則とされた。これを規定したのが IMF 協定第 8 条であり，固定相場制度の下で，自由貿易の発展を通貨の側面から促進することを目指していた。一方で，国際的な資本移動に関する規制は容認された。自由な資本移動は，投機を招き，国際金融市場に混乱をもたらすことを通じて，固定相場制度の維持を困難にすると考えられたからであった。また各国は，資本移動の自由化を規制することよって，固定相場制度の維持のために，自国の金融政策を割り当てなくても良くなり，比較的自由に国内経済の情勢に合わせて，金融政策を活用できると想定された。

一方で，多くの国は第二次世界大戦の戦災からの復興を大きな課題としていた。この戦後復興期においては，通貨の交換性の回復を実現することは困難であった。なぜならばドルが不足していたからであった。通貨の交換性を回復した場合，各国は唯一金の裏付けを持つドルと自国通貨の交換を迫られる可能性が高かった。しかし保有しているドル準備は少ない。その状態で交換性を回復した場合，ドル不足状況に直面し，固定された為替レートをすぐに維持できなくなってしまう。例えば，1947年に交換性を回復したポンドは，ドルとの交換要求が殺到し，一瞬で交換停止に追い込まれた。ゆえに IMF 協定では第14条において，あくまでも過渡的な措置として，通貨の交換性の停止を認めていた。このような形で為替管理を行う国のことを，それを定めた IMF 協定第14条に

ちなんで14条国と呼ぶ。一方，通貨の交換性を回復した国は8条国と呼ぶ。

IMFは，固定相場制度における為替レートの管理，通貨の交換性回復への支援に加えて，短期的に国際収支危機に陥った加盟国への融資もその機能としていた。これは通貨の交換性を回復した8条国が，外貨準備の不足から固定された為替レートを維持できなくなった場合，一時的に融資を行い，その危機を回避させるためのものである。

### GATT 体制の成立

次にGATT体制についてみていこう。国際貿易体制についても，第二次世界大戦中から議論が行われてきたが，大きな転機となったのは，1948年に開催されたハバナ会議であった。ハバナ会議では，国際貿易機関（International Trade Organization: ITO）の設立を目指してITO憲章が調印された。この時点ではITOを中心に，国際的な自由貿易体制を発展させていくことが意図されていた。ITOが実際に設立されるためには，調印されたITO憲章に対する参加各国議会の同意が必要とされた。しかし国際機関による内政干渉を警戒するアメリカ連邦議会が反対し，他の諸国の議会も国際機関による自由貿易の大幅な進展が，戦後復興の障害となることを警戒した。ゆえに結局，各国議会の同意が集まらず，ITOは実現しなかった。

ITO憲章が挫折した後，自由貿易体制の発展を担う役割を果たしたのがGATTであった。そもそもGATTは，1947年に締結された協定であり（国際機関ではない），ITOが正式に設立されるまでの間の過渡期を担う暫定的なものと位置づけられていた。つまり戦後の貿易自由化交渉は，国際機関によって担われる予定だったものが，GATTという暫定的な協定に基づく多国間交渉によって進められることになった。結局，GATTは1995年に世界貿易機関（World Trade Organization: WTO）が，国際貿易を司る国際機関として発足するまで，貿易交渉の中心に位置づけられた。

## GATT の基本原則と例外

GATT の基本的な原則は，「自由・無差別・多角」である。「自由」とは，非常に保護貿易主義的な性格を持つ輸入数量制限を撤廃し，関税のみを保護貿易手段として容認し，その引き下げを交渉していくことを指す。「無差別」とは，特定の国を何らかの政策や制度によって差別してはならないという原則である。最恵国待遇の原則と内国民待遇の原則が代表的である。最恵国待遇の原則とは，もしも，ある一国に対して有利な条件を与えた場合，それと同等の条件を加盟国すべてに与えなければならないというものである。例えば，日本がアメリカとの交渉の結果，自動車輸入に課す関税を引き下げた場合，他の加盟国にも同様な形で引き下げを実施しなければならない。内国民待遇の原則とは，国内の法律や制度によって，国内産品と外国産品を差別してはならないということである。例えば，国内産品と外国産品に異なった消費税率を課してはならないということである。「多角」とは，二国間交渉やブロック経済の形成ではなく，加盟国全体と多角的に貿易交渉を行うことを意味する。この加盟国が参加して行われる多角的貿易交渉は「ラウンド」と呼ばれた（奥 2012：90-91：石川他 2013：175-185）。

　一方で例外も存在した。代表的な例外措置は以下の 3 点である。第一に，農業分野である。農業分野は各国において保護政策の対象とされ，多くの場合，ラウンドにおける自由貿易交渉の対象とされなかった。対象とされた場合においても，多くの例外的な措置が認められた。第二に，欧州経済共同体（European Economic Community: EEC）のような関税同盟や自由貿易協定（Free Trade Agreement: FTA）などの地域貿易協定である。地域貿易協定は，協定締結国のみを優遇し，その他の加盟国を差別するため，先述した「無差別」の原則に反する。しかし GATT 第24条において，一定の条件（域内の全ての貿易障壁の撤廃，非締結国に対する貿易障壁を上げない，など）を満たした場合，その締結が認められていた。第三に，途上国との貿易である。第二次世界大戦後から1960年代にかけて多くの国が，植民地からの独立を達成したものの，経済的な停滞に苦しんでいた。そうした途上国側は，自由貿易体制によって先進国から

搾取されていると主張し，国際貿易体制の改革を主張した。これに対して先進国側も，GATT の原則をそのまま途上国に対して適用しなかった。例えば，1970年に導入された一般特恵関税制度（GPS）がある。これは先進国側が途上国産品を関税面で優遇する制度である。これは「無差別」の原則に反するものであるが，認められた（奥 2012：91-92；石川他 2013：176，216-217）。

### 冷戦の影響

このように IMF・GATT 体制は，為替相場の安定と自由貿易体制の確立を目指したものであったが，主要国すべてを包摂する体制とはならなかった。なぜならばアメリカとソ連の対立が激化し，冷戦が勃発したためである。第二次世界大戦後，戦後処理の在り方をめぐり，アメリカとソ連の対立関係は激化していった。ヨーロッパ全体の復興のためにドイツの再建を重視するアメリカと，ドイツに対する安全保障の確保を重視し，その弱体化を図るソ連は激しく対立した。その結果，ヨーロッパは民主主義と資本主義を原則とするアメリカを中心とした西側陣営と，共産主義と計画経済体制を原則とするソ連を中心とした東側諸国に分断されてしまった。その後両者の対立構造は，アジアやアフリカなど，各地域へとグローバルに展開していった（河﨑 2012）。

こうした東西両陣営の対立は経済面にも大きな影を落とした。IMF・GATT 体制の枠組みに参加したのは西側諸国のみとなり，東西両陣営間の貿易は制限された。特に東側諸国の軍事力の強化に資するような製品や技術の西側からの輸出については，1950年に設立された対共産圏輸出統制委員会（Coordinating Committee for Multilateral Export Controls: COCOM）によって厳しく制限された。またソ連を中心として，東ヨーロッパ諸国も，社会主義諸国間の経済協力を進め，アメリカを中心とする西側諸国に対抗するため，1949年に経済相互援助会議（Council for Mutual Economic Assistance: COMECON）を結成した。

## 2　IMF・GATT 体制の現実と経済成長

### 経済成長率の推移

IMF・GATT 体制の下における主要地域の経済成長率をみていきたい。表9‐1は，西ヨーロッパ，アメリカ，日本，東ヨーロッパ，ソ連の実質 GDP 成長率を示したものである。1950～1973年の部分が IMF・GATT 体制期にあたる。表9‐1から明らかなように，前後の時期と比較して，各地域とも経済成長率が高くなっている。IMF・GATT 体制期は，高い経済パフォーマンスが実現していた時期であったといえよう。しかし1950年代において，IMF・GATT 体制は想定された形では十分に機能していなかった。以下では，主として西ヨーロッパ諸国とアメリカの関係を中心に，この点についてみていこう（東側諸国については *Column* ⑭を参照）。

### ドル不足問題

IMF 体制下における固定相場制度は，ドルを基軸とするシステムであったが，そのドル自体が西ヨーロッパ諸国において不足しているという大きな問題が存在した。ゆえに西ヨーロッパ諸国は，14条国のままであり，通貨の交換性は回復していなかった。そこでアメリカは，ドル不足の解決を目指して，西ヨーロッパ諸国に対する大規模な経済援助を実行した。それが1947年に公表されたマーシャルプランであった。マーシャルプランは，西ヨーロッパ側の援助受入機関としてヨーロッパ経済協力機構（Organisation for European Economic Coopera-tion: OEEC）を設立させ，経済援助を実行した。1948～1951年にかけて約130億ドルの経済援助が西ヨーロ

表9‐1　各地域の実質 GDP 成長率の推移

（単位：%）

|  | 1913～1950年 | 1950～1973年 | 1973～2001年 |
|---|---|---|---|
| 西ヨーロッパ | 1.19 | 4.79 | 2.21 |
| アメリカ | 2.84 | 3.93 | 2.94 |
| 日　本 | 2.21 | 9.29 | 2.71 |
| 東ヨーロッパ | 0.86 | 4.86 | 1.01 |
| ソ　連 | 2.15 | 4.84 | −0.42 |

（出典）マディソン（2004：412）より作成。

第Ⅲ部　世界大恐慌から戦後秩序へ

## ── *Column* ⑭　ソ連と東ヨーロッパ経済 ──

　表9-1にあるように，IMF・GATT体制の枠外にあったソ連と東ヨーロッパ経済も同時期に高い経済成長率を実現していた。しかし，その成長は歪んだものであった。ソ連では，計画経済体制の下，重化学工業と軍事技術の開発に重点が置かれていた。それはアメリカを中心とした西側諸国に軍事的に対抗するためであった。その結果，重化学工業の生産量や軍事面での技術力は一定向上していった。一方で，消費財生産や農業は発展しなかった。特に農業生産は，ソ連政府のテコ入れによっても成長せず，危機的な状況が続いた。計画経済体制下で採用された集団農場体制においては，生産性の向上に対するインセンティブが与えられていなかったためである。その結果，国民の食糧事情や消費生活は苦しい状況に置かれてしまった。多くの東ヨーロッパ諸国の経済政策も，ソ連と類似しており，同様の問題を抱えていた。このように計画経済体制は，重化学工業分野に限れば，当初は成果を出せていたものの，国民の生活に対する不満は高まっていくばかりであった。また計画経済体制自体も，①計画に従うことが最優先されるため，個々人の努力が引き出せない，②コスト管理や効率性よりも目標（ノルマ）達成が重視されてしまう，という問題を抱えていた。そうした弊害の表面化が，表9-1で示されているような，1973年以降の経済的な停滞の原因となったと考えられる。そして経済的な停滞は，最終的に，ソ連の崩壊（1991年）へとつながっていった（猪木 2009：76-82, 172-190, 319-322）。

　またCOMECONは，東ヨーロッパ諸国とソ連との間の国際的分業体制を構築し，効率的に経済成長を実現することを目的としていた。しかし実態は，多くの資源を有するソ連経済に東ヨーロッパ諸国が依存する体制となり，ソ連が東ヨーロッパ諸国をコントロールする手段の1つとなってしまった（キャメロン＆ニール 2013：269-270）。

ッパ諸国中心に供与された。また1952年からは，マーシャルプランに代わり，相互安全保障法に基づく軍事援助が行われるようになった。

　しかし西ヨーロッパ諸国のドル不足問題が急激に解消された訳ではなかった。1950年代の西ヨーロッパ諸国は，以下の2つの手段を用いてドル不足問題に対応していた。

　第一に，1950年に設立されたヨーロッパ決済同盟（European Payment Union:

EPU）が大きな役割を果たした。西ヨーロッパ諸国は，ドルを節約するために域内貿易では相互に自国通貨を使用し，最終的に輸出入額の不均衡のため，帳尻が合わなくなった部分については，政府間において金・ドルで決済するという仕組みを導入した。この仕組みを担ったのがEPUであった（実際の運営は国際決済銀行［BIS］によって行われた）。第二に，ポンドの活用である。第二次世界大戦前に国際通貨としての地位を占めていたポンドは，世界中で流通しており，様々な取引に使用されていた。そうした戦前の基礎の上に，ポンドが引き続き，国際通貨として利用されることになった。またイギリスは，為替管理を活用して，第二次世界大戦前からの植民地を中心としたポンド圏（スターリング・ブロック）の維持に努力していた（山本 1997：86-89）。

### 西ヨーロッパ域内の貿易自由化

　国際貿易面においては，まずGATTにおける関税引き下げ交渉が行われた。表9-2は，GATTの下で行われた関税交渉の一覧である。1950年代には4回の交渉が行われた。第2～4回の成果は小規模であったものの，第1回では世界貿易の半分以上を占める約4万5000品目について，関税引き下げや関税率の上限設定が行われた。この関税引き下げ交渉をリードしたのはアメリカであった。アメリカは率先して自国の関税を引き下げることを通じて，自由化の流れを牽引していった（佐々木 1997：93-95）。アメリカ国内市場を開放し，他国からの輸出を受け入れることを通じて，ドル不足問題を解決することも意図されていた。

　一方，西ヨーロッパ諸国は，アメリカに対しては差別的な保護貿易措置を残しつつ，域内における貿易自由化を進めていった。OEECの枠内において貿易自由化を進めていく一方，1958年にはEEC（加盟国はベルギー，西ドイツ，フランス，イタリア，ルクセンブルク，オランダ）を結成し，関税同盟の構築に着手した。その後，EECは加盟国を増やし貿易以外の面でも，ヨーロッパ統合が進んでいくことになる（第10章）。

第Ⅲ部　世界大恐慌から戦後秩序へ

表9‐2　GATT の関税交渉

|  | 時　期 | 参加国数 | 主な交渉内容 | 新譲許成立品(概数) |
|---|---|---|---|---|
| 第1回 | 1947 | 23 | 関税引き下げ | 45,000 |
| 第2回 | 1949 | 32 | 関税引き下げ | 5,000 |
| 第3回 | 1950〜51 | 34 | 関税引き下げ | 8,700 |
| 第4回 | 1956 | 22 | 関税引き下げ | 3,000 |
| 第5回 | 1961〜62 | 28 | 関税引き下げ | 4,400 |
| ケネディ・ラウンド | 1964〜67 | 46 | 関税引き下げ | 30,300 |
| 東京ラウンド | 1973〜79 | 99 | 関税引き下げ，非関税障壁低減 | 33,000 |
| ウルグアイ・ラウンド | 1986〜94 | 124 | 市場アクセスの改善，ルールに関する交渉，新交渉分野 |  |

（出典）奥（2012：115）より作成。

### アメリカの対応

　以上のようにアメリカは自国の市場を開放するとともに多額の援助を西ヨーロッパ諸国に行うことを通じて，ドル不足問題の解決を目指した。一方，西ヨーロッパ諸国は，国際金融面でも国際貿易面でもアメリカに対して差別的な対応を取りつつ，西ヨーロッパ域内の貿易自由化と決済網の整備を進め，戦後復興と経済成長を実現したといえる。例えば，EEC 6カ国＋イギリス，デンマーク，アイルランドが，世界全体の輸出に占めるシェアは，1948年の24％から1958年には31.5％へと大きく拡大し，戦前の水準を回復している（宮崎他1981：144）。そしてドル不足問題に一定の解決の目処がついた西ヨーロッパ諸国は，1958年に8条国へと移行した。そうした意味では，アメリカがIMF・GATT 体制の実現を急がずに，過渡期を設けたことが，混乱を防ぎ，西ヨーロッパ諸国の戦後復興と経済成長を促進する有効な措置であったと評価できよう。

　しかし1950年代を通じてアメリカは，そうした西ヨーロッパ側の政策をなぜ容認したのだろうか。当然，アメリカの経済力が圧倒的な規模であったということが，大きな背景をなしていたが，より重要な要因は，冷戦であった。冷戦構造がグローバルに展開し，激化していく中，アメリカは西側陣営の盟主として，陣営内への西ヨーロッパ諸国の取り込みを図る必要があった。そこでアメリカは，西ヨーロッパ諸国の自国に対する差別的な政策を容認した上で，自国

202

第 9 章 戦後国際経済秩序の形成と展開

市場を開放すること通じて，自由貿易を推進するとともに，グローバルに国際
援助を実行していった。そうした中で，西ヨーロッパ諸国の協力を取り付け，
冷戦を優位に戦おうと考えていたのである。

## 3 IMF 体制の終焉とグローバル化の進展

### 流動性のジレンマ

先にみたように，西ヨーロッパ諸国は1958年に 8 条国へと移行した。通貨の
交換性が回復すると，市場での取引においては，ポンドではなく，金の裏付け
を持つドルが使用される頻度が上昇していった。つまりドルを中心とする固定
相場制度という，IMF 体制が当初想定したものが機能し始めたといえる。し
かし，そうした状態は長く続かず，すぐに IMF 体制は危機へと陥ってしまっ
た。その大きな原因は，アメリカからの過剰なドルの流出であった。1950年代
においてはドル不足が大きな問題であった。そのドル不足が解消された後，さ
らにアメリカからのドルの流出が続いたことが，IMF 体制に危機をもたらし
た。なぜだろうか。

問題は IMF 協定によって規定されたシステム自体に内在されていた。IMF
協定においては，金との結びつきを持つドルがその基軸となっていた。ゆえに
国際的な取引もドル中心で行われることが想定されていた。とすればドルが不
足していた場合，国際貿易も停滞してしまう。これが1950年代に国際経済シス
テムが直面していた状況であった。ゆえにアメリカが世界中にドルを供給して
いかなければ，国際貿易の再建は進まなくなってしまう。アメリカが，マーシ
ャルプランによってドルを供給するとともに，自国市場を西ヨーロッパ諸国に
対して開放した理由であった。

しかし，アメリカがドルを過剰に供給した場合，別の問題が生じてしまう。
公的機関の保有するドルは，アメリカに要求すれば，金へと交換することがで
きる。制度上アメリカは，いかなる状況下においても，この要求に応じざるを
得ない。その結果，アメリカが保有する金は減少していく。その結果，金とド

203

ルの交換が持続可能かどうかという疑問が生じてしまい，ドルに対する信頼性が低下してしまう。こうした IMF 体制下においてドルが抱える難問を指して，「流動性のジレンマ」と呼ぶ。

### ドル過剰の形成

ではドル不足からドル過剰への移行は，どのような要因によって進んでいったのか。以下の3点が指摘できる。

第一に，アメリカの財政支出の大幅な拡大である。1960年代のアメリカは2つのルートで財政支出を拡大させた。ベトナム戦争と社会福祉の拡充である。1950年代後半以降，なし崩し的にアメリカはベトナム戦争へと介入していき，1973年に完全撤退するまで，毎年，多額の軍事費を支出していた。また1960年代には，社会保障制度の充実を目指して，様々な福祉目的の財政支出が拡大していった。特に L. ジョンソン（Lyndon Johnson）大統領（任期：1963〜1968年）は「貧困との戦い」を掲げ，高齢者医療保障や貧困層への就学支援制度など，福祉制度の充実を行ったが，それは必然的に財政支出の大幅な拡大をもたらした。

第二に，アメリカ企業や金融機関の多国籍化である。1960年代に入り，アメリカ企業は積極的に海外へと進出していった。アメリカ企業による直接投資額は，1957年の252億ドルから1970年の782億ドルへと約3倍に拡大した（宮崎他 1981：218）。その結果，海外への投資に使用されるドルが，アメリカから流出していき，海外におけるドル過剰の形成を促進した。

第三に，輸入の増大である。第二次世界大戦後には圧倒的な地位を誇ったアメリカ経済であったが，1950〜60年代にかけての西ヨーロッパ・日本の経済成長によって，その優位性を相対的に失っていった。西ヨーロッパ諸国と日本は，アメリカに対して大規模な輸出を行い，その代金の支払いを通じて，アメリカからドルが流出していった。西ヨーロッパ諸国と日本は，1950年代に経済成長を達成し，競争力を向上させたため，1940年代に設定された為替レートは，以前よりも輸出する側に有利となっていた。しかも各国は，有利な状況を手放したくないため，為替レートの再調整に積極的に応じることはなかった。このこ

第❾章 戦後国際経済秩序の形成と展開

―― *Column* ⑮　ケインズ主義と新自由主義 ――

　第二次世界大戦後から1960年代までの先進各国の経済政策上の目標は，拡張的な財政政策と金融緩和政策を組み合わせ，完全雇用と安定的な経済成長を実現することにあった。つまり財政支出を拡大するとともに，金融緩和政策によって，利子率を引き下げ，投資を刺激することを通じて，需要を拡大し，経済成長を実現しようと考えていた。こうした経済政策体系を指してケインズ主義と呼ぶ。

　しかしケインズ主義は，1970年代に厳しい批判にさらされた。なぜならば失業率とインフレ率がともに高止まりするスタグフレーションという事態に先進各国が陥ったためである。拡張的な財政・金融政策によっても，事態は改善せず，さらにインフレーションは加速した。

　ケインズ主義に代わり，1970年代末から台頭してきたのが新自由主義に基づく経済政策であった。新自由主義は，需要サイドへの過度な刺激がスタグフレーションの原因であり，市場での競争を強化し，企業や労働者のインセンティブを高めるような供給サイドの改革が景気回復のために必要であると主張した。その経済政策は，企業や労働者に対する減税，様々な規制緩和によって市場での競争を促進するなど，政府による経済プロセスへの関与を削減するものであった。こうした新自由主義の考え方は，1980年代以降，ケインズ主義に代わり，先進各国の経済政策に大きな影響を与えた。

とは，インフレ下で競争力を失いつつあったアメリカ企業をさらなる苦境に追い込んだ。第一の点で指摘した財政支出の増大がインフレの原因となり，それが賃金の高騰を招き，アメリカ企業の競争力を大きく低下させてもいた。しかも経済状況の変化に応じる形で為替レートが調整されなかったため，さらにその競争力の低下が加速した。

## IMF 体制の崩壊

　以上のような形で，過剰なドルが形成されるとともに，アメリカ経済は苦境に陥ってしまった。国内では財政状況が悪化するとともにインフレが生じ，企業の競争力も低下していった。各国からの輸入は増大し，経常収支は赤字へと転落していった。ドルが過剰になっていくと同時に，ドルに対する信任も低下

205

していき，ドルと金の交換をアメリカに要求する国やその金額も増えていった。その結果，1970年にアメリカが保有していた公的金準備は，1948年と比較して半減してしまっており，世界の公的金準備全体に占める割合も25％程度へと大きく低下してしまった（宮崎他 1981：156）。

そしてついに，1971年8月15日，アメリカのR. ニクソン（Richard Nixon）大統領（任期：1969～1974年）は，金とドルの交換停止を一方的に宣言した。これをニクソン・ショックと呼ぶ。それ以外にもニクソン大統領は，輸入課徴金10％の導入，インフレ対策として価格統制を導入することを発表した。これはIMF 体制の維持を放棄し，国内経済の問題に集中する姿勢を示したものと評価できる。

その後，固定為替レートの調整など，IMF 体制の再建に向けた協議が行われたものの，最終的には合意を形成することができず，IMF 体制はなし崩し的に崩壊していった。しかし国際通貨としてのドルの地位に変化はなかった。ドルは IMF 体制崩壊後も，国際通貨としての地位を保ち続けた。その理由として，①相対的に経済力は低下したといえども，依然として政治・経済面で世界最大の大国アメリカの通貨であること，②輸出市場としてのアメリカの重要性，③すでに膨大な量のドルが世界中に存在しており，国際取引に使用する際に便利であること，の3点が考えられよう。過剰ドルの形成は，IMF 体制崩壊の引き金となったが，一方で，その崩壊後もドルが国際通貨としての地位を占める基盤を築いていたともいえよう。

IMF 体制崩壊後，為替相場制度は，固定相場制度から変動相場制度へと移行した。そして IMF 体制下では規制されていた資本移動の自由化が一気に進展していくことになる。IMF 体制は崩壊したものの，その中心的な国際機関であった IMF 自体は生き残り，グローバル化が進んでいく中で，新たな役割を担うことになる。

### 国際貿易の拡大と新たな課題

国際貿易面においては，1960年代に貿易自由化が大きく進展する一方，新た

第9章　戦後国際経済秩序の形成と展開

な課題も浮き彫りになっていった。その契機となったのが，アメリカの通商拡大法（1962年）の制定である。通商拡大法によって大統領は議会から，貿易交渉の際に関税率を大幅に引き下げる権限を与えられた。ジョンソン大統領は，この権限を活用し，西ヨーロッパ諸国や日本に対して，互恵的な貿易自由化を求めるようになった。これは，一方的にアメリカが市場を開放する政策から，相互に貿易自由化を進めていく政策へとアメリカの方向性が大きく変化したことを意味した。この変化の最初の場となったのが，ケネディ・ラウンド（1964～1967年）であった。表9-2に示されているように，ラウンドへの参加国数や関税引き下げの対象となる品目が大きく拡大している。その後，国際貿易も急速に拡大していった。

　関税引き下げにともなう国際貿易の拡大は，国際貿易体制に関する新たな課題を生み出した。GATT の下で行われてきた貿易交渉は，主としてモノの貿易に関わるものであり，関税引き下げ交渉が主要なテーマであった。しかし関税の低下が進むに連れて，貿易に関わる他の問題が提起されるようになった。例えば，金融取引を含むサービス貿易の自由化，貿易を阻害する関税以外の要素である非関税障壁（例えば製品規格の各国ごとの違い）に関わる問題，特許や映画などの著作物を保護する知的所有権制度の国際的な整備など，GATT の枠内では対応が不可能な問題である（奥 2012：187-191）。

　一方で互恵的な貿易を求めるアメリカの貿易政策は，1970年代後半から更に強硬なものとなっていった。特に1970～1990年代後半にかけて断続的に発生した日本との貿易摩擦においては，対日輸入規制をちらつかせながら，アメリカ製品の輸入数値目標を日本に対して要求し，それまでの自由貿易の原則から大きく逸脱する姿勢を示していた。これは冷戦構造が定着していく中で，戦略上の考慮よりも，アメリカ自身の経済的な利益を重視していく姿勢を示していると言えよう。こうした方向性は，国内経済の状況を優先し，IMF 体制の維持よりも，その崩壊を選択したニクソン大統領による決断の延長線上にあった。一方，アメリカ以外の諸国にとっては，自由貿易の原則を逸脱する攻撃的なアメリカの貿易政策にどのように対応するのかが大きな課題となった。

207

第Ⅲ部　世界大恐慌から戦後秩序へ

### ウルグアイ・ラウンドと WTO

　以上のような課題の解決を目指して，まず東京ラウンド（1973〜1979年）においては非関税障壁の問題が交渉対象に挙げられ，政府調達や補助金に関する制度などについて一定の合意が形成された。そして次に行われたウルグアイ・ラウンド（1986〜1994年）が，GATT 体制の大きな転機となった。このラウンドにおいても，関税交渉だけではなく，それ以外の課題についても交渉が行われた。そして，あくまでも暫定的なものであった GATT に代わり，新たに貿易を司る国際機関として，WTO の設置が合意された。

　1995年に発足した WTO は，それまで GATT の下で発展してきた自由貿易体制の成果を受け継ぐ一方，新たな分野もその対象として含んでいた。代表的なものとしては，「知的所有権の貿易関連の側面に関する協定（TRIPS 協定）」，金融分野を含むサービス貿易全体の自由化を進める「サービス貿易に関する一般協定（GATS）」が挙げられる。また貿易紛争の処理機能も大幅に強化され，例えば日米貿易摩擦のような問題も，WTO の枠内で解決が図られるメカニズムが構築された。ここに GATT 体制は発展的な形で解消され，新たな WTO 体制がスタートすることになった（奥 2012：235-243）。

### グローバル化の進展

　IMF 体制の崩壊は，グローバル化を一気に進展させる契機となった。固定相場制度から変動相場制度へと移行した先進国は，1980年代以降，IMF 体制の下で規制していた資本移動の自由化を，急速に押し進めた。資本移動の自由化は，先進諸国における金融規制の緩和ともあいまって，各国経済の相互浸透を促進する要素となった。またアメリカは，二国間交渉や WTO の場において，途上国に対しても資本移動の自由化を要求するようになった。途上国側も，経済成長の源泉として，海外からの投資を位置づけるようになり，資本移動の自由化を進め，先進国から資金や直接投資を受け入れていった。その結果，アジア地域を中心として経済成長に成功する諸国が生み出されていった。以上のような意味において，IMF 体制の崩壊は，現在の為替相場制度や資本移動の

活発化の起点になったと位置づけられる。

一方で，各国の金融市場が緊密に結びついた結果として，IMF 体制下では
ほとんど見られなかった金融危機が頻発するようになった（1997年アジア通貨危
機，2008年世界金融危機など）。IMF 体制の下で，固定相場制度の維持をその役
割としていた IMF は，国際的な金融危機に陥った諸国に対して様々な融資を
行うことを通じて，構造改革の実施を促し，危機からの脱出をサポートすると
いう新たな役割を担うようになった。ただし新自由主義的な構造改革を促すこ
とによって，逆に危機を深刻化させているのではないかなど，その役割を十分
に果たしていない，という多くの批判もある。

国際貿易の面では，GATT 体制が発展的に解消し，WTO の下での新たな
貿易交渉として，2001年にドーハ・ラウンドが始まった。しかし農業製品の関
税をめぐる先進国と途上国の対立など，様々な分野において対立が生じ，未だ
妥結する見通しは立っていない。加盟国数の増大も，交渉の妥結見通しを暗く
している。しかし一方で，FTA や関税同盟といった地域貿易協定の締結は
1990年代以降，激増しており，貿易面でのグローバル化は大きく進展している。
GATT は，関税引き下げ交渉をリードすることを通じて，現在のグローバル
な貿易の拡大の基礎を準備し，新たな貿易をめぐる課題を WTO へと引き継
ぐ役割を果たした。

### 参考文献

石川城太・菊池徹・椋寛『国際経済学をつかむ（第2版）』有斐閣，2013年。

猪木武徳『戦後世界経済史──自由と平等の視点から』中公新書，2009年。

岩本武和・奥和義・小倉明浩・河﨑信樹・金早雪・星野郁『グローバル・エコノミ
　　ー（第3版）』有斐閣，2012年。

奥和義『日本貿易の発展と構造』関西大学出版部，2012年。

河﨑信樹『アメリカのドイツ政策の史的展開──モーゲンソープランからマーシャ
　　ルプランへ』関西大学出版部，2012年。

ロンド・キャメロン，ラリー・ニール（速水融監訳）『概説　世界経済史Ⅱ　工業
　　化の展開から現代まで』東洋経済新報社，2013年。

佐々木隆雄『アメリカの通商政策』岩波新書，1997年。

第Ⅲ部　世界大恐慌から戦後秩序へ

アンガス・マディソン（金森久雄監訳）『経済統計で見る世界経済2000年史』柏書
　　房，2004年。
宮崎犀一・奥村茂次・森田桐郎編『近代国際経済要覧』東京大学出版会，1981年。
山本栄治『国際通貨システム』岩波書店，1997年。

　＊本章は，JSPS 科研費 15K03592 の助成を受けた成果の一部を含んでいる。


**練習問題**
問題 1
IMF 体制の基本的な仕組みはどのようなものだろうか。説明しなさい。

問題 2
IMF 体制が崩壊した要因について，「流動性のジレンマ」という用語を使用し，説
明しなさい。

問題 3
GATT の原則とその例外について，具体例を挙げながら，論じなさい。

（河﨑信樹）

第 **10** 章

# ヨーロッパ統合の経済史的展開

---

**本章のねらい**

　ヨーロッパ統合は，1950年発表のシューマン・プランによって成立したヨーロッパ石炭鉄鋼共同体（European Coal and Steel Community: ECSC）にその起源を持つ。そのヨーロッパ統合が，2010年以降はユーロ危機や難民の大量流入，イギリスのヨーロッパ連合（European Union: EU）離脱の動きによって停滞を余儀なくされている。第二次世界大戦後に続けられてきたヨーロッパ統合は，このまま分裂・瓦解の道を歩むのであろうか。それとも，さらなる統合を実現し，再びグローバルアクターとしての地位を確固たるものとするのであろうか。今後の行方は全く読めない状況である。本章においては，ヨーロッパ統合を主に経済史の視点から振り返り，世界で進む地域経済統合のお手本としての EU の先進性やその統合の歩みを明らかにすることにしたい。

---

## 1　ヨーロッパ統合の開始

### ECSC の誕生

　ECSC は，西ドイツのルール炭鉱地域とフランスのアルザス・ロレーヌ鉄鉱地域の国際管理を核とするシューマン・プランによって創設された。ECSC は，当時既に設立されていた国際ルール庁（International Authority for the Ruhr）という対象をルール地域に限定した国際機関を前身としている。国際ルール庁は，西ドイツの主要経済地域のコントロールを主眼とした国際機関であったが，ECSC ではその対象領域をヨーロッパ大に拡大し，ヨーロッパ統合を推進する機関として動き出した。

第Ⅲ部　世界大恐慌から戦後秩序へ

　ECSC がヨーロッパ統合の起源とされる理由の１つが，超国家機関としての高等機関（High Authority）を有していたことであった。高等機関は，当時の石炭・鉄鋼分野の各国の経済政策主権を譲り受け，それを一元的に共同体レベルで管理し，政策実行を行うというものであった。この超国家主義的な発想（Supranationalism）のもとに，創設されたのが ECSC であった。

　具体的には，ECSC は，当時の加盟国の石炭・鉄鋼市場で企業の平等な競争環境を構築することであったり，労働者の雇用環境を整えたりすることを目的としていた。これを各国の利害にとらわれない形で高等機関が実施していくことが目指されたのである。こうした超国家的な共同体の創設は，シューマン・プランの発案者である当時フランスの計画庁長官であった J. モネ（Jean Monnet：1888-1979）の考えに依るところが大きい。彼は戦前，国際機関で活動した経験を有していたが，そこで各国の利害が対立し，結果的に拒否権を発動するような形で事態が空転することを何度も目の当たりにしていた。このように各国が拒否権を有したままでの意志決定では，円滑な国際機関の運営は難しいと判断した彼は，それまでの国際機関では見られなかった超国家主義を採用し，ECSC の核に据えた。ここに，その後ヨーロッパ統合が永きにわたって統合の深化を続けていく礎が築かれたのであった。

　ECSC によって共同市場が目指された石炭・鉄鋼分野であるが，生産の面で見ると石炭に関しては，1960年までは微増傾向にあった。その後，当時の世界的な石油生産の拡大や域外からの安価な石炭の流入もあり，域内石炭への需要が低迷したため，徐々に生産量を低下させた。一方，鉄鋼生産に関しては，6カ国の高成長を背景にした建設需要などが高まり，1950年代でほぼ２倍の生産量へ，60年代は更に50％近い生産拡大をみせた。次の表10-1・2は，以上の推移（ECSC 加盟国合計量）を表したものである。

　これらの表からわかることは，ECSC は，50年代から60年代にかけての石油を中心としたエネルギー革命の影響を受けつつも，石炭生産を維持し，鉄鋼生産については経済成長に合わせて着実に拡大を実現したということである。同時期，ECSC に参加しなかったイギリスは石炭生産を半減させ，鉄鋼生産に関

第 **10** 章　ヨーロッパ統合の経済史的展開

表 10 - 1　1952〜62年の石炭・鉄鋼生産量

|  | 石　炭 | 鉄　鋼 |
|---|---|---|
| 1952年 | 222.7 | 39.1 |
| 1953年 | 220.6 | 37.0 |
| 1954年 | 224.8 | 40.9 |
| 1955年 | 229.0 | 49.5 |
| 1956年 | 232.0 | 53.4 |
| 1957年 | 231.5 | 56.4 |
| 1958年 | 230.0 | 54.5 |
| 1959年 | 218.7 | 59.6 |
| 1960年 | 240.0 | 73.2 |
| 1961年 | 235.8 | 73.6 |
| 1962年 | 233.2 | 73.1 |

表 10 - 2　1963〜73年の石炭・鉄鋼生産量

|  | 石　炭 | 鉄　鋼 |
|---|---|---|
| 1963年 | 229.8 | 73.4 |
| 1964年 | 235.0 | 82.9 |
| 1965年 | 224.2 | 85.9 |
| 1966年 | 210.1 | 85.1 |
| 1967年 | 189.5 | 89.9 |
| 1968年 | 181.0 | 98.7 |
| 1969年 | 176.9 | 107.3 |
| 1970年 | 170.6 | 109.2 |
| 1971年 | 165.2 | 103.4 |
| 1972年 | 152.1 | 113.2 |
| 1973年 | 140.0 | 122.8 |

（注）　単位：石炭・鉄鋼ともに100万トン。
（出典）　宮崎犀一・奥村茂次・森田桐郎編（1981：175）。

しても20年間で50％の拡大にしか至らなかった。生産量だけに着目すると ECSC とイギリスは対照的な状況であった。

　もちろん，ECSC が当初目標としたカルテル規制や社会政策の統合などは徹底されたとは言い難い面も多く，ECSC の活動は全てが順調であったとは判断できない。しかし，ヨーロッパ統合を推進する共同市場を目指し，そこでコンセンサスを形成していく場を構築したことはその後のヨーロッパ統合に大きな影響を残したことは間違いない。現在，EU はシューマン・プラン発表の5月9日を「ヨーロッパの日」としているが，これは ECSC の実績が高く評価されていることを表している。

### OEEC と EPU による貿易の促進

　ECSC と並んで1950年代ヨーロッパの域内貿易の活性化をもたらしたのが，ヨーロッパ経済協力機構（Organisation for European Economic Co-operation: OEEC）とヨーロッパ決済同盟（European Payments Union: EPU）である。OEEC は，1947年にアメリカが発表したマーシャル・プラン資金のヨーロッパ側の受け入れ機関として，1948年に設立された。これは後に経済協力開発機構（Organisation for Economic Co-operation and Development: OECD）に改組され

213

第Ⅲ部　世界大恐慌から戦後秩序へ

るが，当時はヨーロッパの経済復興を推進する機関であった。ここでの計画を
もとに，アメリカのドル資金が，ヨーロッパ経済の復興に利用されることにな
った。加えて，各国の貿易の円滑化のために主に貿易の際の数量制限などの撤
廃を進め，貿易の自由化も進めた。

　一方のEPUは，OEECの傘下に置かれる形で1950年に発足した。OEEC加
盟国の為替決済を円滑にするために作られた組織である。当時は，各国が固定
相場制の下，為替決済を厳しく規制しており，自由な通貨交換も認められてい
なかった。そのため，仮に自由に貿易を行ってしまうと，短期間で各国の外貨
準備が枯渇するなどの状況が生まれていた。この状況を打開するために，
EPUは加盟国の貿易に関する債権債務を多角的に相殺し，それでも外貨準備
が枯渇する国には信用供与をすることで貿易の目詰まりを防ごうとしたのであ
った。

　OEECとEPUに加盟していた国は，10カ国以上に及び，ECSC加盟国もそ
の中に含まれていた。ECSCのヨーロッパ統合が，小ヨーロッパ的経済統合で
あったのに対し，OEECとEPUによる経済統合は，大ヨーロッパ的経済統合
であったと言える。しかし，この大ヨーロッパ的経済統合は，関係各国の多さ
から，域内の関税の引き下げでは成果を上げられなかった。また1950年代後半，
西ヨーロッパの通貨の交換性が回復すると外貨獲得の自由度も高まり，EPU
の役割も終わりを告げた（古内 2007：100-102）。

## EEC 関税同盟の成立と CAP

　こうした中，1958年にヨーロッパ統合のさらなる発展のために誕生したのが，
ヨーロッパ経済共同体（European Economic Community: EEC）である。ECSC
が石炭・鉄鋼という分野に限定した部門別経済統合であったのに対して，
EECは全経済分野での関税同盟を目指す全般的経済統合を目指すものであっ
た。EECは，関税同盟によって対外的な共通関税を設定し，経済圏としての
一体性を確立した。さらに，関税収入という共同体財源の確保も可能となった。
これは同時期にイギリスが主導して設立したヨーロッパ自由貿易連合（Euro-

214

pean Free Trade Association: EFTA）という自由貿易地域に比べ，経済統合のレベルが深いものであった。

EEC と EFTA の経済統合を比較すると端的に異なるのが，対外共通関税の存在である。前者には共通関税が設定され，後者は設定されない。共通関税を設定するには，域内の経済状況の収斂が一定程度必要となる。なぜなら，域内で極端に経済力の差が存在したとすると，共通関税による経済政策が有効に働かないからである。その意味で共通関税の設定は，実質的統合のきっかけを作るものとなる。加えて，共通関税の収入によって生まれた共通財源の利用をめぐって議論を重ねる必要も出てくる。そこに，共通の経済政策を策定する意義も生じてくる。その一方で，EFTA のような自由貿易地域では，関税同盟同様，域内関税は引き下げられるものの，対外共通関税は存在しない。その結果，各国の経済政策は一国主義的に終始し，かつ共通財源の確保も難しい。EECは当初より，関税同盟という形で統合を開始したことで，緩やかな連帯といえる EFTA に比べ，より経済統合を深めることが可能となった。

ただし，EEC 関税同盟による対外共通関税の設定は，戦後アメリカによって推進された自由貿易体制と対立する可能性も存在した。なぜなら，共通関税の設定は，ブロック経済圏を構築することにも繋がるからである。しかし実際は，「関税及び貿易に関する一般協定（General Agreement on Tariffs and Trade: GATT)」の規定により，関税同盟形成後に形成前より保護の度合いが強まらない限りにおいては関税同盟の結成が認められていた。すなわち，対外共通関税の水準が以前よりも低くなれば問題がないわけである（第9章を参照）。確かに EEC 発足当初は，もともと低関税国のベネルクス3国と西ドイツでは共通関税の設定によって関税が高くなる場合があったが，徐々に引き下げを実現し，結果的には発足当時の水準より30％近く関税は低下したのである。これによって，自由貿易体制の促進にも貢献したのである。また，域内の関税に関しては，1959年より毎年10％の低下を実施し，1968年には完全撤廃し，関税同盟の完成をみた（田中他 2014：43-44)。

こうした関税同盟の完成過程で，EEC 加盟国の貿易量は拡大した。その一

第Ⅲ部　世界大恐慌から戦後秩序へ

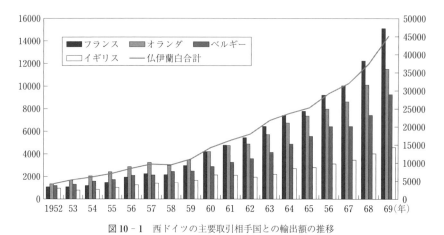

図10-1　西ドイツの主要取引相手国との輸出額の推移
（注）　各軸の単位は100万マルク，左軸が棒グラフ，右軸は折れ線グラフに対応。
（出典）　古内（2007：99）をもとに筆者作成。

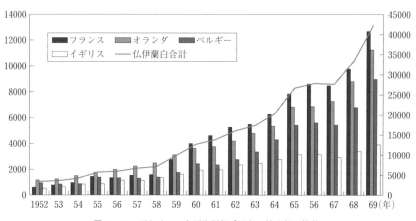

図10-2　西ドイツの主要取引相手国との輸入額の推移
（注）　各軸の単位は100万マルク，左軸が棒グラフ，右軸は折れ線グラフに対応。
（出典）　古内（2007：99）をもとに筆者作成。

端を示しているのが，上の図10-1・2の西ドイツの主要取引相手国との輸出入額の推移である。1950年代西ドイツは，輸出入ともにオランダとの取引量が多かったが，EEC成立以降は，フランスが最大の取引相手国になり，その後

216

第 **10** 章　ヨーロッパ統合の経済史的展開

も順調に拡大を続けた。オランダは最大の取引相手国ではなくなったものの，順調に西ドイツとの取引額を伸ばし，ベルギーもそれに追随した。なお，折れ線グラフはルクセンブルク以外の EEC 加盟国と西ドイツとの間で取引された輸出入量の合計であるが，こちらも右肩上がりで拡大しているのが読み取れる。一方，ECSC・EEC に加わらず EFTA 諸国となったイギリスは，1960年代末においても経済規模で劣るベルギーの半分程度の取引額に留まり，対西ドイツ貿易は相対的に伸び悩んだ。このように EEC 域内では，工業国西ドイツを核とする経済圏が，関税同盟の結成によって，より強固なものへと成長していったのである。

　以上のように EEC は関税同盟を柱として設立されるが，農業分野に関しては，共通農業政策（Common Agricultural Policy: CAP）によって，ECSC の石炭・鉄鋼分野に続いて部門別経済統合が推進された。1960年，CAP の 3 原則が以下のように掲げられた。①農業共同市場の創設②域内農産物の保護③加盟国の分担金をもとにした運営の 3 点である。①の実現のために，各農産物の統一価格が設定され，加盟国の農産物の自由な流通が確保された。②は，域外からの農産物流入に対して可変的な輸入課徴金，すなわち変動する関税をかけることで，国際市場で価格低下が進む農産物が出てきたとしても，EEC 域内で価格競争力を持たないように関税によるブロックを構築した。③の分担金は，後の EU の共通予算となるもので，CAP は大規模な共同体予算を執行していく政策の最初のものとなった（久保他 2011：163-166）。

　以上の原則をもとに，CAP は1962年より順次実施され，1960年代末には本格的に機能し始めた。これにより，当初の目的であった農業生産性の向上，農業従事者の所得増加などを実現し，域内の農産物自給率も高めた。このように CAP が実施されたことによって，当初の目的を実現しつつ，共同市場の名の下に農産物の価格調整を徹底したことや保護貿易を実施したことで，域内の農業共同市場を構築することができた。これは1950年代に ECSC によって推し進められた部門別経済統合が，1960年代には農業市場を中心に展開したことを意味していた。しかし，第 3 節でみるように，1980年代になると価格調整や保

217

第Ⅲ部　世界大恐慌から戦後秩序へ

護貿易による弊害が拡大し，大きな改革を迫られることにもなる。

### Euratom の成果と EC の誕生

　1958年に発効したローマ条約が，EEC と同時にヨーロッパ原子力共同体（European Atomic Energy Community: Euratom）も成立させた。Euratom 設立の背景には，当時の世界的な原子力の平和利用を進める動きがあった。これは，1953年のアメリカ大統領 D. アイゼンハワー（Dwight D. Eisenhower：任期 1953-1961）による国連での「平和のための原子力（Atoms for Peace）」演説をきっかけに，加速した。当時すでに核実験を成功させていたのは，アメリカ・ソ連・イギリスであり，原子力の平和利用においてもこの三大国が牽引する状況にあった。Euratom は，これら原子力先進国に技術的に追いつくことを１つの目標としていた。

　原子力の平和利用とは，すなわち原子力発電所による電力供給がその主たるものとなる。現在世界で稼働している原子力発電所は軽水炉という炉型であるが，この炉型は発電の原料に濃縮ウランを利用する。1950年代当時，西側諸国に対して濃縮ウランの供給能力があったのは，事実上アメリカのみであった。それゆえ，原子力発電所を安定的に稼働するには，アメリカの濃縮ウラン供給に頼らざるをえないという問題を抱えていた。1956年，後に Euratom を結成する６カ国とデンマーク・スウェーデン・スイスの９カ国は，こうしたアメリカへの原料依存から脱却するために，共同でのウラン濃縮施設の建設に動いた。この計画自体は失敗してしまうが，その後の Euratom の結成により，原子力という当時はまだまだ実用化初期の技術において，共同体内での情報交換や高額な開発費用の分担などが目指されたのである。

　実際の成果としては，1960年代後半に核兵器不拡散条約（Non-Proliferation Treaty: NPT）の発効に向けた議論の中で，国際原子力機関（International Atomic Energy Agency: IAEA）の保障措置を一定程度 Euratom の保障措置で代替させることが実現したことである。保障措置とは，原子力の平和利用が軍事利用に転用されていないかどうかの査察を受けることであるが，これを

第 **10** 章　ヨーロッパ統合の経済史的展開

Euratom 諸国に限っては共同体内での管理・査察で済まされることになった。これにより，Euratom 諸国は原子力開発の自由度を一定程度保持できたということができる。

　しかし，一般的に Euratom のヨーロッパ統合史における評価は低い。ECSC が EU の起源として高い評価を受けているのに対して，対照的な状況である。その理由としては，Euratom による統合された原子力エネルギー政策などが生まれなかったことが挙げられる。Euratom 自体は今日も存続しているが，その成果の見えにくさが評価の低さに繋がっていると言えよう。なお，濃縮ウラン調達の問題に関しては，以上の1960年代の議論の延長線上に，1971年にイギリス・オランダ・西ドイツによるウレンコ，1973年にはフランスを中心としたユーロディフという濃縮ウラン製造企業が設立され，原発燃料のアメリカ依存からの脱却が進められた。つまり1970年代以降は，Euratom の枠組みを超えた国際協力のもと，ヨーロッパの原子力利用・開発は進んでいったのである。

　以上の進展の中，1967年に ECSC・EEC・Euratom の 3 共同体は，ヨーロッパ共同体（European Communites: EC）を誕生させた。これによって EC の傘下に 3 共同体が編成される形へと整理されたのである。組織としてもそれまでは，ECSC は高等機関，EEC は EEC 委員会，Euratom は Euratom 委員会という形で，別々の執行機関を有していたが，これを EC 委員会として 1 つの組織にまとめることで，ヨーロッパ統合の意思決定の迅速化を図った。EC 委員会は，今日の欧州委員会（European Commission）であり，EU の政府機関のような役割を果たしている。

## 2　通貨協力と EC 拡大の時代

### 固定相場制から通貨協力へ

　1960年代に CAP による農産物の統一価格を実現し，関税同盟結成によって域内貿易比率を向上させた EC は，域内通貨の安定とドル価値の変動からの防

219

第Ⅲ部　世界大恐慌から戦後秩序へ

衛が重要な課題となっていた。それらを背景に発表されたのが，1970年のウェルナー報告である。この報告の内容は，10年間で為替変動幅を無くし，事実上の単一通貨の導入を目指すというものであった。この計画自体は実現しなかったものの，その後のヨーロッパ統合における通貨協力と通貨統合を考えるとウェルナー報告の意義は大きい。なぜなら，ウェルナー報告で掲げられた経済通貨同盟案が，後のユーロ創設にも生きてくるからである。

　こうした通貨統合計画の発表後，1971年ニクソン・ショックが起こり，その対応の中で生まれたのが，スネーク制度である。この制度は，加盟国通貨間の変動幅を一定の枠内に抑える域内管理通貨制度のことである。すなわち，西側諸国が固定相場制から変動相場制へと通貨制度を移行させる中で，EC は域内固定相場制を維持したのである。このスネーク制度には，EC 加盟国の他，後に EC に加盟するイギリス・アイルランド・デンマークも参加した。しかし，当時は石油危機の影響などでインフレに苦しむ国が多く，インフレ率の上昇が通貨安を引き起こし，EC 域内の安定した通貨である西ドイツ・マルクなどとの為替変動を一定に抑えることは通貨当局にとって困難であった。そのため，イギリス・イタリア・フランスといった三大国がスネーク制度から離脱するに至った。

　1979年，そうした経験を踏まえて作られたのが，欧州通貨制度（European Monetary System: EMS）である。EMS は，スネーク制度の問題点であった加盟国のインフレ率の乖離から生じる為替レートの変動の影響を抑えるために，欧州通貨単位（European Currency Unit: ECU）を創設し，それを中心に為替変動幅を設定することにした。ECU とは，加盟国の通貨価値に一定の係数を掛けたものを合計して作られる通貨で，スネーク制度では西ドイツ・マルクが中心レートを形成していたのに対して，ECU を中心レートにすることで加盟国の経済状況をそのレートに反映させることが可能となった。さらに，EMS 枠内では固定相場制であるため，為替介入が行われており，一定の外貨準備が必要となる。そのために信用制度を設け，外貨が枯渇した加盟国には信用供与をする仕組みが作られた。以上の制度構築により，1980年代の EC の通貨協力は

第 **10** 章　ヨーロッパ統合の経済史的展開

表 10 - 3　EC 原加盟国とその後の拡大

| 1952年 | 西ドイツ・フランス・イタリア・ベルギー・オランダ・ルクセンブルク |
| --- | --- |
| 1973年 | イギリス・デンマーク・アイルランド |
| 1981年 | ギリシャ |
| 1986年 | スペイン・ポルトガル |
| 1995年 | オーストリア・スウェーデン・フィンランド |

（出典）　EU のウェブサイトの情報をもとに筆者作成。

表 10 - 4　EFTA 原加盟国とその後の拡大と離脱

| 1960年 | イギリス・オーストリア・スイス・スウェーデン・デンマーク・ノルウェー・ポルトガル |
| --- | --- |
| 1970年 | アイスランド |
| 1972年 | イギリス・デンマーク離脱 |
| 1985年 | ポルトガル離脱 |
| 1986年 | フィンランド |
| 1991年 | リヒテンシュタイン |
| 1995年 | オーストリア・スウェーデン・フィンランド離脱 |

（出典）　EFTA のウェブサイトの情報をもとに筆者作成。

強固なものとなっていった（小島 2016：42-45）。

### EC 拡大と EFTA 縮小

　以上の通貨協力に加えて，1970年代以降は EC の拡大が開始した。これは1969年のハーグ EC 首脳会議で掲げられた「完成・深化・拡大」を受けたものであった。まずその先陣を切ったのが，1973年のイギリス・アイルランド・デンマークである。特にイギリスの加盟は，1961年に初めて EEC 加盟申請を行ってから，10年以上の年月が経過した後にようやく実現した。表10- 3 ・ 4 は，20世紀の EC/EU 加盟と EFTA の加盟と離脱をまとめたものである。

　この表からわかるように，EC/EU に関しては，1995年までに着実に加盟国を増加させ，15カ国が加盟するに至った。現在はさらに28カ国へと拡大している。しかし，2016年に行われたイギリスの国民投票によって，EU 離脱支持が過半数を上回った。今後，イギリスの EU 離脱交渉がうまくいけば，初めての EU 離脱国の誕生となる。一方 EFTA は，1960年の設立以降一部小国への拡大は見られるものの，主要な原加盟国は離脱してしまい，現在はスイス・ノル

221

第Ⅲ部　世界大恐慌から戦後秩序へ

ウェー・アイスランド・リヒテンシュタインの4カ国の連合となっている。基本的にEFTAの離脱とEC/EUへの加盟は同時期に行われており，EC/EUの拡大とEFTAの縮小は表裏一体の関係にあった。

　しかし，EC/EUの拡大はヨーロッパ統合を進める上で，必ずしも有利に働くばかりではない。なぜなら，加盟国が増えることは統合進展のためのコンセンサス形成を難しくするからである。コンセンサス形成が難しくなった結果，特例が作られた代表的な事例が，イギリスのEC共通予算からの還付金である。EC共通予算は1971年に誕生するが，その使途はCAP関連支出が8割以上を占めたこともあり，イギリスのようにフランスなどと比べ相対的に農業生産の低い国は，共通予算への分担金を多く払いながら，予算からの受け取り額は低くならざるを得なかった。1979年に首相に就任したM.サッチャー（Margaret Thatcher：任期 1979-1990）は，就任直後からこのEC共通予算を問題として改善を要求した。長期にわたる交渉の結果，1984年，サッチャーはイギリスの純分担額の一定割合を恒常的に還付してもらう特例を獲得した。このイギリスの還付金は今日まで継続しているが，ECが領域的に拡大することでその内部の調整が難しくなったことを物語る典型的な事例である。

## 3　単一市場からユーロの誕生へ

### 単一市場の成立

　1970年代から1980年代前半にかけて，EC各国は成長率の低迷と失業率の上昇に悩まされた。そのため，各国は自国優先の経済政策に終始し，ECは領域的には拡大したものの単一市場の成立に向けた動きは停滞した。単一市場成立を最も妨げていたのが，非関税障壁の存在であった。1958年にEECが発足した時点で，単一市場はうたわれてはいたが，各国別の工業規格や税制度，金融業の営業免許の認証など，様々な非関税障壁が残存していた。それが1968年の関税同盟成立以降も撤廃されないままになっていた。

　この非関税障壁の撤廃に取り組んだのが，フランス人のJ.ドロール（Jac-

ques Delors：任期1985-1995）である。1985年に欧州委員会の委員長に就任した
ドロールは，EEC 発足時に掲げられた人・商品・資本・サービスの自由移動
が実現していないことを鑑み，単一欧州議定書（Single European Act）を提案
した。1987年に発効するこの議定書によって，EC は1993年の単一市場の始動
に向けて動き出すことになった。この過程で大きな役割を果たしたのが，相互
承認の原則である。これは各国の規制や規格を統一するのではなく，既に各国
で用いられている基準を相互に認め合うことで単一市場の成立の迅速化を図っ
たのである（遠藤編 2014：231-232）。

　さらに単一市場への動きを後押ししたのが，新自由主義という市場メカニズ
ム重視の思想の拡大であった。当時，既に EC 加盟国であったイギリスのサッ
チャー政権は，新自由主義思想に基づく国営企業の民営化・労働市場改革・金
融規制の緩和などを推し進めていた。そうした動きに遅れていたヨーロッパ大
陸諸国も，これまでのケインズ主義的な経済政策に限界を感じ，追随すること
になった。非関税障壁の撤廃を骨子とした自由化の促進は，新自由主義思想と
方向性で合致するものであった。イギリスのサッチャー政権は，EC 共通予算
の還付金問題などでヨーロッパ統合とは逆行する動きを見せたが，この市場統
合の促進には貢献する立場をとったのである。

　なお，一般的には，当初の予定通り1993年に EC の単一市場は完成したと言
われている。しかし，実際は単一市場というのは完成するものではない。なぜ
なら，時代が経過するごとに新しい技術などが開発され，それに対するルール
が各国で作られ，再びそれを相互承認するか統一規格を作るかなどの議論が繰
り返されるからである。加えて，単一市場の完成が宣言されたとしてもそれは
あくまで「事実上」であり，未完成・未着手の分野は一定程度残存しており，
その作業はそれ以降も継続していくのである。1993年当時で言えば，各国税制
の調整・統一化や知的財産権のルール化などは課題として残された。つまり，
単一市場完成に向けた動きは，今もなお進行中ということができる。

223

第Ⅲ部　世界大恐慌から戦後秩序へ

---
**── *Column* ⑯　欧州経済領域（EEA）──**

　1994年に発効した EU と EFTA をつなぐ協定に欧州経済地域（European Economic Area: EEA）が存在する。EEA は EU に加盟しなくても，EU 市場への自由なアクセス権を規定したもので，人・商品・資本・サービスの自由移動が，EEA では認められている。すなわち，EU の単一市場が事実上，EFTA 諸国に拡大されているのである。EEA には，ノルウェー，リヒテンシュタイン，アイスランドが加盟している。この3カ国は EU への自由なアクセス権を有する代わりに，消費者保護，環境，教育，観光などの分野での協力や EU 共通予算への拠出金も必要となる。事実上の準加盟のような状況を作り出している（森井編 2012：127）。

　しかし，EEA の協定の範囲外となるのが，関税同盟・CAP・通貨同盟といった経済分野で，経済圏の生産要素の自由移動は図るが，経済政策決定主権に関しては EU との共有・統合を図らないという方針がとられている。この点においては，EFTA 諸国が超国家主義的な統合に距離を置いてきた伝統が今なお見て取れる。なお，スイスに関しては，EFTA の中で唯一 EEA にも加盟しておらず，まさにアルプスの孤高の国の地位を保っている。

---

## CAP 改革と地域政策の拡大

　ドロールは単一市場の成立を目指す一方で，もう1つ重要な改革を成し遂げた。CAP 改革である。1980年代の EC の農業共同市場は，「ワインの湖・バターの山」と揶揄されたように，保護主義的な農業政策が過剰生産を生んでおり，GATT ラウンドでも批判されていた。域内からもその非効率性を問題視され，別の分野への共通予算の割り当てを要望する声が高まっていた。このため，過剰生産の要因となっていた高水準の統一価格の低下を骨子とした改革が進められた。それによって，CAP に割り当てられる予算を減額し，新たに地域政策に振り向けられる予算を増額することになった。

　地域政策とは，EC の加盟国拡大とともに必要が叫ばれていた分野である。すなわち，アイルランド・ギリシャ・スペイン・ポルトガルなどの当時の新規加盟国は，原加盟国に比べ，1人当たりの GDP が小さく，社会インフラの整備も遅れていた。そうした中で単一市場が動き出すと基本的な競争条件で不平

第10章　ヨーロッパ統合の経済史的展開

等な状況に置かれるため，地域政策でそれを是正しようとした。これまでは
CAP に 8 割以上が割かれていた共通予算も，1990年代には 3 割近くが地域政
策に割り当てられ，域内の経済格差の是正が目指された。この地域政策予算は，
2000年以降の EU 新規加盟を目指す国にとっても魅力的な予算となった。なお，
地域政策は，構造政策とも呼ばれる。

### マーストリヒト条約とユーロの誕生

　1993年，冷戦崩壊を受けて，EC を EU へと発展させる内容を骨子とするマ
ーストリヒト条約が発効した。マーストリヒト条約では，これまでの EC 経済
統合を 1 つの柱にしながら，そこに共通外交安全保障政策という対外的な柱と
司法内務協力という域内体制の柱とを付け加えた 3 本柱を統合の柱にし，さら
なる統合の深化を図った。その中でも経済統合の分野では，単一通貨への道筋
が明示され，1999年の導入に向けた動きが加速した。

　ユーロ導入に向けては，各国は加盟に向けて経済状況を収斂させなければな
らないとされた。その経済収斂条件が，以下の 4 点である。第一が物価の安定，
第二が金利水準の安定，第三が為替相場の安定，第四が健全財政である。物
価・金利水準・為替相場は，相互に連関しており，ユーロ導入予定国の平均的
な水準を保っていることが求められた。健全財政に関しては，財政赤字が対
GDP 比の 3 ％以内，政府債務残高が対 GDP 比の60％以下に収まることが求め
られた。これによって，ユーロ導入によって統一される金融政策の有効性の確
保，合わせてユーロ価値の安定が目指されたのである。この健全財政の条件に
関しては，ユーロ導入後も，安定成長協定（Stability and Growth Pact）として，
ユーロ導入国が遵守すべき財政基準となった。

　以上のユーロ導入過程の中で，欧州中央銀行（European Central Bank: ECB）
の組織作りも進められた。ECB はヨーロッパ統合の超国家主義を体現してい
る組織である。すなわち，これまでは各国の中央銀行が金融政策を実施してい
たが，ECB はそれらの金融政策主権を譲り受け，ユーロ圏全体に適用される
金融政策を実施することになる。ECB はドイツの中央銀行であったブンデス

225

バンクの金融政策方針を引き継いでおり，物価の安定を重視した金融政策を実施している。ECB の所在地は，ドイツのフランクフルトに置かれている。

ユーロ発足にあたっては，イギリスとデンマークがオプトアウトという適用除外規定を獲得し参加を見送り，スウェーデンも国民投票で参加反対が過半数を上回り，不参加を表明した。ギリシャに至っては，経済収斂条件を満たせず2001年からの参加となった。このように紆余曲折はあったものの，当時15カ国であった EU のうち11カ国によるユーロ導入が1999年に実現したのである。ただし，最初は銀行間取引のみでの利用が開始したのにとどまり，市場での現金通貨の流通は2002年からとなった。こうして，現在のような EU 経済圏の中にユーロ経済圏が内包されるような形が出来上がった。


### ヨーロッパ複合危機の到来の中で

以上，20世紀の後半に進められたヨーロッパ統合を，主に経済史の視点から概観してきた。戦後ヨーロッパ統合の進展を，今一度整理すると以下のようになるであろう。まず1950年代前半，ECSC による石炭・鉄鋼市場の統合が開始した。ここでは超国家的統合が採用され，主権の共有がなされるというこれまでにない地域統合が動き出した。これを受けて1950年代後半，EEC が誕生し，関税同盟の完成と CAP が実施された。これにより域内経済の結び付きは飛躍的に高まり，かつ農業市場における超国家的政策がヨーロッパ統合をさらに進展させた。1970年代は，通貨協力と加盟国の拡大を実現し，1980年代の単一市場創設向けた素地を作り上げた。1990年代にはいよいよ単一市場が成立し，単一通貨ユーロも誕生したのである。

以上の過程は，一見すると順調な歩みのように映るかもしれない。しかし，実際は当初の目論見とは異なる形での統合が進む局面も多く，必ずしも順風満帆に進んできたわけではない。例えば，1960年代のフランスの大統領 C. ドゴール（Charles de Gaulle：任期 1959-1969）は，それまでモネが推進してきた「超国家的なヨーロッパ」を否定し，「諸国家からなるヨーロッパ」を推進しようとした。その結果，EC 加盟国に拒否権が与えられることになり，意思決定

第**10**章　ヨーロッパ統合の経済史的展開

―― *Column* ⑰　ユーロ危機 ――――――――――――――――――――――

　2009年に発覚したギリシャ財政赤字問題をきっかけに拡大したギリシャ危機が，2010年にアイルランド・ポルトガルへと波及した。その後，ギリシャの状況が一向に改善しない中で，スペインやイタリアの財政状況も市場で不安視されるようになり，各国の国債の市場価格が下落し，利回り・金利は上昇した。こうして財政危機と金融危機が重なり合う中で，単一通貨ユーロの制度上の欠陥が表面化し，ギリシャのユーロ離脱観測を呼ぶなどのユーロ危機に陥った。通常の通貨危機は，通貨そのものの問題ではなく，その通貨を使用する国の経済状況や金融の自由化などが問題となって生じるが，ユーロ危機は，そうした問題だけでなく，単一通貨という特殊性ゆえに生じた危機でもあった。

　その特殊性とは何か。通常1つの通貨圏には1つの金融政策と財政政策が実施されているが，ユーロ圏には1つの金融政策と加盟国数の財政政策が存在する。このため，危機が到来しても，機動的な財政政策を発動できず，かつ金融政策に関してもECBの伝統的な物価安定政策が優先され，速やかな危機対応がなされなかった。それが2009年から2012年にかけて，ユーロ危機を断続的に悪化させた要因であった。ただし，その危機の最中に対応策は進化しており，財政危機対応として欧州安定メカニズム（European Stability Mechanism）が設立され，ECBも金融緩和政策を実施するなど，一定の成果は上がっている。ユーロ圏全体の均衡ある発展への道筋は見えないものの，こうした危機の到来が統合の枠組みを強化している事態がうかがえる。今後も粘り強い危機対応が期待される。

―――――――――――――――――――――――――――――――――――

の速度は必然的に低下した。また，1970年代に始まる通貨協力からユーロへの道のりも，何度となく失敗の憂き目にあいながら，制度を強化していった過程であった。このように戦後のヨーロッパ統合は，断続的に到来する不測の事態に立ち向かう歴史でもあった。それゆえ，戦後ヨーロッパ統合の歩みを振り返る場合，統合がいかに進展してきたかだけに着目するのではなく，共同体が困難な事態をいかに乗り越え，統合を進展させたのかという視点も必要になるであろう。

　特に以上の視点は，今日のようなユーロ危機を契機とした複合的な危機が到来しているヨーロッパの現状を考える上で重要となる。単一市場が成立して20

227

年以上が経過した今日，当時の目標とされた人・商品・資本・サービスの自由移動のうち，人以外の自由移動は単一通貨や非関税障壁の撤廃で概ね達成された。しかし，残る人の移動に関しては，国家を越えた移動が低調な状況に加え，域外からの難民・移民の流入により，目標達成に向けては困難さが増している。ユーロ危機の際に議論された財政統合に関しても，結局のところ財政による再分配を実現するための民主的な制度構築にはまだまだ時間を要するため，すぐに実現することは難しい（ユーロ危機については *Column* ⑰を参照）。そう考えると，EU が今後統合を更に進めるためには，今まで以上に高い壁が聳えていると言えよう。ヨーロッパ統合の歴史を振り返ることは，その難局に EU が直面していることを再認識させてくれるのである。

**参考文献**

石山幸彦『ヨーロッパ統合とフランス鉄鋼業』日本経済評論社，2009年。

遠藤乾編著『ヨーロッパ統合史（増補版）』名古屋大学出版会，2014年。

遠藤乾『欧州複合危機——苦悶する EU，揺れる世界』中公新書，2016年。

久保広正・田中友義編著『現代ヨーロッパ経済論』ミネルヴァ書房，2011年。

小島健『知識ゼロからのユーロ入門』幻冬舎，2016年。

田中素香・長部重康・久保広正・岩田健治『現代ヨーロッパ経済（第4版）』有斐閣アルマ，2014年。

田中友義『EU 経済論——統合・深化・拡大』中央経済社，2009年。

藤井良広『EU の知識（第16版）』日本経済新聞出版社，2013年。

古内博行『現代ドイツ経済の歴史』東京大学出版会，2007年。

宮崎犀一・奥村茂次・森田桐郎編『近代国際経済要覧』東京大学出版会，1981年。

森井裕一編著『ヨーロッパの政治経済・入門』有斐閣ブックス，2012年。

＊本章は JSPS 科研費 15K03573 の助成を受けた成果の一部を含んでいる。

**練習問題**

問題1

ヨーロッパ統合における超国家主義（Supranationalism）とは何かを説明しなさい。

第 **10** 章　ヨーロッパ統合の経済史的展開

問題 2
EEC と EFTA の違いについて説明しなさい。

問題 3
単一市場のメリットとデメリットを考察しなさい。

（中屋宏隆）

第11章

# アジアの経済発展

― 本章のねらい ―

　本章は20世紀後半から現在に至るアジアの経済成長の歴史的な歩みを概説する。第二次世界大戦前，日本を例外としてほとんどのアジアの国々は，農業を主体にした後進国であり，政治的にも主権を制限された植民地であった。戦後，アジア諸国は，国際経済を通じて経済成長の足掛かりを獲得し，急速に欧米諸国との経済格差を縮小させていった。日本，NIES（韓国，台湾，香港，シンガポール），中国の経済成長の戦後史をみることで，アジア経済のキャッチ・アップの動態について理解する。

## 1　戦後アジアの経済戦略

### 独立と冷戦

　長らく欧米および日本の植民地支配に置かれていたアジアの国々が戦後相次いで独立を達成した。ほどなく中国，北朝鮮のように共産主義の理念に基づく社会主義の新国家も成立した。

　植民地支配はなぜ終焉したのだろうか？　その最大の理由は，支配者側のほうで植民地を維持することのコストが大きくなりすぎたからである。例えば，ヨーロッパ諸国は，第二次世界大戦により都市部を中心に壊滅的な打撃を受けた。また戦時中にアメリカから多大な戦費を借り入れた。植民地を維持することは財政的にも軍事的にも不可能であった。国民の関心も海外領土よりも国内の問題，例えば物価の安定，失業の解決に向けられた。この他にも戦後初期の

231

第Ⅲ部　世界大恐慌から戦後秩序へ

アメリカの世界戦略が，植民地主義の否定を掲げていた点も重要であろう。戦後初期，世界の富の半分がアメリカに集中した。アメリカの支持なしに植民地を維持することは事実上不可能であった。

戦後はアメリカとソ連という理念の異なる 2 つの超大国の対立により，アジアの国々も冷戦構造の中に組み込まれた。アメリカを盟主とする西側（資本主義陣営）には，日本，韓国，台湾，フィリピン，タイなどが，ソ連を盟主とする東側（社会主義陣営）には中国，北朝鮮，ベトナムが含まれる。

戦後アジアの諸国は，冷戦構造の中で，自国の生き残りをはかる発展戦略を模索した。西側は民主主義と市場経済を優先する理念を掲げていたのに対して，東側は国家・民族の独立を優先し，そして計画経済を採用した。それぞれの理念の違いは，両者の戦後の経済戦略に異なる様相をもたらした。

### 西側に属するアジアの経済戦略

東西両陣営どちらに属したにかかわらず，後進国が工業化を目指すとき，成長の大きな制約になるのが外貨の問題である。明治日本の事例でも，外貨がなければ工業化を進めるための機械・技術，そして原料を獲得することができなかった。したがって，後進国の経済戦略は外貨を中心に組み立てられる傾向が強い。外貨を中心に置く発展戦略は，大きく見ると 2 つに分けることができる。第一は，外国からなるべくモノを買わないようにして，外貨を節約する戦略である。この戦略では関税によって外国製品から国内市場を保護し，政府が主体となって工業生産を行う方法が採用された。そのために，これを「輸入代替型工業化戦略」と呼ぶ。第二は，外国から積極的に外貨を稼ぐ戦略である。この戦略では，工業は国内市場ではなく海外市場を志向するため，輸出産業の振興に重点が置かれた。そのために，これを「輸出志向型工業化戦略」と呼ぶ。

戦前では，日本を例外としてほとんどの後進国が工業化を達成できなかった。その背景には，世界経済が先進国優位の不平等な体制の下にあったからである。輸入代替型工業化戦略を採用しようとしても，関税自主権を持たないため，国内市場を保護できなかった。輸出志向型工業化戦略を採用しようとしても，先

232

第11章　アジアの経済発展

進国の保護主義的な貿易政策の前に，工業製品を輸出することができなかった。戦前のほとんどの後進国は，食糧・原料の供給地と位置付けられ，工業化への道が閉ざされていた。

　戦後のアメリカを中心とする自由貿易体制は，後進国にも工業化の道を大きく開くことになった。第一に，アメリカが援助という形で外貨を提供したので，慢性的な外貨不足の制約は著しく緩和された。第二に，アメリカが自国市場を開放して積極的にアジアの工業製品を購入した。これによって，西側に属するアジアの国々は，輸出志向型工業化戦略を通じて，短期間のうちに工業化を達成する基盤を獲得した。

　アメリカの経済学者ロストウのテイク・オフ理論は，戦後初期の西側に属するアジアの国々の経済戦略に大きな影響をあたえた。ロストウによれば後進国とは資本が不足している国のことであり，資本不足を解消してあげれば，どんな国でもアメリカのような豊かな国になれる，と主張した。

　ロストウのテイク・オフ理論に代表される考え方に基づいて，戦後初期の西側に属するアジアの国々に対してアメリカから援助が提供された。韓国・台湾では1950～1960年代の経済復興においてアメリカの国際援助が投資の大きな位置を占めた。特に，電力開発に代表される基幹産業の整備が援助によって進められた。この他にも工業化は，食糧・原料の価格上昇と供給不足を引き起こすので，それを緩和するためにアメリカから食糧・原料が現物の形で提供された。日本の場合，アメリカからの援助を1946～1951年に受けたが，韓国・台湾に比べると援助の期間は短く金額も小さかった。その代り1953年から世界銀行（World Bank）から開発援助を受け，東海道新幹線，東名高速道路，黒部川第4発電所など今日でも日本経済を支える基幹的インフラの建設が行われた。

　東アジアでは日本の工業化が先行した。製造業が発展するにつれて，日本では徐々に労働集約的な産業から資本集約的な産業へ主要輸出品がシフトしていった。具体的には繊維製品に代わり鉄鋼，鉄鋼に代わり電化製品や自動車が輸出の主力になった。このように，工業化が進展すると，順を追って経済構造は

233

第Ⅲ部　世界大恐慌から戦後秩序へ

ローテクからハイテクに段階的に移行する。この動態を早期に理論化したのが
赤松要（1896-1974）の「雁行型経済発展論」である。産業の盛衰を縦軸に，時
間を横軸としてグラフ化すると，各産業別の推移があたかも雁が連なって飛ぶ
姿に似ていたことから，この名称がつけられた。

　赤松要はこれを一国レベルで考察したが，戦後の東アジアでは日本で衰退化
した産業が韓国・台湾で興隆するという，雁行型経済発展論の国際的な玉突き
現象が見られた。この現象が見られた理由は，日本で培われた民生技術が日本
企業を通じて韓国・台湾に伝播したからである。冷戦の緊張が緩和すると，こ
の動態はさらに中国，東南アジアにも広がっていった。


## 東側に属するアジアの経済戦略

　西側に属するアジアは，アメリカを中心とする自由貿易体制を通じて発展の
足掛かりを得たのに対して，東側陣営に属したアジアの国々は，なるべく国際
貿易をしない方策を選択した。西側に属するアジア諸国も，輸入代替化を見据
えた形で関税によって輸入を減らし，国内市場を保護する政策を採用した。し
かし，関税による国内企業の保護は，彼らが競争力を持たない低位な段階にあ
った場合に限られ，ある程度競争力が身に着くと徐々に保護の手を緩めていっ
た。そうすることで国内の産業構造の高度化を促したのである。例えば，日本
のエネルギー政策では国内の石炭業を切り捨てて石油に移行する選択をしたこ
とや，通産省による行政指導を通じて過当競争を回避しつつ成績不良の企業・
産業の「安楽死」を進めたことなどがあげられる。したがって，西側の輸入代
替化政策は，かなり穏健なものであった。

　それに対して東側陣営では，自給自足経済に近い水準にまで世界経済から国
内経済を切り離そうとした。このような政策スタンスをとった国としては，毛
沢東（1893-1976）の時代の中国，北朝鮮，インド，ベトナム，カンボジア，ビ
ルマ（現ミャンマー）などがある。人口規模から言えば，アジアのほとんどの
国が採用したとも言える。

　彼らがこのような政策を採用した理由として，最初に挙げるべきは植民地と

いう負の遺産であろう。これらの国々のほとんどは戦後，欧米，日本から独立を勝ち取ったばかりであった。そのため，なるべく宗主国の経済的影響力を排除したい，という政治的な心理が働いたと言える。また植民地でなかった中国でも，日本による侵略の記憶は，世界経済に対する強い警戒心をもたらした。インドの場合は，1970年代には石油を除くと輸入のGDPに対する比率は3％という極端に低い水準にまで達していた。

　輸入代替型工業化戦略は，1950年代から興隆する開発経済学によって，理論的にも支持されていた。初期の開発経済学者であるR.ヌルクセ（Ragnar Nurkse：1907-1959），K.G.ミュルダール（Karl Gunnar Myrdal：1898-1987）は，後進国は貿易をすると今よりも貧しくなると考えた。なぜなら後進国が輸出できる一次産品（農畜産物・鉱産物）の価格は，世界経済では不安定であるため，そこに過度に依存することは国内経済の不確実性を高める危険性があると主張された。このように世界経済を通じての成長を悲観的に見る考え方を「輸出ペシミズム」と呼ぶ。この輸出ペシミズムは，1960年代になると，世界経済は工業国に有利な不平等な経済体制の下にある，とまで主張されるようになった。このような観点を「新従属理論」と呼ぶ。その代表的な論者の1人であるA.G.フランク（Andre Gunder Frank：1929-2005）は，「先進国の豊かさと後進国の貧しさはコインの表と裏である」と印象的な言葉で世界経済の不平等を表現した。

　1960年代までは輸入代替化型工業化戦略のほうが世界的に見ると支持を得ていた。実際に東西両陣営に属した諸国の所得を比較してみると，表11-1にみるように1970年代までは東西両陣営の所得格差はそれほど大きいものではなかった。開発経済学者の見解は，それなりに当時の世界経済の実情に根拠を置くものだった。もちろん，日本は当時すでに高度成長を遂げていたが，例外として取り扱われていた。

　しかし，1980年に入ると，東側陣営に属した諸国の経済成長が鈍化したのに対して，西側陣営に属した東アジアの国々が急速な経済成長をはじめ，両陣営の間で決定的な経済的格差が見られるようになった。また，輸入代替型工業化

235

第Ⅲ部　世界大恐慌から戦後秩序へ

表11‐1　世界主要国の1人当たりの所得

(単位：米ドル，名目)

| | 1970年 | 1989年 | | 1970年 | 1989年 |
|---|---|---|---|---|---|
| スイス | 4,061 | 31,460 | チェコスロバキア | 1,136 | 3,764 |
| 日　本 | 2,037 | 25,237 | ハンガリー | 608 | 2,966 |
| スウェーデン | 4,661 | 25,142 | メキシコ | 837 | 2,859 |
| ノルウェー | 3,278 | 23,682 | トルコ | 710 | 2,750 |
| アメリカ | 5,141 | 22,443 | ソ　連 | 1,789 | 2,711 |
| カナダ | 4,033 | 19,934 | キューバ | 641 | 2,537 |
| オーストラリア | 3,466 | 18,322 | ブラジル | 363 | 2,463 |
| ドイツ(東西を含む) | 2,773 | 18,043 | アルゼンチン | 1,364 | 2,358 |
| フランス | 2,920 | 17,790 | チ　リ | 987 | 2,305 |
| オランダ | 2,965 | 17,343 | ポーランド | 816 | 2,110 |
| イギリス | 2,504 | 16,426 | マレーシア | 349 | 2,071 |
| イタリア | 2,130 | 16,158 | タ　イ | 200 | 1,319 |
| 香　港 | 960 | 11,737 | 北朝鮮 | 432 | 911 |
| シンガポール | 934 | 10,600 | フィリピン | 213 | 801 |
| スペイン | 1,194 | 10,501 | モンゴル | 132 | 727 |
| ギリシア | 1,518 | 7,932 | インドネシア | 90 | 639 |
| サウジアラビア | 716 | 6,617 | エジプト | 232 | 589 |
| ポルトガル | 944 | 6,086 | 中　国 | 113 | 406 |
| 韓　国 | 291 | 5,704 | インド | 107 | 338 |

(注1)　台湾は国際連合の非加盟国であるため数値は未掲載。参考として1989年の
　　　　1人当たりのGDPはIMF（http://www.imf.org）によると7,577米ドル。
(注2)　あみかけは旧社会主義諸国。
(出典)　国際連合（http://data.un.org）より作成。

戦略を採用していたラテン・アメリカ諸国が同時期に軒並み債務危機に陥り，
この政策がもたらす弊害について多くの経済学者が警鐘を鳴らすようになった。
世界経済の現実の前に，以後，輸入代替型工業化戦略の影響力は小さくなり，
代わって輸出志向型工業化戦略の有用性が標榜されるようになった。

## 2　日本の高度成長

### 産業革命の総決算

　戦後日本経済の成長は，世界史的に見ても類例がない成果であった。日本の
経験を回顧することで，アジアの発展のみならず，後進国がいかにして豊かに

第11章　アジアの経済発展

なるのか，という問題について多くの有益な知見が得られる。

　1955～1973年にかけて日本経済は年平均10％以上の経済成長を達成した。マクロ経済学者の吉川洋（1951-）はこれを「日本を変えた6000日」と呼んでいる。1950年の日本は，国民の2人に1人が農民であった。1家族に子供は5人以上いるのが普通であったし，水道・ガスはなく，電気と言えば電灯を意味した。生計のうち味噌，醤油，野菜，穀物は自給自足が普通であり，家計の半分が食費で占められていた。それがわずか6000日のうちに日本人のほとんどが都市で生活するようになった。このように高度成長は，明治に始まる日本の産業革命の総決算であった。

　日本の高度成長の直接的な起源は，アメリカを中心とする占領軍（GHQ）によって実施された戦後改革に求めることができる。戦後改革は，日本が大衆消費社会に入るための基礎工事であった。改革により所得の再分配が進み，中間層が創出された。例えば，戦前まで日本の政治経済を支配していた財閥，帝国陸海軍，華族が廃止された。教育制度が拡充され，労働者の権利が保護されるようになった。農村では農地改革を通じて地主から小作農に土地が再分配され，農業協同組合（現JA），食糧管理制度（米価を保証する制度）に代表されるように農民の生活が保護されることになった。

　農業は保護されただけでなく，機械化と化学肥料の組み合わせにより生産性が向上し，若年の余剰労働力が創出された。農村の若者たちは当時「金の卵」と呼ばれ，都市部の工場の基幹的な労働者となった。このようにして農村から都市へ，農業から工業へ，と産業化が進行することで，日本人の平均所得も向上し，大衆消費社会の基盤が培われた。

　以上の過程により国内市場が拡大した。この拡大した国内市場に向けて，日本企業が技術革新を通じて様々な消費財を提供することで日本経済は成長した。高度成長期を代表する消費財は，洗濯機，冷蔵庫，テレビである。これらは「三種の神器」と総称された。三種の神器の普及過程を概観してみよう。洗濯機を見ると，1949年に1台5万4000円であった。当時の平均年収が14万円であったから，ざっと現在の金銭感覚から言えば1台200万円ぐらいの大変高価な

237

電化製品であった。ところが日本企業の努力により，毎年のように価格が低落して行き，1955年までに全国の3分の1の世帯に普及した。当時の広告で「男には明治維新があるならば，女には電化という生活維新がある」とうたわれたように，主婦たちの間で熱烈な支持を得た。テレビの普及過程も急速であった。1953年にNHKにより日本ではじめてテレビ放送が始まったとき，テレビ1台は19万円，現在の価値では400万円もする贅沢品であった。ところが洗濯機と同じように価格の低落により1959年には200万台を突破した。

　高度成長は，日本の街並みを大きく変えていった。1964年に開催された東京オリンピックに向けて，都市を中心にビル建設と道路工事が加速化した。自動車が急速に普及するのも東京オリンピック開催の前後にかけてである。東京都を事例にすると1955年に24万台であったのが，1964年には100万台を突破した。自動車の普及に合わせて，それまで都市交通の主役であった路面電車が取り除かれて行き，街の景観も大きく変わっていった。

　庶民のライフスタイルも変化した。都市の郊外を中心に「団地」と呼ばれるコンクリート造りの集合住宅が建設された。2〜3DKの広さで，アメリカの住宅に比べると「うさぎ小屋」と揶揄されるような小ささであったが，水洗トイレ，ガス風呂，キッチンを備えたモダンな作りに応募者が殺到した。家庭の生活スタイルもこのころに変化している。例えば，アニメのサザエさんの食卓シーンで見かけるちゃぶ台に代わりテーブルが利用されるようになった。布団からベットで寝るようになった。服装もジーンズやスカートといった洋装化が普通となり，インスタント・ラーメンが普及した。1950年代末からはダイエー，イトーヨーカドーに代表されるスーパーマーケットが登場した。このように庶民のライフスタイルは急速に変化したのである。


### 高度成長の原動力と帰結

　三種の神器に代表される耐久消費財が急速に普及した理由は，日本企業の技術革新によって，低価格を実現したからである。その担い手には，戦前に起源を持つ企業も多いが，高度成長期にベンチャーから始まり日本を代表する企業

第11章　アジアの経済発展

に成長した事例も見逃せない。例えば，ソニー（1946年創業），本田技研工業（1948年），三洋電機（1950年）などである。

　高度成長期の技術展開の特徴は，GHQ によって軍隊が解体されたことで，それまで軍需産業に奉仕していた技術者たちが民生用技術開発の担い手へと転換したことであろう。つまり軍需産業の不在こそが，日本の産業社会に一定の方向性を与えたとも言える。例えば，当時のエレクトロニクス産業で必要不可欠な部品として IC チップと呼ばれる集積回路がある。そもそも IC チップは1960年代にアメリカで軍需産業の中で利用され発展してきた。軍需不在の日本では，この IC チップを民生機械に応用することが模索され，そこで開発されたのが電卓である。最初期の電卓は，机一杯を占有する巨大な機械であったが，シャープに代表される日本企業がその小型化，軽量化，低価格化に取り組んだ。これを通じて日本企業はエレクトロニクス産業で世界最高水準に駆け上がっていた。日本企業の技術人材は，政府により理工系学部の増員によっても確保された。例えば，東京大学では1959〜67年にかけて理学部，工学部の入学定員が倍増した。

　1960年代半ば，三種の神器の普及率は80％を超えた。GDP は1966年にイギリスを抜き，1967年にフランスを抜き，1968年には西ドイツを抜いて世界第2の経済大国となった。日本の高度成長は，内需主導型の成長であった。これは1980年代に顕在化するアジア NIES の経済成長とは一線を画す。日本は輸出によって経済成長した，と考える人が多いが，それには大きな誤解がある。高度成長期の輸出の対 GDP の寄与率は14％にすぎない。つまり日本の国富の86％は国内市場で実現されたものであった。日本経済にとって輸出は外貨を獲得するために「大切」であるが，高度成長を「主導」した要因ではない。内需主導型の結果，日本社会に特有の文化的特質も高度成長期に形成されている。例えば，年功序列，終身雇用，企業別組合に代表される日本企業に特有な雇用制度が見られた。その結果，日本は所得格差の小さな社会を実現し，国民全体が中間層であるという「1億総中流意識」も生まれている。

　1973年のオイル・ショック，1980年代のバブル経済を経験した後，日本の内

239

需主導型の成長メカニズムは，大きな揺らぎを見せはじめた。時を同じくして
アメリカを中心に展開したグローバル化の動態に対応を迫られて行った。その
大きな転換点は，1985年のプラザ合意である。戦後を通じてアメリカは日本に
対して比較的寛容な通商政策を展開してきた。たびたび貿易摩擦も発生したが，
そのほとんどは両国の政府首脳と日本企業による自主規制により比較的穏健な
解決を見ていた。しかし，1980年代になると日本の製造業の輸出競争力は世界
最高の水準に達し，日本製品が世界市場を席捲するようになった。この問題に
対して，アメリカを中心とする先進国は，日本円の価値を政策的に切り上げる
ことで，日本の対外輸出に抑制を求めた。これをプラザ合意と呼ぶ。この合意
により，為替相場は1ドル＝235円の水準からわずか1年後に1ドル150円台に
達した。円高によって，海外旅行や海外ブランド製品の買い漁りが見られ，バ
ブル景気と呼ばれる状況に拍車をかけた。これはある意味，日本人がようやく
高度成長で実現された豊かさを実感する契機となった。一方で，円高は輸出競
争力の低下を意味し，日本企業の海外進出の引き金となった。日本の製造業は，
東アジアに生産拠点を移しつつ，グローバル経済の中での生き残りを模索する
ようになった。この日本の製造業の短期的・集団的なアジア移転は，東アジア
の工業化に大きな影響を及ぼしたのである。

## 3　東アジアの奇跡

### NIES の登場

1970年代から1980年代にかけて，後進国の中で，輸出を通じて急速に経済成
長を実現した国が登場するにようになった。その先駆けとなったのは東アジア
である。具体的には，韓国，台湾，香港，シンガポールの4つの国・地域を指
す。これらを総称して新興工業経済地域（Newly Industrializing Economies），略
して NIES と言う。

アジアで登場した NIES は，①アメリカ市場に，②労働集約的な軽工業製品
を輸出し，③1人当たりの所得が急増して，④さらには経済格差の縮小が見ら

第 11 章　アジアの経済発展

れた。このように，かつてロストウが述べた産業社会化に向けたテイク・オフが見られたのである。この現象は，従来の開発経済学の見方に修正を迫っただけではない。東側陣営に属した国々にも大きな衝撃を与え，社会主義体制の崩壊，修正の大きな原動力になった。

世界銀行が1993年に発表したレポート『東アジアの奇跡』は，NIES の経済成長に最初に理論的な説明を与えた。世銀レポートは，NIES の成長要因として，アメリカを中心とする自由貿易体制に積極的に参加したことを挙げた。戦後続いた東西の経済競争において，西側のほうに優位性があったことが確認されたのである。

NIES の成長戦略は，比較優位を持つ労働集約的な産業を選択し，最初から輸出を通じた経済成長を目指した。それに対して中国，インド，北朝鮮，ベトナムといった社会主義的な制度を採用した国々では，国防が最優先とされたため，国内の軍需産業を維持するために，比較優位を持たない資本集約的な産業の発展が優先された。NIES の成功は，ある意味，アメリカの核の傘の下，民需生産に集中できたからでもある，と言える。

他方で，経済の理論面でも，重工業よりも軽工業を優先するほうが，経済発展にとって有益な点が認識されるようになった点も重要である。軽工業のほうが重工業よりも国内に雇用を生み出す。この生み出された雇用は，国民の所得の源泉となり，後の国民生活の向上に連結することが明白となった。また軽工業のほうが比較的低い技術と少ない資本で起業できるので，国内の企業と企業家を生み出しやすかった。このように軽工業を軸に開発を進めることは，市場経済の活力を生かす方向に経済を導いたのである。

さらに，後進国の経済発展のプロセスでは，工業よりも農業のほうが問題になる場合が多い。つまり，農業の生産性の低さによって，工業に提供できる労働力と原料，そして資金に限界が生まれて，成長の足を引っ張ってしまう，という現象である。これは広く「リカードの罠」と呼ばれている現象である。NIES の場合，香港，シンガポールは都市型の経済であるため，そもそも農村がないのでこれはあまり問題にならない。しかし，韓国，台湾の場合，リカー

241

第Ⅲ部　世界大恐慌から戦後秩序へ

─── *Column* ⑱　農業経営の規模と生産性 ───

　農業経営の規模と農業の生産性の間には，深い関係性があることが実証されている。図11-1は，東アジアと南アジアの農業経営の規模と個数を比較したグラフである。このグラフが示すように，東アジアでは大規模な農場経営は少なく，1世帯の家族労働に基づく経営方式が全体の中で大きな位置を占めている。東アジアに見られる小規模の農業経営のことを「小経営」と呼ぶ。小経営は，東アジアの稲作地帯を中心に近世期に成立した。小経営の農家は，政府あるいは領主に税金を納めた残りを自分の手中に留め置くことができるため，副業や主要穀物に代わる換金性が高い商品作物の生産を積極的に行う傾向がある。また，長時間働くことは総所得の増加につながることや，読み書き計算ができることは市場経済での活動に有利であるため，子供に教育を積極的に与える傾向も見られる。このような現象を日本経済史家の速水融（1929-2019）は「勤勉革命」と名付け，産業革命を早期的に展開したイングランド，オランダでも見られた動態として位置づけた。

　一方で，大規模経営（大経営）とは，家族労働ではなく，多数の他人労働を雇用することで農場が経営されている形態のことである。大経営の場合，総収益の増加は，経営者である地主の取り分になるので，その下で雇用されている労働者が生産性を向上させようとするインセンティブは小さい。図11-1に見られるように南アジアでは一方に大地主が，他方では小経営で自作農を営むことさえままならない零細農家に分裂している。このような土地所有の格差が大きい社会では，地主と小作人の間でモラル・ハザードが発生して，生産のパレート最適の実現は難しいと開発経済学も考えている。しかし，土地の再分配は極めて政治的な問題であるため，改革がままならない場合が多い。このように，貧困の問題は土地制度の問題として理解することもできる。

ドの罠に囚われる可能性は少なからずあった。この問題については，両国の戦前における植民地の遺産と戦後直後の改革が大きく関係している。具体的には，ラテン・アメリカ，東南アジア，アフリカ諸国との対比で言えば，東アジアの諸国は20世紀に相次いで土地改革を経験している。改革を通じて，地主制が抑制され，家族経営に基づく自作農が社会の基層を形成した。これにより，自作農に生産性を向上させるインセンティブが与えられ，リカードの罠を克服するのに寄与した，と考えられている（*Column* ⑱参照）。

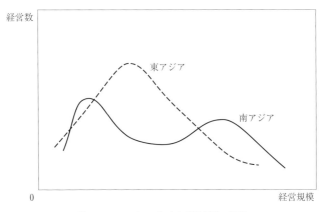

図11－1　アジアにおける農業経営の規模
（出典）　原（1996：156）。

### 開発独裁

世銀レポートはNIESと呼ばれた国々が民主主義的な政治体制を採用していなかったことや，独裁的な政府が市場に対して様々な介入を行っていた点も指摘した。つまり対外的には西側の優等生であったが，国内的には西側の価値観とは対立する性格を多分に内包していた。NIESをめぐって，市場と国家の友好的な関係とは何か，という議論が再燃した。

例えば，韓国と台湾を事例に挙げると，両国とも民主主義を否定して，軍人出身者が政治権力を握った。この軍人政権は，戦後の冷戦体制の下で，北朝鮮，中国といった同じ民族でありながら政治イデオロギーの異なるライバルの国家との対抗関係を強く意識した。特に，共産主義に反対することで，自らの支配を正統化した。さらに経済開発を積極的に行うことで，民主的に選ばれた指導者よりも，強力なリーダーシップによって経済発展を効率的に進めることを示そうとした。その意味でNIESと呼ばれた国も東側陣営の国々と同様に，政府が経済の全面に顔を出していた，ということに変わりがない。このように，国民の民主的な政治参加を否定しつつ経済開発を正統性の拠り所とする体制を「開発独裁」と呼ぶ。

1980年代のアメリカでは，市場主義が強調され，国家はなるべく市場に介入

しないほうが良いとされていた。それに対して東アジアの開発モデルは、1つ産業政策をとっても政府による介入が広く見られ、それでいて日本に代表されるようにアメリカに匹敵するほどの経済的成功をおさめていた。この問題について、世銀レポートは市場と国家は対立的なものではない、むしろ市場の発展が不十分な後進国は、「市場に友好なアプローチ」をとる政府の存在が不可欠である、と結論づけた。

ラテン・アメリカ諸国との対比で言えば、東アジアの政府の特徴は、外国資本の取り扱いについて慎重な態度をとったことを指摘できる。ラテン・アメリカ諸国の場合、国債を外国の銀行・投資家に購入してもらうことで政府が資金を集め、それを国営企業あるいは政権の親族や縁者の経営する企業を通じて投資した。総じて海外からの間接投資に依存する傾向が強かったと言える。一方、東アジアの政府は、海外からの直接投資を中心としつつ、国内市場を保護する方策を考案した。例えば韓国、台湾が採用した輸出加工特区は、それを良く示す事例である。輸出加工特区とは、外国企業を国内に誘致するために設けた特別行政区域を指す。具体的には、外国企業がこの特区に工場を設立すると、政府は税制を含む様々な優遇措置を与えた。ただし、外国企業は特区で製造した製品を国内市場で販売することを認められず、輸出が要求された。この制度の利点は、国内市場を外国企業から保護しつつ、外国企業を通じて外貨を獲得できることである。この他に、外国企業で雇用が生み出されるだけでなく、外国企業と身近に接触することを通じて、学習効果が生まれ、国内の技術向上にも寄与した。


### 「張り子の虎」

NIES の経験は後進国の発展戦略のモデルとなり、1990年代になると中国、東南アジアの国々で模倣されるようになった。しかし、NIES の発展戦略がもたらした帰結は、良いと言えない点もあることにも目を配る必要がある。

国際経済学者の P. クルーグマン（Paul Robin Krugman：1953-）は、輸出主導型の成長がもたらす問題点を早期的に指摘した研究者の1人である。クルーグ

マンは1994年に発表した「アジアの奇跡は幻」と題した論文において，NIES は本当の「虎（先進国）」になっていない。彼らは「張り子の虎（偽物の先進国）」だと主張して注目を集めた。

クルーグマンの主張は非常に明快である。彼は経済成長論の単純なモデルを使いつつ，NIES の経済成長の要因を統計学的に解析した。その結果，NIES の経済成長の要因のほとんどは，人口が増加したこと，より多くの資本が動員されたことによるものであることが判明した。つまり，技術の向上による成長は，ほとんど確認されなかったのである。クルーグマンは，過去に同じように急激に成長を遂げながら，技術上の革新に牽引されなかったゆえに，最終的に資本と労働（人口）の増加が尻すぼみになって，停滞してしまった国がある，と指摘した。他ならぬソ連のことである。ソ連も成長を始めたときは，アメリカに追いつくと豪語しつつ，結局駄目だったではないか。

クルーグマンの指摘は，世界中で論争を巻き起こした。彼に批判的な研究者は，NIES の成長には，技術上の向上が大きい点を示そうとした。例えば教育水準の向上は，技術向上と言えるだろう。しかし，クルーグマンは反論する。確かに韓国，台湾の大学進学率は向上した。この点は両国の経済成長に実質的な成果を与えたであろう。しかし，大学進学率が5％から30％に向上したときに獲得できたものと同じものを，30％から40％に引き上げて得られるだろうか。結果は，単に今まで産業社会に取り込まれていなかった人が増加したにすぎない。これは農工転換という1回限りのことなのだ。真の先進国になるには，技術の未開拓領域を切り開く力が必要である，とクルーグマンは述べた。

### アジア通貨危機

クルーグマンの論文が発表されてほどなくして1997年にアジアで通貨危機が発生した。この通貨危機は，かつて1980年代にラテン・アメリカ諸国で発生した債務危機を彷彿させる事件であった。1970年代までラテン・アメリカ諸国も経済成長が著しい有望な後進国と言われていたのに，債務危機によって結局，先進国に仲間入りすることができなかったからである。

第Ⅲ部　世界大恐慌から戦後秩序へ

　1997年のアジア通貨危機の発端は，同年7月のタイの通貨バーツの暴落であった。その後，通貨の下落はアジア諸国に連鎖的に広がった。インドネシアを筆頭に，フィリピン，マレーシア，韓国，シンガポール，台湾にまで影響が及んだ。この暴落の連鎖的拡大は，グローバル化によってアジア各国の金融市場が結びつき，特にホット・マネーと呼ばれる短期的・投機的な資金がアジアに流れ込んでいたからであった。

　通貨危機の要因を検討する中で，通貨危機を経験した諸国はいずれも国内経済が過度に対外経済に依存している体質が明るみになった。例えば，日本，アメリカの貿易依存度は10％前後であるのに対して，韓国のそれは50％前後の高さにあった。

　輸出志向型工業化戦略には次のようなジレンマがある。たくさんの若い労働者はいるけれども，資本と技術が不足している。資本と技術を提供してくるのは先進国の企業である。しかし，アジアの国々がみんな外資優遇政策を打ち出したらどうなってしまうのか？　外国企業が自国から逃げてしまわないように，優遇政策の競争になってしまう。優遇政策は，貿易や生産の領域だけでなく，金融や不動産にまで拡大し，気づくと国内市場を大々的に開放してしまった国も見られた。その典型例がタイであり韓国であった。

　アジア通貨危機は，世界経済とどう付き合いつつ自国の経済成長を図るべきか，という問題にいくつかの教訓を与えた。外国から資金を調達する場合，外国企業が工場を設立するタイプの投資（直接投資）は，経済成長にとって有益であるけれども，株や債券を購入するタイプの投資（間接投資）は，自国の経済の対外的リスクを高めることが明瞭になった。総じて，新興の工業国は，製造業の分野では高い競争力を築いていたとしても，国内の金融機関は，先進国に太刀打ちできない。そのため国内金融市場の開放には，慎重を要する，という教訓が得られた。

246

第11章　アジアの経済発展

## 4　中国経済の躍動

### 人民中国の誕生と朝鮮戦争

1949年に毛沢東率いる中国共産党は，アメリカを後ろ盾とする中国国民党との内戦に勝利して新国家を成立させた。現在の中華人民共和国である。共産党が前政権から引き継いだ中国は，途方もなく農業的な社会であった。20世紀前半期を通じて軽工業の発展が一定程度見られたとはいえ，生産額，就業構造のどちらを見ても経済の90％は未だ農業に依存していた，ということには変わりがなかった。

政権発足当初，共産党政権は比較的穏健な方向性を模索した。国を豊かにするためには，彼らとイデオロギーの異なる企業家，しいてはアメリカの力を借りることに躊躇いはなかった。事実，建国初期の貿易相手国は，西側の先進国が中心であった。農民，中小企業家の自由経済を認めつつ，基幹的な産業部分は国家が所有し経営するスタイルを前面に押し出していた。これはすでに国民党時代から行われていたことであり，戦後，他の後進国が採用した方法とも大きな違いはなかった。

しかし，1950年に朝鮮戦争が勃発すると，共産党政権の経済政策は大きく転換して，ソ連型に急接近した。毛沢東は北朝鮮と韓国の内戦にアメリカが参戦したことに大きな衝撃を受けた。朝鮮半島の次に，アメリカは中国と台湾の内戦にも介入して，中国本土に国民党とともに上陸してくるに違いない。1949年に建国宣言をしたとはいえ，当時はまだ中国南部には国民党軍が随所に展開して，新国家の命運は不透明であった。

毛沢東は朝鮮戦争へ参戦することを決定した。このときに動員された兵力は130万人，戦費は国家予算の半分に相当し，まさに国力のすべてを投げうっての参戦であった。支払った代償は大きかったが，朝鮮戦争は結果として中国の国際的地位を著しく上昇させた。ソ連を中心とする東側諸国の中ではソ連に次ぐナンバー2の地位にあると目されるようになったし，アメリカを中心とする

247

第Ⅲ部　世界大恐慌から戦後秩序へ

西側諸国に対しては国際問題では決して譲歩しない難敵である，という印象を強く与えた。おそらくこの印象は現在でも変わりないであろう。

　毛沢東は朝鮮戦争を通じてソ連の盟主スターリンから多額の援助を取り付けるのに成功した。1953年にはじまる第一次5カ年計画は，全面的にソ連の支援でスタートした。3万5000人にのぼる若者がソ連に技術訓練のために派遣され，ソ連からは1万8000人の技術者を受け入れた。さらに東ドイツを中心とする東欧諸国からも1500人の技術者が送られた。ソ連の技術と資金によって150件におよぶ大型プロジェクトが実施された。このソ連を通じた莫大な援助によって，中国は資本財の建設に必要とされる基幹産業（鉄鋼，石炭，セメント，電力）の広汎な基盤を獲得した。第一次5カ年計画の間に，中国のGDPに占める工業部門は，建国初期の16％から一気に31％まで上昇した。このように中国は，政府による集中的な投資によって，経済の近代化にかなりの程度成功した。

### 中ソ対立から「大躍進」

　しかし，1957年ごろからスターリンの後継者であるN.フルシチョフ（Nikita Khrushchev：1894-1971）と毛沢東の間で東側陣営の主導権をめぐる意見の相違をきっかけとして，中国とソ連の関係が悪化した。これによりソ連から提供されていた援助と技術者が中国から引き上げられ，中国は完全に国際社会から孤立した形で経済建設を進める位置に追い込まれた。このような国際環境の下，中国は限られた資本をますます重工業に集中させるために，急速に市場経済を否定して，政府の指令による資源分配を行う制度を構築していった。

　当時の毛沢東やそのブレーンである政策担当者の念頭にあったのは，資本不足は労働者の大量動員によって代替できる，ということである。例えば，機械の代わりに，たくさんの労働者が以前よりも長時間働くことで，大型のダムに代表されるインフラの建設が進められた。毛沢東は「大躍進」というスローガンを掲げ，人々の愛国心を刺激し高めることで，労働生産性を引き上げることができると信じていた。また，資本が圧倒的に不足しているため，農業から余剰をなるべく引き出すことが要求された。そのために，従来，小経営で営まれ

ていた農業を集団化することで，生産性を引き上げることができると考えた。これにより農家は，人民公社と呼ばれる生産組織に改組され，2～3万人が共同で生活を送り，生産を行うことになった。その結果は悲惨な結末を迎える。農業から労働力が引き上げられ，生産の成果を個人的に所有することが否定された結果，多くの農民が働く意欲を喪失し，農業生産が激減し大量の餓死者が発生した。中国現代史家のF. ディケーター（Frank Dikötter：1961-）は，大躍進を「史上最も悲惨で破壊的な人災」と呼んだ。政策の失敗により本来避けられたはずの死を遂げた人は少なくとも4500万人とも言われる。

### 中国型経済システムの模索

　大躍進の失敗は，中国の政策担当者に重大な教訓を残した。第一は，社会主義という理想によって国民を動員する戦略には限界がある，という点である。一定程度，私的所有と物的刺激が容認される必要がある。第二は，伝統的な農法の範囲で農業を発展させることにも限界がある，という点である。人民公社のような制度上の変革では農業問題は克服されないということ，つまり農業発展には大規模な投資が必要であることが明白になった。

　大躍進の惨事を受けて開発戦略は大きく見直された。1961年から農業を最優先とする政策が具体化し，1962年からは公に表明され，実施されるようになった。化学肥料の生産と輸入が拡大され，農業機器の生産も行われるようになった。農業の化学化，機械化，品種改良の国家的な取り組みは，ソ連の援助で進められた第一次5カ年計画にその端緒があり，1960年代になり国内での普及と整備が意識的に進められ，1970年代になりその成果が大きく花開いた。この時，地方政府のレベルでの工場建設が試みられた。農機具工場，化学肥料工場，鉄鋼工場，セメント工場，そして農薬工場の5つが中心であったことから，これを「五小工業」と呼ぶ（発電所を入れる場合もある）。「小」とは中央政府ではなく地方政府を主体とした，という意味で規模の大きさを意味しない。

　中国の大規模な工業部門は，国有企業によって担われた。さらに，資金流通の国家統制が強力に推し進められ，国内のすべての金融機関は，中国人民銀行

第Ⅲ部　世界大恐慌から戦後秩序へ

ただ1行に統合された。国内の固定資本形成の政府支出の比率を見ると，改革開放政策がはじまる1970年代末まで，80％前後の水準を維持していた。このことは国内で行われた投資のほとんどが政府によるものであったことを意味している。日本の場合でも公共投資の割合が欧米よりも高いので，より民間投資を増やすようにと言われるが，それでもGDPに占める公共投資の割合は6％程度にすぎない。

　毛沢東時代の中国にまつわる負のイメージは，「大躍進」政策による多大な人命被害，さらには1960年代後半から毛沢東が経済失政で失墜した権威を回復するために発動した政治闘争（文化大革命）により，多くの思想や文化が弾圧，破壊されたことに由来している。しかし，この間に中国は，1980年代に始まる飛躍のための基礎的な条件を蓄えていた点も見逃すことができない。例えば，毛沢東時代の成果の1つとして，教育の拡充が挙げられる。20世紀前半までに中国の識字率は非常に低く，特に農村部で字が読み書きできる人は5％以下であったと言われている。1950年代から初等教育の充実が推進され，農村部での就学率は急上昇した。1965年までに中国の児童の85％が学校に通っていた。毛沢東時代は，理念としての社会主義の実現を政策的に推進した。その過程は様々な軋轢や歪みを生み出しながらも，国家と社会をかつてない形で結びつけることになった。

### 改革開放の時代

　1976年に毛沢東が死去すると，その事実上の後継者となった鄧小平（1904-1997）は，国家建設の優先課題を従来の国防から国民生活の向上に転換した。いわゆる改革開放政策の始まりである。この転換の前提には，1972年にアメリカとの対立関係を解消し，次いで日本と国交を回復することで，西側諸国との経済関係を再構築する道が開けていたことがある。また，すでに指摘した通り，この間に西側に属した東アジア諸国の経済成長が著しく，計画に基づく指令型経済よりも市場を主体とした経済のほうが優位であることが自明になっていた。

　鄧小平が最初に改革として着手したのは，農業の市場経済化の推進である。

250

第 11 章 アジアの経済発展

1950年代末に形成された人民公社を解体し，個人経営に経営主体を戻し，生産余剰を個人の手元に据え置くことを認めた。その結果，1984年までに農家の96％が個人経営となり，農業生産性が格段に上昇した。これにより工業部門へ食糧と原材料が安定的に供給されただけでなく，農村部に大量の余剰労働力を生み出すことになった。

　次は，この余剰労働力を農業から工業に振り向けることで，工業化を推進することであった。最初に，農村の余剰労働力の受け皿になったのは，農村の地方政府が設立していた工場であった。それまでの工場は，五小工業に代表されるように，農業向けの生産財・中間財の生産を中心していたのが，1980年代からは消費財の生産を行うことで，大々的な発展が見られた。これを郷鎮企業と呼ぶ。郷鎮企業は，石鹸，歯磨き粉，食料品など，比較的低い技術で生産できる消費財を中心に発展し，雇用と所得をもたらしただけでなく，国民の基本的な生計の質的向上に貢献した。

　さらに，政府は，1980年から外国企業の誘致を始めた。台湾，当時はまだイギリス領であった香港，ポルトガル領であったマカオに隣接する4つの都市が最初に開放された（深圳，珠海，汕頭，厦門）。これらの都市に経済特区が設置され，外国企業が輸出する場合には税制上の優遇措置が与えられた。これは韓国・台湾が輸出志向型工業化を目指した際に採用した手法を模倣したものである。経済特区には，香港，台湾の企業が進出し，彼らが持つ国際的なマーケティング力と製造技術力が，中国国内の教育水準が高く安い賃金で働く労働者と結合した。同じ中華文化圏に属する先達者に学びつつ，中国は国際経済への再復帰を順調に達成した。これに自信を得た政府は，1984年に経済特区を上海，天津，大連など国内の主要な港湾都市に拡大した。折しも1985年のプラザ合意後の円高で苦しんでいた日本の製造業は以後急速に国内から中国に製造拠点を移転させていった。

　順調に見えた中国の開放政策も，1980年代後半から民主化運動が活発化し，それを政府が軍隊で鎮圧した事件（天安門事件）が1989年に発生すると，西側諸国から経済制裁を受け，頓挫することになった。しかし，政府の指導層は，

251

第Ⅲ部　世界大恐慌から戦後秩序へ

繰り返し中国は市場経済化を強力に推進するというメッセージを海外に発信し，外国企業の中国投資が再開した。

　1993年に発足した江沢民（1926-）政権は，懸案であった国有企業の改革を進め，成績不良企業のリストラを強力に推進した。国有企業の従業員の切り捨てという痛みを伴いつつ，改革の成果は着実に進展し，石油，天然ガス，銀行といった国家の戦略な部門へ政府の投資を集中させることに成功した。さらに21世紀に入ると中国経済は輸出が主導する形で，爆発的とも呼べる成長を持続する。特に2001年は節目の年で，中国はWTOに加盟し，グローバル経済の一員として自他共に認められた。現在，中国のGDPは，日本を抜いて世界第2位，貿易額はアメリカを抜いて世界第1位であり，堂々たる経済大国である。近来は，経済成長に陰りが見えはじめ，国内には環境問題，経済格差，人権問題など解決すべき事案も多い。一方で，世界の有名大学における中国人留学生の急増，有人ロケットの打ち上げ成功に示されるように，中国の科学技術の躍進も目覚ましい。中国経済の発展はまだ途上にあり，その歴史的意義はまだ予断を許さないが，後世に語りつがれる世界史上の大変革であることは間違いない。

**参考文献**

エズラ・F.ヴォーゲル『アジア四小龍――いかにして今日を築いたか』中央公論社，1993年。

久保亨・加島潤・木越義則『統計でみる中国近現代経済史』東京大学出版会，2016年。

ポール・クルーグマン『良い経済学　悪い経済学』日本経済新聞社，2000年。

渋谷博史・河﨑信樹・田村太一編『世界経済とグローバル化』学文社，2013年。

世界銀行『東アジアの奇跡――経済成長と政府の役割』東洋経済新報社，1994年。

中村隆英『昭和経済史』岩波書店，2007年。

原洋之介『開発経済論』岩波書店，1996年。

丸川知雄『現代中国経済』有斐閣，2013年。

吉川洋『高度成長――日本を変えた6000日』中央公論社，2012年。

渡辺利夫『成長のアジア・停滞のアジア』講談社，2002年。

第11章　アジアの経済発展

### 練習問題

**問題1**

輸入代替型工業化政策と輸出志向型工業化政策について両者の違いが明白になるように説明しなさい。

**問題2**

日本の高度成長をもたらした制度的な要因について説明しなさい。

**問題3**

毛沢東時代の中国の経済システムに見られた特徴とその問題点について説明しなさい。

（木越義則）

終　章
# 経済史と現代

　本書では，主として18世紀から20世紀前半に至るまでの経済の歴史を，西ヨーロッパとアメリカの動向を中心に描いてきた。終章では，本書全体の内容を概観しつつ，今後，重要と思われるいくつかの点について論じていきたい。

### 経済史と経済学

　本書の第1章と第2章では，経済史をめぐる理論的な問題について取り扱った。第1章では，マルクス経済学やドイツ歴史学派に代表される経済発展段階論やそれに対する批判及び経済成長論について論じてきた。第2章では，1980年代以降に発展してきた計量経済史や制度の経済史の展開について紹介した。ここから分かるように，経済史の分析手法は経済理論の動向から大きな影響を受けている。第2章の末尾で触れられていたゲーム理論に基づく比較歴史制度分析のような形で，今後も経済理論の発展に基づく，新たな分析手法が経済史へと導入されていくだろう。

　一方で，経済史は経済の歴史を描き出す側面も強く持っており，そうした点では歴史学の一部門として位置づけられる。本書の第Ⅱ・Ⅲ部は，どちらかといえば，こちらの性格が強くでている（経済史の分析ツールとして経済学を積極的に用いた経済史のテキストとしては，小田中［2017］が存在する。関心のある読者は，そちらに進んで欲しい）。

　経済学の手法を用いるのか，歴史学の手法を活用するのか，それとも両者を併用するのか。それは分析対象の性格や研究の目的によって異なってくるだろう。大切なことは，手法に振り回されるのではなく，自分自身の知りたいテー

255

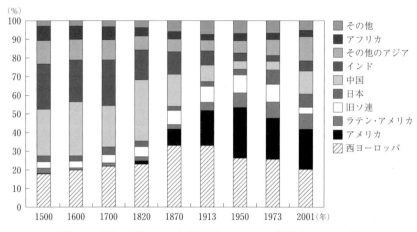

図終-1 世界の実質GDPに各地域が占めるシェアの推移（1500～2001年）
（出典）マディソン（2004：413）より作成。

マを見つけ出し，先行研究を整理する中で，適切な研究目的を設定することである。そうしたプロセスの中で，用いるべき研究手法も定まってくるだろう。

### 世界のGDPの推移

図終-1は，マディソン（2004）による推計に基づき，1500～2001年の期間における世界の実質GDPの国別・地域別のシェアを示したものである。まずこの表を見ながら，本書全体の内容について，特に第Ⅱ・Ⅲ部を中心に確認していきたい。

まず19世紀に至るまでの最も大きなトレンドは，世界の実質GDPの大部分を占める地域が，アジアから西ヨーロッパとアメリカへ大きく変化していったことである。アジアが世界全体の実質GDPに占めるシェアは，1500年の65%から1820年の59.4%へと緩やかに低下しつつも，常に50%以上を占めていた。しかし1870年にそのシェアは，38.4%へと大きく減少した。一方において，シェアを大きく拡大したのが，西ヨーロッパとアメリカであった。1870年にそのシェアは，西ヨーロッパ：33.0%，アメリカ：8.8%へと達した。この時期にアジアから西ヨーロッパ及びアメリカへと国際経済の中心地が移行したと言え

終　章　経済史と現代

よう。その背景には，第5章で取り上げた産業革命があった。

　こうした19世紀以前におけるアジア地域の経済力の高さと産業革命以降の欧米による逆転劇に注目したのが，第3章で取り上げたグローバル・ヒストリーであった。グローバル・ヒストリーは，アジアの経済的な優位を強調し，ヨーロッパ中心主義を批判する一方，産業革命がなぜヨーロッパで生じ，アジアでは遅れてしまったのか，という問題を提示した。第5章では，ヨーロッパ各地域で産業革命が生じた理由として，アジアとの貿易の発展と科学革命の影響の2つを取り上げている。第4章で扱ったように，西ヨーロッパ諸国は15世紀からアジアへと進出し，交易関係を発展させていた。その中でアジアから流入した多くの輸入品が西ヨーロッパ経済を需要面から刺激した。その代表が綿布であり，その代替品を生産しようという努力が，労働節約的技術の発明を促したとされる「高賃金経済」や17世紀以来の科学革命の影響（正確な測定や実験を通じて有用な技術知識を生みだそうとする精神）と結びつき，産業革命が実現した。その結果，アジアと西ヨーロッパ，アメリカの経済的な地位の逆転が生じた。

　その後生じたのは，西ヨーロッパからアメリカへの主役の交代である。西ヨーロッパ地域が世界全体の実質GDPに占めていたシェアは，1913年の33.0%を頂点として低下していき，1950年には26.2%となった。一方でシェアを急増させたのがアメリカであった。アメリカのシェアは1913年に18.9%と西ヨーロッパ諸国へとキャッチアップし，1950年には27.3%と追い抜く形となった。

　この背景にある問題を取り上げたのが第6章と第7章である。アメリカは，第二次産業革命と大量生産システムの導入にいち早く成功し，経済成長を加速させた。一方で，西ヨーロッパ地域の経済的な中心地であったイギリスは，金融・サービス業を中心とした産業構造へとシフトしていく中で，第二次産業革命に乗り遅れてしまった。第二次産業革命に成功したドイツも，第一次世界大戦の敗戦の結果，その経済力を大きく低下させてしまった。西ヨーロッパ諸国は，アメリカ以外の地域に対しては，依然として大きな力を有しており，絶対的に衰退したとまでは言えない状況にあった。しかし第一次世界大戦は，第7章で詳述したように，西ヨーロッパ諸国のアメリカに対する相対的な衰退を決

257

定づけた出来事となった。

　そして不安定さを増した1920年代の西ヨーロッパ経済は，アメリカからの民間資本の流入によって辛うじて支えられていた。しかしそうした脆い体制は，1929年におけるアメリカの株価暴落を契機として，崩壊してしまった。これが第8章で取り上げた世界大恐慌であった。世界大恐慌への対処の中で，各国はブロック経済化など近隣窮乏化政策を採用し，自国の経済を守ろうとしたが，結局，政治的緊張の高まりを招いてしまい，第二次世界大戦が勃発してしまった。第二次世界大戦中，西ヨーロッパ諸国は戦時統制経済という形で，自国の経済力を全て戦争へと動員する体制をとっていた。ゆえに終戦時には，戦災も相まって，その経済的消耗は頂点に達していた。

　一方で，アメリカの経済的地位はさらに高まっていき，第二次世界大戦の終了時には，他国との差は大きく開いていた。1950年における世界の実質GDPに占めるシェアの西ヨーロッパとアメリカの逆転は，こうして生じた。ゆえに第9章で見たように，アメリカが主導する形でIMFによって管理される固定相場制度とGATTに基づく自由貿易体制を原則とする国際経済秩序が，第二次世界大戦後に構築されることになった。しかしIMF・GATT体制は，アメリカの圧倒的な経済力に依拠したものであった。ゆえに，その衰退とともに維持不可能となり，最終的には崩壊してしまった。世界の実質GDPにアメリカが占めるシェアも，1973年には22.1％へと低下していた。

　一方，西ヨーロッパが占めるシェアは，1950年の26.2％から1973年の25.6％へと若干低下したのみであり，ほぼ現状維持であった。この背景には，第9章でみたようなアメリカによる西ヨーロッパへの経済支援が成功した面もあるが，もう1つ重要なのは西ヨーロッパ自身の変化である。その代表的な取り組みが，ヨーロッパ統合の進展である。第10章で明らかにしたように，西ヨーロッパ諸国は，試行錯誤を繰り返しながら，統合を進めてきた。その努力は，石炭と鉄鋼から始まり，関税同盟を経て，通貨統合へと至り，加盟国も1970年代以降，増加していった。このことが西ヨーロッパ諸国の絶対的な地位の低下をある程度押しとどめたと言えよう。

258

終　章　経済史と現代

### アジアの経済発展

　一方においてアジア諸国はどうであったのだろうか。1870年に世界の実質GDPに占めるシェアが38.4%へと急減して以降，そのシェアは低下を続け，1950年には18.4%にまで落ち込んでしまった。経済力で上回る西ヨーロッパ諸国とアメリカは，多くのアジア諸国を植民地化し，その支配下に置いた。西ヨーロッパ経済の第一次世界大戦後の衰退は，アメリカに対する相対的なものであり，それ以外の地域に対しては，依然として大きな力を持ち続けていた。

　しかし1973年になると，アジア諸国が世界の実質GDPに占めるシェアは24.2%へ回復する。この背景には，1950〜60年代にかけて進展した日本の高度経済成長が存在する（詳しくは本シリーズの『日本経済史』を参照）。日本の世界全体の実質GDPに占めるシェアは7.8%（1973年）に達していた。その後，第11章で示したように，1970〜80年代にかけてNIESが経済成長に成功し，中国，インドもその後に続いていった。その結果，2001年にはアジア諸国が占めるシェアは38.0%へと回復した。2001年における西ヨーロッパのシェアは20.3%，アメリカのシェアは21.4%であり，その双方を合わせたシェアよりは少ないものの，再びキャッチアップに成功しつつあると言えよう。つまり実質GDPの大きさという観点からのみ言えば，徐々に1820年以前の状態へと戻りつつあるのが，現代の国際経済の構図である。

### 国際経済の行方

　国際経済の中心点がアジアへと再び移動しつつある現在，本書で描き出してきた西ヨーロッパとアメリカを中心とした国際経済秩序は大きなゆらぎの中にある。

　中国やインドといった台頭しつつある新興国は，国際経済における発言力を増大させ，既存の欧米諸国を中心とした国際経済秩序の改革を要求している。一方，アメリカにおいてはD.トランプ（Donald Trump：1946-）政権が2017年に発足し，アメリカ自身が第二次世界大戦後，推し進めてきた自由貿易体制を否定する言動を繰り返している。そうしたトランプ政権の政策が，アメリカに

おいて一定の支持を得ていることも事実として考えなければならない。またヨーロッパ統合の動きも，ユーロ危機やイギリスの EU からの離脱によって，その行く末を再考しなければならない状況に置かれている。

　新興国の台頭と欧米諸国の政治経済的な混乱は，長期的な覇権の移行期特有のものなのであろうか。本書の第4章や第7章において，覇権やその移行にともなう問題が説明されているが，多くの場合，そのプロセスにおいて戦争に代表されるような多くの混乱が発生してきた。同様に現在の世界においても数多くの地域紛争や混乱が生じている。

　19世紀や20世紀における国際経済の状況と現在は大きく異なっている。特に，貿易や金融の面におけるグローバル化の進展は，第一次世界大戦以前のグローバル化の時代と比べて，格段のスピードと規模で進んでいる。ゆえに，これまでの歴史から安易に教訓を引き出すことは慎まなければならない。しかし問題の所在を考えるための一定のヒントを得ることはできるだろう。また現在生じている問題の背景にある歴史的な経緯について知ることは，現状を理解し，解決策を考えるために不可欠の作業である。そうした意味において，歴史から学ぶことは重要である。

　本書は執筆者達が考える各時代の経済の姿を，その特徴を明確にしつつ，描き出したものである。読者の皆さんが，経済の歴史について興味・関心を持ち，その中から今後の国際経済の行方を考えていくためのヒントを得ることができれば幸いである。


**参考文献**

小田中直樹『ライブ・経済史入門』勁草書房，2017年。

アンガス・マディソン（金森久雄監訳）『経済統計で見る世界経済2000年史』柏書房，2004年。

（河﨑信樹）

# 索　引

（＊は人名）

## あ 行

＊アークライト，R.　110
IC チップ　239
＊アイゼンハワー，D.　218
＊青木昌彦　42
＊赤松要　234
アジア　123, 124
──通貨危機　245
──貿易　102
＊アトリー，F.　54
アナール学派　27
＊アブー゠ルゴド，J. L.　58
アムステルダム　84, 87, 93
──振替銀行　89
アメリカ独立宣言　95
アメリカ独立戦争　95
＊アレン，R.　62
安定成長協定　225
アントワープ　80, 84-86, 88, 93
イギリス産業革命　75, 94
イギリス東インド会社　87
一次産品の輸出　146, 235
イノベーション　22
移民　133
石見銀山　81
インセンティブ　41
インド　94, 95, 259
──産綿布　103
＊ウィットフォーゲル，K. A.　51
＊ウィリアムズ，E.　56
＊ウィルソン，W.　158
＊ウィレム 3 世　91
＊ヴェーバー，M.　20, 48, 52
ヴェネツィア　75, 76, 86, 89
ヴェルサイユ講和会議　149
ヴェルサイユ条約　153, 159
ウェルナー報告　220

＊ウォーラーステイン，I.　56, 73, 74, 147
＊ウォン，R. B.　53, 66, 68
ウレンコ　219
エネルギー革命　64, 65, 111
援助　233
＊袁世凱　160
欧州安定メカニズム　227
欧州委員会　219
欧州経済領域（EEA）　224
欧州中央銀行（ECB）　225
欧州通貨制度（EMS）　220
欧州通貨単位（ECU）　220
大いなる分岐（Great Divergence）　63
オーストリア学派　22
大塚史学　26
＊大塚久雄　26
＊織田信長　81
オランダ東インド会社　87

## か 行

＊ガーシェンクロン，A.　25
＊カートライト，E.　110
＊カール 5 世　83
外貨　232
改革開放政策　250
開発独裁　243
外部経済　102
価格革命　83
科学革命　107, 257
科学的管理法　132, 133
核兵器不拡散条約　218
過剰生産　169
過剰なドル　205, 206
株価上昇　167
株式市場の崩壊　169
貨幣の流通速度　169
＊カルロス 1 世　83
雁行型経済発展論　234

261

関税自主権の喪失　232
関税同盟　197, 208, 214
間接雇用　114-115
官僚制　82, 83
機械化　129, 130
機械との競争　131
企業家　22
技能養成　116
キャラコ・ブーム　103
キャラコ使用禁止法　104
キャラコ輸入禁止法　104
旧歴史学派　15
共通農業政策（CAP）　217
巨大企業　133, 134, 136
キリスト教　77
ギルド　52
銀　59, 60, 81-83, 91
銀行休業　177
銀行恐慌　170
近代世界システム論　74
＊キンドルバーガー，C. P.　147, 148
金ブロック　183
金本位制　146, 147, 155, 156, 194
金融恐慌　174
金融引締め　169
近隣窮乏化政策　180
＊クズネッツ，S. S.　24
＊クニース，K. G. A.　15
＊クラーク，G.　63
＊グライフ，A.　42
クラフト・ユニオン　116
＊グルーグマン，P.　244
クレイトン法　138
グローバリゼーション　11
グローバル・ヒストリー　257
＊クロスビー，A. W.　48, 67
＊クロスリー，P. K.　68
＊クロンプトン，S.　110
＊ケイ，J.　109
経営組織　123
計画経済　185
　　——体制　198, 200
経済協力開発機構（OECD）　213

経済グローバル化　144, 145
経済成長論　12, 255
経済統制　186
経済特区　251
経済発展段階論　12, 255
啓蒙主義　12
契約理論　44
計量経済学　32
計量経済史　27, 33, 255
＊ケインズ，J. M.　153
ケインズ主義　205
ゲーム理論　42
毛織物　76, 88, 93, 94
　　——工業　86, 91, 92
　　——半製品　86, 93
限定相場制度　203
航海法　90, 92
公教育　127
工場制度　112
後進資本主義　100
香辛料　75-78, 80, 81, 85-87, 89, 94
構造政策　225
＊江沢民　252
郷鎮企業　251
高賃金経済　104, 257
後発資本主義　100
高品質　119
鉱物資源　111
国際金本位制　148, 172
国際原子力機関（IAEA）　218
国際商業センター　80, 84-88
国際流動性　173
国際ルール庁　211
国民所得　27
国有企業　249
　　——の改革　252
五小工業　249
固定（為替）相場制度　155, 193-196, 206, 208
古典派経済学　12
＊コルベール，J. B.　90
＊コロンブス，C.　80
＊コンラッド，A. H.　33

262

索 引

## さ 行

最恵国待遇の原則　197
再建金本位制　155, 157
最後の貸手　175
債務危機　236
＊サッチャー, M.　222
砂糖　75-79, 81, 85, 86, 89, 93-95
　——プランテーション　94
三角貿易　89, 93
産業革命　63, 95, 123-125, 127, 131, 132, 257
産業啓蒙　107
産業集積　136
　——地域　101
三種の神器　237
＊ジェームズ 2 世　90
ジェニー紡績機　110, 112
ジェントルマン資本主義論　127, 128, 146, 156
資格　117
実験　107, 108
実質賃金の東西比較　62
私的所有権　49, 51, 52
史的唯物論　18
自動機械　113
自動車の普及　238
資本移動　195
資本主義
　——経済　74, 75, 80, 84, 86, 88, 89, 93
　——社会　19
　——世界システム　73
シャーマン反トラスト法　138
社会構成体　18
社会主義　151
　——運動　153
社会帝国主義　143
社会的分業　10
シャンパーニュ大市　85
自由・無差別・多角　197
宗教改革　93
宗教の世俗化　52
重商主義　95
　——政策　90, 92, 94

——帝国　94, 95
従属理論　59, 235
柔軟な生産体制　119
周辺国　146
自由貿易　233
　——政策　126
　——体制　148, 193, 194, 196-198
　——帝国主義　142
シューマン・プラン　211
14条国　196, 199
熟練労働者　113, 114, 131-133
手工業　117
　——徒弟制度　116
＊シュモラー, G.　15, 16
＊シュンペーター, J.　22
＊蒋介石　160
蒸気機関　111
小経営　242
消費財産業　129
小ヨーロッパ的経済統合　214
＊ジョーンズ, E. L.　49, 52, 61
職業教育のデュアル・システム　117
職種別労働組合　118
職種別労働市場　118
職長　114, 132, 133
職能別部門組織　134, 135, 137
植民地物産　103
食糧管理制度　237
諸国家からなるヨーロッパ　226
所要準備　179
私掠船　91, 92
辛亥革命　160
新経済政策（ネップ）　152
新結合　22
人権主義　52
新興国　259
新古典派経済学　23
新自由主義　205
真正手形主義　176
新制度学派　51
人民公社　249
　——の解体　251
新歴史学派　15

263

垂直統合　134
水平統合　133
水力　111
　　──紡績機　110, 112, 113
数量化革命　67
＊スターリン，J.　52, 152, 248
　スターリングブロック　182
　スタグフレーション　205
　スネーク制度　220
＊スミス，A.　12, 65
生産関係　18
生産工程間の不均衡　109
生産手段　19
生産様式　18
生産力　19
制度の経済学　40
制度の経済史　255
世界銀行　233, 241
世界GDP　62
世界システム　56, 58, 73, 74
世界大恐慌　23, 154, 157, 193, 258
世界の工場　123, 125
石炭　66, 111
戦後アジアの独立　231
戦時統制経済　258
専制国家　51
　　──論　52
全般的経済統合　214
相互安全保障法　200
ソニー　239
ソビエト・ロシア　150-152
ソ連　151, 152, 160, 198-200
　　──の援助　248
＊ゾンバルト，W.　17
＊孫文　160

た　行

第一次5カ年計画　152
第一次英蘭戦争　90
第一次山東出兵　161
第一次世界大戦　141, 144, 145, 148-150, 153
大経営　242
大航海時代　75

第三次英蘭戦争　90
対照実験　37
第二次5カ年計画　152
第二次英蘭戦争　90
第二次産業革命　123, 125, 127, 134, 143, 148,
　　257
第二次山東出兵　161
第二次世界大戦　158
大躍進　248
大ヨーロッパ的経済統合　214
大量消費社会　129
大量生産システム　123, 128-134, 136, 148,
　　257
大量生産体制　119
単一欧州議定書　223
団地　238
地域産業革命　101
地域政策　224
地域的不均等発展　101
茶　94, 95
中国　259
　　──共産党　54, 160, 247
　　──国民党　160
　　──人民銀行　249
　　──の第一次5カ年計画　248
　　──分割　160
超国家主義　212
＊張作霖　161
朝鮮戦争　54, 247
賃金労働者　86, 89, 93
テイク・オフ理論　233
＊ディケーター，F.　249
帝国主義　141, 143, 159
　　──政策　143, 144
＊テイラー，F.W.　119, 132
鉄道　126
テネシー渓谷開発公社　178
デフレーション　171
天安門事件　252
ドイツ歴史学派　15
統計データ　35
東西生活水準論争　61
東西両陣営の所得格差　235

264

索　引

ドーズ案　154, 157
＊トーニー，R. H.　55
土地市場　93
土地に関する布告　151
トップマネジメント　135, 138
飛び杼　109
トラスト　133
＊トランプ，D.　259
取引費用（コスト）の経済学　41
ドル過剰　204
ドル不足　195, 199-204
奴隷　76, 79, 81, 82, 89, 91, 93, 94
──制社会　19
──貿易　56
＊ドロール，J.　223
問屋制商人　109

な　行

内国民待遇の原則　197
内需主導型の成長　239
内藤湖南　66
内部請負親方　132, 133
内部請負制　114
ナショナリズム　161
ナッシュ均衡　42
7年戦争　73, 92, 94, 95
ナポレオン戦争　95
ナント勅令の廃止　104
＊ニーダム，J.　67
ニクソン・ショック　206
＊ニコライ2世　151
日本　158, 161, 162
入職規制　116
ニューディール　177
ニューヨーク連銀　156
＊ヌルクセ，R.　235
農業の近代化　249
農業の集団化　152
農地改革　237
＊ノース，D. C.　40
＊ノーマン，E. H.　54

は　行

＊ハーグリーブス，J.　110
賠償　153
──金　149
ハイパーインフレーション　172
覇権　90, 95, 260
──国　74, 89, 90, 95, 146-148, 150, 172
8条国　196, 202, 203
パラメータ　38
反実仮想モデル　37
半自動機械　113
反トラスト　138
比較歴史制度分析　42
『東アジアの奇跡』　241
東インド会社　92
非関税障壁　222
＊ヒトラー，A.　158
＊ビュッヒャー，K.　17
標準化　130
＊ヒルデンブラント，B.　15
＊ヒルファーディング，R.　143, 144
フーバー・モラトリアム　174
賦役労働　93
＊フェリペ2世　83
＊フォイエルワーカー，A.　55
＊フォーゲル，R. W.　33
フォード社　130-132
複数事業部制度　137, 138
仏蘭戦争　90
部門別経済統合　214
＊ブラウト，J. M.　49
プラザ合意　240
＊フランク，A. G.　58, 235
フランス東インド会社　104
プランテーション　76
──生産　76
ブリュージュ　80, 84-86, 88, 93
プルーデンス政策　178
＊フルシチョフ，N.　248
ブレスト・リトフスク条約　152
＊ブレンターノ，F.　16
＊ブローデル，F.　27, 56

265

ブロック経済体制　193, 195
プロト工業化　65, 66
ブンデスバンク　225
平和に関する布告　151
平和のための原子力　218
変動相場制度　206, 208
封建社会　19
紡糸不足　109
北宋　61, 66, 160, 161
北米13植民地　94, 95
保護関税　125
保護貿易政策　126, 148, 193, 195
細糸　112
＊ポメランツ, K.　61, 63, 66-68
ポンド　146, 156

## ま　行

マーシャルプラン　199, 200, 203
マーストリヒト条約　225
＊マディソン, A.　62
マネーストック　171
＊マルクス, K.　17, 18, 48
マルクス経済学　255
マルクス主義　13, 67
＊マルサス, T. R.　13, 64
マルサスの罠　64, 66
満州　162
未熟練労働者　131, 133
ミドルマネジメント　135
ミュール紡績機　110, 112, 113
＊ミュルダール, K. G.　235
＊ミル, J. S.　13
民生用技術開発　239
民族自決　158
名誉革命　91
綿工業　100
綿製品　94
綿紡績業　113
＊毛沢東　52, 234, 247, 248
＊モネ, J.　212

## や　行

有用な知識　108

ユーロ　225
　　──危機　227, 260
　　──ディフ　219
　　──離脱　227
輸出加工特区　244
輸出志向型工業化　251
　　──戦略　232
　　──戦略のジレンマ　246
輸出ペシミズム　235
輸入課徴金　217
輸入代替　102
　　──型工業化戦略　232, 235
羊毛　93
ヨーロッパ共同体（EC）　219
　　──共通予算　222
ヨーロッパ経済共同体（EEC）　201, 202, 214
ヨーロッパ経済協力機構（OEEC）　199, 201, 213
ヨーロッパ決済同盟（EPU）　201, 213
ヨーロッパ原子力共同体（EURATOM）　218
ヨーロッパ産業革命　101
ヨーロッパ自由貿易連合（EFTA）　214
ヨーロッパ石炭鉄鋼共同体（ECSC）　211
ヨーロッパ中心主義史観　47, 48
ヨーロッパ統合　201, 258
ヨーロッパ連合（EU）　211
　　──離脱　221
＊吉川洋　237

## ら・わ行

ラウンド　197
＊ランデス, D.　51, 53, 54
＊リカード, D.　13
リカードの罠　241
＊リグリィ, E. A.　64, 65
＊リスト, F.　14
理念型　21
流動性のジレンマ　203, 204
離陸　24
理論モデル　32
倫理（エートス）　21
＊ルイ14世　90

266

索　引

ルール地域　154
冷戦　198, 202, 203, 207, 232
＊レーニン, V.　142, 144, 151, 158
歴史学　255
　　——派　13
レコンキスタ　77, 78
連邦準備制度　176
労働節約的技術　106, 129
ローマ条約　218
ロシア革命　142, 149, 151
＊ロストウ, W. W.　24, 233
＊ロッシャー, W. G. F.　15
ロンドン　84, 91
　　——王立協会　107
＊ワグナー, A.　16
ワシントン会議　159

## 欧　文

COCOM（対共産圏輸出統制委員会）　198

COMECON（経済相互援助会議）　198, 200
FTA（自由貿易協定）　197, 208
GATT（関税及び貿易に関する一般協定）
　　193, 196, 201, 202, 207, 208
　　——体制　196, 208, 215
GHQ　239
　　——の改革　237
IMF（国際通貨基金）　193, 203, 206, 258
　　——・GATT 体制　193, 194, 198-200,
　　202, 258
　　——協定　194, 195, 203
　　——体制　194, 195, 199, 203-208
ITO（国際貿易機関）　196
NIES（新興工業経済地域）　240, 241, 243,
　　259
WTO（世界貿易機関）　196, 208, 252

267

《執筆者紹介》

河﨑信樹（かわさき・のぶき）　編著者・はしがき・序章・第6章・第7章・第9章・終章

　　編著者紹介欄参照。


奥　和義（おく・かずよし）　編著者・はしがき・序章・第1章

　　編著者紹介欄参照。


内藤友紀（ないとう・とものり）　第2章・第8章

　　1973年　生まれ。
　　2009年　京都大学大学院経済学研究科博士課程単位取得退学，博士（経済学，京都大学）。
　　現　在　関西大学政策創造学部教授。
　　主　著　『1930年代における日本の金融政策──時系列分析を用いた定量的分析』関西大学出版部，
　　　　　　2017年。
　　　　　　「1930年代日本のマネーと実体経済の長期的関係について──信用乗数と貨幣需要関数の
　　　　　　安定性」『社会経済史学』74巻4号，2008年。
　　　　　　「1930年代の日本におけるフィッシャー効果について──共和分検定による実証分析」
　　　　　　『経済論集』第60巻第2，3号，関西大学経済学会，2010年。


木越義則（きごし・よしのり）　第3章・第11章

　　1974年　生まれ。
　　2008年　京都大学大学院経済学研究科博士後期課程修了，博士（経済学，京都大学）。
　　現　在　名古屋大学大学院経済学研究科教授。
　　主　著　『近代中国と広域市場圏──海関統計によるマクロ的アプローチ』京都大学学術出版会，
　　　　　　2012年。
　　　　　　『統計でみる中国近現代経済史』（共著）東京大学出版会，2016年。
　　　　　　『東アジア経済史』（共著）日本評論社，2020年。


菅原　歩（すがわら・あゆむ）　第4章・第7章

　　1972年　生まれ。
　　2003年　京都大学大学院経済学研究科単位取得退学，博士（経済学，京都大学）。
　　現　在　東北大学大学院経済学研究科准教授。
　　主　著　『国際銀行とアジア　1870-1913』（共著）慶應義塾大学出版会，2014年。
　　　　　　*History of the IMF*（共著）Springer, 2015.
　　　　　　『オバマ政権の経済政策──リベラリズムとアメリカ再生のゆくえ』（共著）ミネルヴァ
　　　　　　書房，2016年。

森 　良次 （もり・りょうじ） **第5章**

　1968年　生まれ。
　2001年　京都大学大学院経済学研究科博士後期課程修了，博士（経済学，京都大学）。
　現　在　広島大学大学院人間社会科学研究科教授。
　主　著　『19世紀ドイツの地域産業振興——近代化のなかのビュルテンベルク小営業』京都大学学
　　　　　術出版会，2013年。


中屋宏隆 （なかや・ひろたか） **第10章**

　1977年　生まれ。
　2007年　京都大学大学院経済学研究科博士後期課程修了，博士（経済学，京都大学）。
　現　在　南山大学外国語学部ドイツ学科教授。
　主　著　『EU 統合の深化とユーロ危機・拡大』（共著）勁草書房，2013年。
　　　　　『グローバル化と文化の境界——多様性をマネジメントするヨーロッパの挑戦』（共著）
　　　　　昭和堂，2015年。
　　　　　「西ドイツの国際ルール庁（IRB）加盟問題——ペータースベルク協定調印交渉過程
　　　　　（1949年）の分析を中心に」『社会経済史学』82巻3号，2016年。

《編著者紹介》

河﨑信樹 （かわさき・のぶき）

1974年　生まれ。
2002年　京都大学大学院経済学研究科博士課程修了，博士（経済学，京都大学）。
現　在　関西大学政策創造学部教授。
主　著　『アメリカのドイツ政策の史的展開——モーゲンソープランからマーシャルプランへ』関西大学出版部，2012年。
　　　　『アメリカの国際援助』日本経済評論社，2012年。
　　　　『現代アメリカ政治経済入門』（共編著）ミネルヴァ書房，2021年。

奥　和義 （おく・かずよし）

1959年　生まれ。
1987年　京都大学大学院経済学研究科博士課程中途退学，博士（学術，山口大学）。
　　　　関西大学政策創造学部教授を経て，
現　在　株式会社キャピタルギャラリー特別顧問。
主　著　『日本貿易の発展と構造』関西大学出版部，2012年。
　　　　『両大戦期の日英経済関係の諸側面』関西大学出版部，2016年。
　　　　『グローバル・エコノミー（第3版）』（共著）有斐閣，2012年。

MINERVA スタートアップ経済学④
一般経済史

| | |
|---|---|
| 2018年3月31日　初版第1刷発行 | 〈検印省略〉 |
| 2025年7月30日　初版第4刷発行 | |

定価はカバーに
表示しています

| | | | | | |
|---|---|---|---|---|---|
| 編著者 | 河 | 﨑 | 信 | 樹 |
| | 奥 | | 和 | 義 |
| 発行者 | 杉 | 田 | 啓 | 三 |
| 印刷者 | 江 | 戸 | 孝 | 典 |

発行所　株式会社　ミネルヴァ書房

607-8494 京都市山科区日ノ岡堤谷町1
電話代表 075-581-5191
振替口座 01020-0-8076

ⓒ 河﨑・奥ほか，2018　　　　共同印刷工業・吉田三誠堂製本

ISBN978-4-623-08216-2
Printed in Japan

# MINERVA スタートアップ経済学

#### 体裁　Ａ５判・美装カバー

①社会科学入門　奥　和義・髙瀬武典・松元雅和・杉本竜也著

②経済学入門　中村　保・大内田康徳編著

③経済学史　小峯　敦著

④一般経済史　河﨑信樹・奥　和義編著

⑤日本経済史　石井里枝・橋口勝利編著

⑥財政学　池宮城秀正編著

⑦金融論　兵藤　隆編著

⑧国際経済論　奥　和義・内藤友紀編著

⑨社会保障論　石田成則・山本克也編著

⑩農業経済論　千葉　典編著

⑪統計学　溝渕健一・谷﨑久志著

―――――――――――― ミネルヴァ書房 ――――――――――――

https://www.minervashobo.co.jp